ESTRATÉGIAS PARA UMA ESQUERDA RACIONAL

ERIC HOBSBAWM

ESTRATÉGIAS PARA UMA ESQUERDA RACIONAL

ESCRITOS POLÍTICOS (1977-1988)

Tradução de
ANNA MARIA QUIRINO

2ª edição

Paz & Terra

Rio de Janeiro | São Paulo
2020

© Eric J. Hobsbawm, 1989
© Verso/New Left Books Ltd., 1989

Traduzido do original em inglês *Politics for a Rational Left*

Direitos de edição da obra em língua portuguesa no Brasil adquiridos pela EDITORA PAZ E TERRA. Todos os direitos reservados. Nenhuma parte desta obra pode ser apropriada e estocada em sistema de bancos de dados ou processo similar, em qualquer forma ou meio, seja eletrônico, de fotocópia, gravação etc., sem a permissão do detentor do copyright.

Editora Paz e Terra Ltda.
Rua do Paraíso, 139, 10º andar, conjunto 101 – Paraíso
São Paulo, SP – 04103-000
http://www.record.com.br

Seja um leitor preferencial Record.
Cadastre-se e receba informações sobre nossos lançamentos e nossas promoções.

Atendimento e venda direta ao leitor:
sac@record.com.br

Texto revisado segundo o novo Acordo Ortográfico da Língua Portuguesa.

CIP-BRASIL. CATALOGAÇÃO NA PUBLICAÇÃO
SINDICATO NACIONAL DOS EDITORES DE LIVROS, RJ

H599e 2ª ed.	Hobsbawm, Eric J. Estratégias para uma esquerda racional: escritos políticos 1977-1988 / Eric J. Hobsbawm; tradução Anna Maria Quirino. – 2ª ed. – São Paulo: Paz e Terra, 2020.
	Tradução de: Politics for a Rational Left ISBN 978-85-219-0679-7
	1. Socialismo – Grã-Bretanha. 2. Grã-Bretanha – Política e governo – 1979–. I. Quirino, Anna Maria. II. Título.
19-61776	CDD: 320.941 CDU: 321.74(410.1)

Leandra Felix da Cruz – Bibliotecária – CRB-7/6135

Impresso no Brasil
2020

SUMÁRIO

PREFÁCIO   7

PARTE I: PARA EXPLORAR O PROBLEMA

1 O avanço do trabalhismo estancado?   15

2 O veredicto da eleição de 1979   35

3 O debate sobre *O avanço do trabalhismo estancado?*   45

4 Com vistas ao ano 2000: política de declínio?   63

5 Respingos das Falkland   73

6 As perdas do trabalhismo   89

7 Trabalhismo: resíduo ou renascimento?   109

8 A retirada para o extremismo   123

PARTE II: A INTELIGÊNCIA DA HISTÓRIA

9 Cinquenta anos de frentes populares   143

10 Socialismo e nacionalismo: algumas reflexões sobre *O esfacelamento da Grã-Bretanha*   163

11 O trabalhismo nas grandes cidades   197

12 Adeus ao movimento trabalhista clássico?   219

PARTE III: RECOMEÇANDO

13 Passado imperfeito, tempo futuro 231

14 Vitória dentro da derrota 247

15 A emancipação da humanidade 255

16 O fim do desvario 275

17 Proposta para uma sociedade boa 289

18 Nenhum sentido de missão 297

19 Sinais de recuperação 311

PÓS-ESCRITO 319

ÍNDICE REMISSIVO 323

Prefácio

Este livro surgiu de uma conferência no Marx Memorial em 1978, na qual, como historiador do trabalhismo e dos movimentos trabalhistas, pediram-me que falasse sobre "A Classe Trabalhadora Britânica, Cem Anos Depois de Marx". Não se pretendia abrir um debate, embora os historiadores do trabalhismo, especialmente os marxistas, saibam muito bem que suas análises têm implicações políticas. Contudo, alguns meses depois, quando a conferência foi publicada sob o título "Estagnação no Futuro do Trabalhismo?", provocativo mas não descabido, produziu uma discussão acalorada, para não dizer apaixonada, nas páginas da revista *Marxism Today*. Desse material, resultou um livro com o mesmo título, publicado em 1981 pela Editora Verso em coedição com a *Marxism Today*. Hoje, isso me parece menos surpreendente do que achava na época. Enquanto prosseguiam as discussões sobre minha conferência, o governo trabalhista se debatia em seus últimos e difíceis meses, sendo substituído pelo regime Thatcher. À derrota seguiram-se alguns anos de crise e de guerra civil dentro do Partido Trabalhista, durante os quais ele quase soçobrou. Meu texto inicial tocara em inúmeros pontos sensíveis e antecipara alguns debates que dividiriam as esquerdas. De modo específico, solicitava à esquerda que fizesse o que Marx certamente teria feito: reconhecesse a nova situação na qual nos encontrávamos, a fim de analisá-la realística e concretamente, a fim de analisar as razões (históricas e outras) tanto dos fracassos quanto dos sucessos do movimento trabalhista e a fim de formular não apenas o que gostaríamos de fazer, mas aquilo que poderia ser feito.

Acontece que, nas circunstâncias de 1978 e dos anos subsequentes, essas palavras foram consideradas agressivas por uma ala das esquerdas, a ponto de, cada vez mais, eu me aprofundar em debates e polêmicas políticos. Os artigos, a maioria dos quais publicada inicialmente na *Marxism Today* (sendo vários deles também reeditados por outros órgãos ingleses e estrangeiros), foram escritos para a ocasião: destinavam-se a comentar as eleições gerais e outros eventos importantes, a exemplo da guerra das Falkland, ou para coincidir com conferências do Partido Trabalhista ou outros eventos em que se debatia sobre as esquerdas, como o Congresso do Partido Comunista ou a revisão do programa do Partido Trabalhista. A ideia de publicar esses artigos em forma de livro, juntamente com alguns estudos mais gerais sobre política e política-histórica, partiu de Robin Blackburn. Ele também sugeriu que minha contribuição ao livro de 1982 poderia suplementá-los de maneira útil. Com exceção de dois capítulos, as peças foram originalmente escritas em inglês. O pequeno relato sobre "Adeus ao Clássico Movimento Trabalhista?" e uma conversa que tive com Peter Glotz, ex-secretário-geral do Partido Social-Democrata Alemão, foram traduzidos de originais alemães. O primeiro surgiu de um colóquio organizado para celebrar o 125º aniversário do Partido Social-Democrata Alemão, que agora prefere comemorar o seu nascimento na fundação do *Allgemeiner Deutscher Arbeiterverein*. O segundo fazia parte de uma espécie de entrevista dupla, cuja outra parte, na qual entrevistei Glotz, foi publicada em inglês, na *Marxism Today* de março de 1987.

Se houvesse necessidade de justificar a publicação de um livro com esses textos de cunho ocasional, o motivo residiria no fato de eles representarem um ponto de vista de consistência razoável a respeito de temas que exibem um contínuo interesse, dentro da política britânica e do debate internacional sobre as esquerdas. Esses temas são tão particulares, quanto nacionais, gerais ou globais.

Vistos sob uma perspectiva limitada e estritamente britânica, os debates para os quais os meus documentos contribuíram tratavam, e tratam, da natureza do thatcherismo (distinta das de outros governos conservadores da Grã-Bretanha ou de governos neoliberais de outros países); das possíveis maneiras de mobilizar e unir a maioria não thatcherista do país, que em 1987 se mantinha nos mesmos níveis que atingira em 1979; e do problema de liderança e de programas dentro do Partido Trabalhista, o qual é, e continuará sendo, o único partido de massa da esquerda britânica, assim como o único, isolado ou em coalizão, para um governo alternativo.

Dois desses debates estabeleceram-se sem nenhum critério de argumentação racional. O principal ponto sobre o qual a *Marxism Today* discutiu durante vários anos, e para o qual meus artigos davam embasamento, não pode mais ser contestado com seriedade. O thatcherismo não constitui "apenas mais um governo burguês ou conservador", como o descreviam tantos membros da esquerda com tapa-olhos. Trata-se quase de um rompimento com o conservadorismo de Heath, Home e Macmillan — se analisarmos apenas os últimos trinta anos — e também de Wilson e Callaghan. Pode não ser aceito de modo universal o meu argumento de que não se trata de uma versão de um governo de direita radical dos anos 1980 ou, pelo menos, que contém um núcleo indubitável de tal regime. Mesmo assim, comete grande erro quem encarar o thatcherismo como essencialmente semelhante a outros governos "privatizadores" da Europa ou das Américas, um erro no qual muitos observadores estrangeiros tendem a cair.

O segundo debate que se estabeleceu foi sobre a necessidade de unidade, onde talvez se inclua a unidade eleitoral, quando se quiser derrotar o thatcherismo. Para a maioria dos leitores estrangeiros isso talvez seja óbvio, dada a natureza do sistema eleitoral britânico, mas na Grã-Bretanha faz emergir sentimentos apaixonados e mordazes. Na ocasião em que esta introdução estava sendo preparada, a questão nem figurava na agenda política, uma vez que nenhum partido, grande, pequeno ou minúsculo, alimentaria publicamente a ideia de acordos eleitorais de qualquer tipo. Tudo que se pode dizer é que essa questão voltará a ser agendada, de uma forma ou de outra, a menos que algo muito improvável aconteça ao futuro apoio eleitoral dos principais partidos.

O terceiro debate continua aberto. Considera-se que meus textos cotribuíram para isso, embora o papel deles tenha sido muito exagerado.*

---

* Este talvez seja o lugar para desmentir a afirmação infundada, que circulou entre os jornalistas, de que eu funcionei como uma espécie de "guru de Kinnock". Meus contatos com Neil Kinnock, cuja eleição como líder do Partido Trabalhista comemorei naturalmente com entusiasmo, resumiram-se a duas ocasiões isoladas. Ele tomou posse numa reunião organizada pela Fabian Society na noite da Conferência do Partido em 1983, durante a qual eu falei; e o entrevistei em 1984. Por outro lado, não é improvável que, no decorrer de sua luta contra a "esquerda linha-dura" no início da década de 1980, Neil Kinnock tenha achado conveniente citar, contra seus oponentes, um escritor cujo passado longo e inegável registra-o como um homem de esquerda. No entanto, não se deve supor que Kinnock precisasse ler Hobsbawm para discorrer sobre o trivial do Partido Trabalhista.

Os leitores devem julgar por si até que ponto esta reedição ainda poderá contribuir para alguma coisa.

Vistos de uma perspectiva mais ampla ou internacional, meus textos referem-se à necessidade de a esquerda reconsiderar seus programas e de encarar um mundo bem diferente daquele observado por Marx ou Lênin. Isso não significa que a análise de Marx não seja mais um guia para a compreensão do mundo, embora a própria teoria marxista, como qualquer teoria, precise abrir-se ao escrutínio crítico. Significa, isto sim, que vivemos num mundo que, durante os trinta anos que se seguiram à Segunda Guerra Mundial, sofreu "transformações de modo tão global, tão fundamental, tão radical, e a uma velocidade tão sem precedentes, que todas as análises anteriores, mesmo que em princípio fossem corretas, simplesmente tiveram que ser modificadas e atualizadas, na prática". Argumentar que nada mudou desde 1867 ou 1939, porque afinal de contas o capitalismo ainda está aí, é tão sem sentido para os socialistas fundamentalistas, quanto o é para os que defendem a Guerra Fria, argumentar que nada mudou na URSS desde Stalin, porque continua sendo um Estado de apenas um partido. Os tempos *mudaram* e os argumentos em contrário, embora sofisticados, não são apenas pouco convincentes, mas auto-obscurecentes.

Entretanto, meus textos também representam intervenções num debate mais permanente sobre a esquerda: aquele entre os realistas e os que costumavam ser chamados "impossibilistas", o amplo e o estreito, o compromisso e o purismo. Muitas vezes (especialmente dentro da esquerda sectária), os dois lados são identificados respectivamente como a direita e a esquerda no movimento, como reformismo ou revolução, e como o que trai e o que mantém o objetivo da transformação socialista. Mas isso não acontece de fato. Existem os radicais e os revolucionários realistas e os impossibilistas. A tradição política à qual meus textos pertencem é a dos radicais (que também são realistas políticos), a da tradição de Marx e Lênin ou, de modo concreto, a do VII Congresso Mundial da Internacional Comunista: da unidade antifascista e das frentes populares.

Por essa razão, muitos dos documentos deste livro dirigem-se contra a esquerda sectária ou fundamentalista. Não porque seus argumentos valham muito esforço intelectual — na verdade, hoje, são empregados mais como uma forma de encantamento do que de raciocínio — mas porque, do ponto de vista emocional, têm muito poder na esquerda, assumindo formas que qualquer um que se identifique com o compromisso socialista logo entenderá. Mais de meio século de tal compromisso ensinou-me o quão forte se revela esse apelo emocional. Seria um engano esconder que minha rejeição a muitas atitudes da "esquerda durona" não é compartilhada por alguns velhos e queridos amigos e camaradas. No entanto, torna-se indispensável criticar a emoção da esquerda, utilizando a razão da esquerda. Quem acha que zombar, além de ser mais simples, também é melhor, corre o grave risco de confundir convicção com a busca de um projeto político; ativismo militante com a busca de transformação social; vitória com "vitória moral" (que tem sido, por tradição, o eufemismo da derrota); sacudir o punho para o *status quo* com sacudir o *status quo* (ou como ocorreu de sobra em 1968) com gestos com ações.

No terreno da tradição socialista, não creio que um bebê deva ficar numa água de banho que precisa ser trocada. Mas meus textos também dirigem-se contra aqueles, das plagas realistas, que pensam que uma nova água precisa de um bebê novo. Repensar a análise socialista e o projeto socialista com certeza pode levar a uma maior, mais extensa e dolorosa (para alguns de nós) modificação de antigas posições, como, por exemplo: a relação entre a análise de Marx sobre a dinâmica do capitalismo e suas predições sobre o papel do proletariado como agente da transformação, ou a justificativa histórica do rompimento entre a social-democracia e o comunismo, ou os efeitos da Revolução de Outubro. Mas isso não deve, ou não deveria, solapar a causa socialista clássica contra o capitalismo, a compreensão clássica do projeto socialista, ou a convicção marxista de que o capitalismo está determinado a ser uma fase provisória, ao longo do desenrolar histórico da humanidade.

Colorir Adam Smith de vermelho (como certas pessoas tendem a fazer, mesmo no mundo do "socialismo de fato existente") não exibe maior aceitabilidade do que colorir o nacionalismo de vermelho, outra tentação enfocada por um de meus textos. A crise global do capitalismo nas décadas de 1970 e 1980 conduziu a dois resultados igualmente paradoxais. Levou ao reflorescimento da crença na empresa privada irrestrita e nos mercados irrestritos; a uma redescoberta da autoconfiança militante por parte da burguesia, sem paralelo desde o final do século XIX, e, ao mesmo tempo, a um sentimento de fracasso, a uma crise aguda de autoconfiança, entre os socialistas. Enquanto os políticos de direita, provavelmente pela primeira vez, gabavam-se da palavra "capitalismo" (que eles costumavam evitar ou camuflar por causa da associação com rapacidade e exploração), os políticos socialistas começaram a se intimidar com o uso da palavra "socialismo" ou com as reivindicações de muitas coisas com essa palavra. No entanto, o capitalismo ainda mostra sua rapacidade e exploração e o socialismo continua bom.

A falta de confiança é o fantasma que assombra a esquerda. E o objetivo deste livro não é prolongar nada disso. Se não acreditamos que a busca descontrolada de vantagens particulares, através do mercado, produz resultados antissociais, obviamente catastróficos; se não acreditamos que o mundo de hoje clama por controle e gerenciamento públicos e por planejamento dos negócios econômicos, então não deveríamos nos considerar socialistas. Mas por que não acreditar nessas coisas? São verdades óbvias. Por certo, se Marx estivesse vivo para ver o mundo do final do século XX, teria modificado algumas de suas ideias. Mas também, com certeza, se ele tivesse vivido na época em que a produção descontrolada e sem planejamento de valor de troca, principalmente em alguns poucos países capitalistas desenvolvidos, colocou o próprio ambiente físico do globo em perigo imediato, e com isso a vida humana como um todo, Marx encararia esse quadro todo como um fortalecimento de causa, para uma necessária substituição desse sistema por um outro — ou por um mergulho numa era das trevas.

PARTE I
PARA EXPLORAR O PROBLEMA

1

O AVANÇO DO TRABALHISMO ESTANCADO?

(1978)

É um privilégio proferir a conferência de 1978 no Marx Memorial, e quero utilizá-la para examinar alguns fatos relevantes dentro da classe trabalhadora britânica durante os últimos cem anos. Nessas ocasiões, tornou-se um hábito, há muito consagrado, tomar os textos de Marx e Engels como ponto de partida. Mas não farei isso por dois motivos. Em primeiro lugar, como se sabe, Marx e Engels não falaram muito sobre a classe trabalhadora britânica do período entre o final da Primeira Internacional e a década de 1880. E, pelo que eu saiba, não disseram mais nada sobre ela, há exatos cem anos. De fato, nesse mesmo dia (17 de março de 1878) surgiu num jornal norte-americano o primeiro de uma série de cinco artigos sobre os trabalhadores europeus, escritos por Engels. Essa série mencionava muitos países, da Rússia a Portugal, mas não continha uma só palavra sobre a Grã-Bretanha. Manteve silêncio total — sem dúvida um silêncio pesaroso — a respeito das cenas trabalhistas reconhecidamente pouco inspiradoras neste país, há um século. Em segundo lugar, e de maneira mais relacionada ao assunto, o que eu gostaria de destacar é algo que uma análise marxista isolada nos ajudará a entender, mas que os textos de Marx não o fazem: o futuro do trabalhismo e do movimento trabalhista, como Marx predisse, parece ter chegado à estagnação neste século, por volta de 25 a 30 anos atrás. Desde então, tanto a classe trabalhadora quanto o movimento trabalhista têm atravessado períodos de crise ou, se preferirem uma abordagem mais delicada, têm passado por períodos de adaptação à nova situação. A maioria de nós, engajada na luta do dia a dia, não prestou a devida atenção a essa crise, embora seja quase impossível ignorar alguns de seus aspectos. Meu propósito é abordá-la de uma perspectiva a longo prazo, quanto às mudanças de estrutura do capitalismo britânico, e do proletariado dentro dela. Vejo a nossa tarefa, enquanto marxistas, e a minha, enquanto conferencista no Marx Memorial, como a de pessoas que aplicam os métodos e análise geral de Marx à nossa própria era, de modo concreto, e entendo que o próprio Marx também teria visto a situação dessa forma.

Na década de 1870, tinha-se como certo que a grande maioria do povo britânico consistia em trabalhadores braçais e suas famílias — e isso significava trabalhadores braçais fora da agricultura. Preciso apenas acrescentar que a maioria, até da população rural, consistia em proletários, isto é, em operários assalariados. A Grã-Bretanha de então era peculiar e provavelmente única quanto a estes dois problemas: no tamanho e na porcentagem enormes de sua classe trabalhadora braçal e no tamanho e na porcentagem relativamente pequenos de sua população rural, onde se observava um campesinato insignificante. Tal quadro teve consequências políticas significativas, que de certa forma ainda se fazem sentir. Enquanto, em grande parte de outros Estados dessa época, a introdução de um sistema de votação democrática ainda deixaria os trabalhadores braçais em minoria, na Grã-Bretanha (assim acreditava-se), imediatamente, eles constituiriam a maioria. Em 1867, o estatístico Dudley Baxter estimou os trabalhadores braçais fora da agricultura em pouco menos de 70% da população. Dessa forma, do ponto de vista das classes dominantes, era absolutamente essencial ganhar ou manter de qualquer jeito o apoio político de uma parte importante da classe trabalhadora. Essas classes dominantes não esperariam contrabalançar um partido do proletariado com consciência de classe independente, mobilizando a maioria dos camponeses, pequenos artesãos e caixeiros a favor ou contra a classe trabalhadora. Tinham que entrar num acordo, pois, dos tempos do Segundo Ato de Reforma em diante, havia de fato uma maioria operária.

Eu deixaria de lado, por enquanto, a questão sobre se aquilo que era entendido como "trabalhadores braçais", nas décadas de 1860 e 1870, seria o que hoje consideramos como classe trabalhadora ou proletariado. No entanto, o que quer que fossem, tinham as mãos sujas; e, durante a maior parte dos últimos cem anos, os trabalhadores braçais, em sua definição mais ampla, não cresceram, mas declinaram. Em 1911, somavam cerca de 75% da população; em 1931, por volta de 70%; em 1961, 64%; e, em 1976, pouco mais da metade.

É claro que isso não quer dizer que decresceu o percentual de proletários no sentido técnico, ou seja, de gente que ganha a vida vendendo sua força de trabalho por salário, mais seus dependentes. Pelo contrário, como Marx predisse, nesse sentido a proletarização continuou a aumentar. Não podemos medir com exatidão a porcentagem de "empregadores e proprietários" no século XIX, mas, em 1911, incluía menos de 7% da população economicamente ativa e, desde então, decresceu (depois de ficar mais ou menos estável até 1951) para algo em torno dos 3,5% nos meados da década de 1960. Com isso, durante este século, temos um crescimento da proletarização combinado com o relativo declínio, dentro da população assalariada, dos trabalhadores braçais no sentido literal da palavra.

Trata-se de um fenômeno bem geral em países industrializados. Na Grã-Bretanha, entretanto, o declínio mostra-se particularmente marcante, por uma razão histórica peculiar. Cem anos atrás, o setor de trabalho dos colarinhos-brancos, em sentido amplo, empregava um número irrisório de assalariados; é provável até que fosse relativamente menor do que em outros países com uma burocracia, pública e privada, substancial. Por exemplo: em 1871, as "ocupações do comércio" como um todo empregavam menos de 200 mil, em 12 milhões, enquanto em 1911 já somavam 900 mil. Por volta de 1976, da população economicamente ativa, cerca de 45% poderiam ser classificados como não braçais.

Aqui, portanto, está a primeira maior ocorrência dos últimos cem anos. Mas examinemos melhor os trabalhadores braçais. Há cem anos, a indústria dependia a tal ponto do trabalho manual que hoje teríamos dificuldades para entender, uma vez que a tecnologia da Revolução Industrial (da qual a Grã-Bretanha foi a pioneira e que transformou este país na "oficina do mundo"), pelos padrões modernos, podia ser considerada extremamente subdesenvolvida. Na verdade, como Raphael Samuel nos relembrou em tempos recentes, foi uma "justaposição da tecnologia a vapor com a manual". Para empregar um termo atual, foi de mão de obra intensiva, em sua maior parte. As habilidades manuais, do tipo que se associa aos artesãos pré-industriais, sem dúvida foram suplementadas ou aceleradas, até certo ponto, pela energia e pelo maquinário, os quais, porém, de forma alguma os substituiriam. Apenas no final do século as máquinas-ferramenta automáticas foram introduzidas nas fábricas da Grã-Bretanha, de modo sério. Outras operações, com perícia ou sem perícia, dependiam quase por completo da força humana. Na prática, cada tonelada de carvão — que fornecia a maior parte da principal energia para tudo — era movimentada por homens com pás e picaretas.

Essas características da produção britânica do século XIX tiveram duas consequências. Em primeiro lugar, o crescimento da produção vinculava-se a uma expansão da força de trabalho a tal ponto que, hoje, torna-se difícil visualizar. Assim, entre 1877 e 1914, quase dobrou a tonelagem de carvão produzida nas minas da Grã-Bretanha, acontecendo o mesmo com o número de mineiros. Em plena Primeira Guerra Mundial, algo como 1,25 milhão de homens (mais suas famílias) foram convocados somente para a produção de carvão britânico. Na Grã-Bretanha da atualidade, os recursos energéticos, muito mais amplos, incluem carvão, óleo, gás, eletricidade e energia nuclear, utilizando apenas uma fração de sua enorme força de trabalho. O exército de trabalhadores cresceu sem parar. Mas, em segundo lugar, o relativo atraso na mecanização, pelos padrões do século XX, forneceu aos trabalhadores britânicos, com habilidade manual e experiência indispensáveis (e nisso se incluem outros além dos manufatureiros aprendizes), uma considerável força para negociações coletivas. O sindicalismo britânico, por isso, já estava forte, ou potencialmente forte, mesmo nas indústrias nas quais, em outros lugares, ele era bem fraco, a exemplo das fábricas de algodão. O sindicalismo foi reconhecido pelo governo há pouco mais de um século e desde então, deixando de lado áreas e indústrias específicas, não se fez qualquer tentativa sistemática e consistente para esmagá-lo como um todo, ou se obteve sucesso em subjugá-lo por qualquer período de tempo. Concomitantemente, a peculiar estrutura do sindicalismo britânico também refletia — e ainda reflete — esse passado histórico.

Por conseguinte, ao contrário de vários outros países, nossos sindicatos não constituem um pequeno número de gigantes, cada um cobrindo, em teoria, todos os trabalhadores dentro de uma indústria específica. Embora esse padrão de sindicalismo industrial fosse favorecido, e por uns tempos advogado, como militância pelos socialistas, não obteve muito sucesso. Mesmo nas estradas de ferro, como sabemos, não foi eliminada a rivalidade entre os sindicatos industrial e setorial. Em vez disso — ou melhor, lado a lado com essas tendências industriais —, temos a coexistência de sindicatos de manufatureiros e os grandes "sindicatos gerais" (nessa escala, um fenômeno peculiar à Grã-Bretanha), que aos poucos absorveram os não elegíveis ou não desejados pelos sindicatos de manufatureiros — aqueles fracos demais para formá-los, e inúmeros outros. De certa forma, essa tendência, que de início se estabeleceu no período da grande greve portuária de 1889, continua a se reafirmar. Cada vez mais, os sindicatos menores tenderam a se amalgamar a outros maiores. Mas enquanto na primeira metade deste século conseguiam-se ver esses amálgamas como um encaminhamento para uma espécie de sindicalismo industrial, nos últimos vinte anos elas começaram a se assemelhar muito mais à formação de novos conglomerados do tipo "sindicato geral" — como na fusão do AUEW com os fundidores, e dos projetistas e o ETU com os encanadores. Inversamente, a enorme força potencial do trabalhador tipo "artesão" continuou a se fazer sentir no sindicalismo, de maneira particular no grande complexo da metalurgia, da engenharia e das indústrias elétricas, que continuaram a se expandir, da mesma forma que se contraíram as antigas indústrias de emprego em massa do século XIX, a exemplo das indústrias têxteis, de mineração e de transporte. Na década de 1930 e durante a guerra, quando o sindicalismo de massa chegou a essas indústrias, de início foi por meio dos manufatureiros — muitas vezes, como no caso da indústria aeronáutica, os homens ainda trabalhavam, e às vezes pensavam, nos velhos termos do orgulho artesão. Contudo, por volta de 1939, os homens em Harland e Shorts, em Belfast, se recusavam a aceitar pagamento por peça, como seus avós tinham feito nos sindicatos manufatureiros dos tempos de Marx. Foram esses homens que espalharam o sindicalismo na indústria de motores; que mantiveram a típica indústria de engenharia como uma porção

O AVANÇO DO TRABALHISMO ESTANCADO?

de sindicatos manufatureiros separados; e, incidentalmente, que fizeram mulheres e não manufatureiros se organizarem no T & GWU, o qual dessa forma se tornou o sindicato majoritário da indústria de motores. Foi essa persistência do sindicalismo múltiplo em tantas fábricas que transformou a coordenação intersindical popular, executada por pessoas como caixeiros de lojas, numa força tão formidável dentro da cena industrial britânica.

Sublinhei essas sequências históricas, mas elas se vinculam a uma transformação histórica maior. Há um século a classe trabalhadora mostrava-se profundamente estratificada, embora isso não a impedisse de se ver como classe. As próprias pessoas que eram a coluna dorsal do sindicalismo, talvez com exceção dos mineiros, constituíam (e eram vistas como) uma aristocracia trabalhista, que olhava de cima para a massa daqueles a quem consideravam sem especialização ou "meros trabalhadores". Porém, as modificações industriais, primeiro, ameaçaram e, depois, erodiram essa superioridade, a partir de três pontos. Em primeiro lugar, o aumento de emprego no terciário — empregos liberais e de colarinho-branco — originou uma nova forma de aristocracia do trabalho, que se identificava diretamente com a classe média. Apenas depois da Segunda Guerra Mundial (pelo menos fora do setor público) os colarinhos-brancos e os profissionais liberais se organizaram como massa em sindicatos, e cada vez mais dentro do TUC, isto é, no movimento trabalhista consciente. Em segundo lugar, com o aumento da tecnologia moderna, criou-se um estrato de profissionais liberais e técnicos recrutados, de maneira isolada, mais de áreas externas do que a partir de promoções internas entre aqueles que mostravam experiência fabril. Por isso aumentou a lacuna entre a aristocracia trabalhista e os estratos médios. Por outro lado, a tecnologia e a organização industrial modernas ameaçaram a posição privilegiada da aristocracia trabalhista pelo fato de, crescentemente, transformá-la em (ou substituí-la por) trabalhadores menos habilitados, que operavam máquinas especializadas ou desempenhavam tarefas especializadas, dentro de uma divisão do trabalho cada vez mais elaborada. Em outras palavras, como Marx predissera e como os capitalistas sempre pretenderam, a habilidade foi transferida, cada vez mais, dos homens para as máquinas ou para os objetivos do fluxo de produção. De fato, a aristocracia trabalhista ameaçava dissolver-se. Assim, os aristocratas do trabalhismo não foram apenas forçados a se apartar dos estratos médios, como também a se aproximar de outros estratos da classe trabalhadora, embora suas vantagens econômicas (diferentes de sua posição na estrutura social) não sofressem um enfraquecimento sério até a Primeira Guerra Mundial. Tendiam a uma radicalização, especialmente no grande complexo de indústrias nas quais a mecanização, a produção em massa e modificações semelhantes na organização da indústria produziram uma confrontação mais direta entre os trabalhadores habilitados e as novas ameaças, dentro do crescente complexo das indústrias metalúrgicas.

Agora gostaria de observar que minha explicação sobre esse processo difere um pouco da de Engels, embora na realidade não entre em conflito com ela. Engels, que escreveu sobre esse problema na década de 1880 (em especial no novo prefácio de seu *Conditions of the Working Class*), ressaltou dois pontos: primeiro, a formação de uma aristocracia trabalhista "relativamente confortável" e ideologicamente moderada, na Grã-Bretanha; segundo, o monopólio mundial do capitalismo industrial britânico, que ofereceria benefícios para *todos* os trabalhadores britânicos, embora esses benefícios fossem desproporcionais para a aristocracia trabalhista. Mas "mesmo a grande massa tinha pelo menos um ganho temporário, de vez em quando".[1] Ele esperava uma radicalização da classe trabalhadora como resultado do declínio do monopólio mundial britânico, embora não previsse que isso aconteceria entre a aristocracia trabalhista dos "antigos sindicatos", mas da emergência da organização trabalhista entre as massas, desorganizadas até então, cujas mentes estavam "livres dos 'respeitáveis' preconceitos que tolhiam os cérebros dos 'velhos' sindicalistas mais bem aquinhoados".[2] O que ele não avaliou bem foram as ocorrências na produção capitalista que iriam radicalizar a própria ex-aristocracia trabalhista,

---

1 F. Engels, "Preface 1892", *in Marx and Engels on Britain*, Moscou e Londres, 1968, p. 31.
2 *Ibid.*, p. 32.

O AVANÇO DO TRABALHISMO ESTANCADO?

de qualquer modo, nas emergentes indústrias do século XX. Porém, por volta de 1880, essa situação ainda não era muito visível.

Tudo isso não quer dizer que a classe trabalhadora tornara-se uma única massa homogênea, embora de vários modos ela tenha se tornado mais coesa, pelo crescimento de uma consciência de classe, pelas reivindicações políticas que uniam os trabalhadores de todos os estratos e setores (exemplos disso, no terreno de governos locais, eram a educação, a saúde e a seguridade social) por um estilo de vida e padrões comuns, e, para uma minoria, pela ideologia trabalhista e socialista. Esse "estilo" comum, se é que se pode chamar assim, de vida proletária britânica começou a emergir há quase um século, formando-se nas décadas de 1880 e 1890 e permanecendo dominante até que se iniciou sua erosão, na década de 1950. Não estou apenas pensando no surgimento do movimento socialista e do Partido Trabalhista como o partido de massa dos trabalhadores britânicos, nas modificações no sindicalismo, no enorme e ininterrupto aumento do número de membros de cooperativas, que passou de meio milhão, em 1880, para 3 milhões, em 1914, mas também nos aspectos não políticos da vida da classe trabalhadora; no crescimento do futebol como esporte de massa e proletário, no Blackpool como ainda o conhecemos hoje, nas lanchonetes de peixe-com-batata-frita — tudo isso produto das décadas de 1880 e 1890, e até da de 1870; no famoso boné imortalizado pelos quadrinhos de Andy Capp [Zé do Boné], que é eduardiano, num sentido amplo; e um pouco mais tarde (eles não haviam se desenvolvido muito antes da Primeira Guerra Mundial) nas casas populares, no cinema, no *palais de danse*.

Ao mesmo tempo, a natureza do capitalismo britânico modificara-se profundamente, de quatro maneiras. Primeira, como se supõe, sofreu transformações, enquanto sistema de produção, pela tecnologia, pela produção em massa e pela enorme concentração da unidade produtora, isto é, a fábrica onde as pessoas trabalhavam. Em 1961, cerca da metade de todos os trabalhadores em estabelecimentos manufatureiros trabalhava em fábricas com mais de quinhentos operários; por volta de um quarto, em estabelecimentos com mais de 2 mil; e menos de 10% em unidades de cinquenta pessoas ou menos. Segunda, o surgimento do capitalismo monopolista, com um setor público de massa, concentrou ainda mais o emprego e, em particular, criou um vasto setor de empregos governamentais e públicos como nunca existira no século anterior. Hoje, aproximadamente 30% de todas as pessoas trabalham no setor público (como empregados de governos, autoridades locais, em indústrias estatizadas), e a proporção é crescente. Vale dizer que, para cada dois empregados do setor privado (estou omitindo empregadores e autônomos), existe praticamente um no setor público. Terceira, deduz-se que os fatores que determinam as condições dos trabalhadores não são mais, em nenhum sentido, aqueles da competição capitalista. O setor capitalista não mais se revela aquele que o mercado livre dominava, uma vez que se encontra amplamente monopolizado; e o setor público, enquanto empregador, enquanto provedor de todos os tipos de serviços e remunerações sociais, e enquanto gerente da economia, determina aqueles fatores de modo muito amplo, ou pelo menos determina os limites dentro dos quais se fixam esses fatores. E são as decisões políticas, não lucrativas, que determinam a prática do setor público. E quarta, o padrão de vida real da maioria dos trabalhadores sofreu uma revolução para melhor. Muitas dessas tendências podem ser rastreadas desde o período entre a morte de Marx e a Primeira Guerra Mundial; no entanto, as transformações realmente mais importantes ocorreram a partir de 1939.

Dentro da classe trabalhadora isso deu origem a numerosas modificações, de certa forma diferentes da crescente divisão entre a classe operária braçal, que cada vez mais tendia a votar em seu partido de classe, e o estrato dos colarinhos-brancos que, pelo menos fora do setor público, era predominantemente conservador até mais ou menos os últimos vinte anos, durante os quais também começou a se organizar na linha do sindicalismo e — talvez num sentido mais restrito — a virar politicamente para a esquerda. Devo mencionar algumas dessas modificações.

Primeira, há cem anos, a classe trabalhadora organizada era quase totalmente masculina, como notou o próprio Engels, exceção feita aos trabalhadores da indústria têxtil. Até então, as mulheres ganhavam por tarefa e trabalhavam basicamente antes e depois do casamento (em 1914, apenas cerca de 10% das mulheres casadas tinham um desses empregos), e eram vistas como despreparadas e tratadas como mão de obra barata. A grande maioria — 44%, em 1881 — trabalhava como empregada doméstica. Mesmo em 1911, quando esse serviço, enquanto ocupação, começou a diminuir, ainda havia 1,5 milhão de empregadas domésticas. Existiam as "arrumadeiras" e as "de todo serviço". Embora já houvesse um notável afluxo de mulheres para a indústria, e mais ainda para escritórios e lojas, no quarto de século anterior a 1914 as mulheres continuavam a receber tratamento de trabalhadores de segunda classe, e a reivindicação de salários iguais não teve nenhuma repercussão séria senão depois da Segunda Guerra Mundial. E mesmo que o emprego das mulheres casadas que trabalhavam por tarefa aumentasse um pouco entre as duas grandes guerras (em 1931, 13% de todas as mulheres casadas tinham um emprego desse tipo), a prática só se tornou normal depois da Segunda Guerra Mundial. Desde 1951, a proporção de mulheres casadas, tecnicamente descritas como "ocupadas", aumentara de cerca de um quinto para aproximadamente a metade. Isso traduzia uma grande modificação na composição da classe trabalhadora.

Há um século, geograficamente, embora houvesse muita mobilidade e migração, a classe trabalhadora constituía uma coleção de comunidades localizadas. Ela ainda permanece enraizada localmente, numa proporção muito maior do que as classes médias, como qualquer pessoa pode perceber assim que um sindicalista de Birmingham ou de Gateshead, sem mencionar Clydebank ou Swansea, fala com seu sotaque típico. Mas, no geral, essas diferenças locais não contrariam o sentido de uma única consciência de classe, mas são parte dela. As diferenças entre os operários de Lancashire e Yorkshire não impediram — e conseguiram até destacar — suas características comuns como operários. Até as diferenças crescentes — especialmente no entreguerras — entre as antigas áreas industriais do norte, no século XIX, da Escócia, de Gales e das novas áreas industriais do centro e do sudeste, não produziram maiores divisões de sentimentos ou atitudes. A única exceção era a nacionalidade (ou, no exemplo do principal grupo emigrante, a nacionalidade-mais-religião irlandesa). Aqui, como o próprio

Marx compreendera, havia uma força que dividia profundamente a classe trabalhadora britânica, ao menos de modo potencial; como testemunho, existe a história política de Merseyside. Se as rivalidades entre os torcedores do Sheffield United e do Sheffield Wednesday, ou do Nottinghamshire County e do Nottinghamshire Forest, mais do que dividir, destacaram a unidade básica dos trabalhadores naquelas cidades, por outro lado todos sabemos que os torcedores dos Rangers e do Celtic, ou Liverpool e Everton, ou Hearts e Hibs, dividem-se por linhas de religiosidade-nacionalidade. Ainda, o que mais chama a atenção nas classes trabalhadoras britânicas é o quão pouco — eu diria, quão cada vez menos — elas foram afetadas por esse racha nacional até a década de 1950, a despeito do fato (mais do que óbvio) de que escoceses, galeses e irlandeses sempre tiveram orgulho de *não* serem ingleses; e assim por diante. Ao contrário, digamos, dos poloneses na Alemanha imperial, os irlandeses na Grã-Bretanha, quando se organizavam de alguma forma, aderiam a sindicatos totalmente britânicos e apoiavam o partido totalmente britânico de sua classe, em todos os eventos, depois que a Irlanda se tornou independente. Até que o movimento trabalhista, como um todo, entrasse em sua crise atual, não existia nenhuma base significativa para partidos nacionais na Escócia e em Gales, e até a imigração em massa do antigo império depois da Segunda Guerra Mundial, dir-se-ia que o racismo da classe trabalhadora provavelmente era menos importante na Grã-Bretanha do que, por exemplo, na França — mesmo que se admita um sentimento anti-irlandês e, a partir do início do século XX, alguns preconceitos antissemitas localizados. Por tudo isso, a rivalidade parecia uma força em declínio por três quartos de século, depois de 1878. Desse ponto em diante há outra ocorrência significativa e pouco bem-vinda do último quartel do século passado.

Existem, contudo, outras divisões dentro da classe trabalhadora. Há cem anos havia três principais diferenças setoriais dentro da classe trabalhadora: aquela entre as indústrias e ramificações, empresas ou localidades particulares dentro de uma indústria (Tyneside e o Sudoeste); aquela entre os vários graus e níveis de trabalhadores ("manufatureiros" e "operários"); e aquela entre grupos rivais dentro do mesmo nível ou grau, a exemplo dos diferentes grupos especializados. Há um século, os diferenciais locais e regionais eram grandes e provavelmente crescentes. A partir de 1900, a tendência era que diminuíssem, embora, na época em que algumas regiões estavam relativamente prósperas e outras, muito pobres (como no entreguerras), pudessem aumentar muito na prática por causa do desemprego. Teoricamente, o surgimento do Estado capitalista monopolista e do emprego no setor público tendiam a igualar os diferenciais. Na prática, as coisas eram mais complicadas. Mas este não é o lugar para discutirmos esses problemas em maiores detalhes.

A exemplo das diferenças setoriais entre grupos rivais do mesmo nível, esses diferenciais tinham uma longa história. Causaram conflitos principalmente quando alguns grupos tentaram manter um monopólio de empregos particulares para eles próprios, em detrimento dos outros, em parte porque o progresso técnico solapou seu monopólio natural de longo treinamento e especializações, e em parte porque em tempos de desemprego havia mais pressão para preencher um número limitado de vagas. Assim, amargas disputas por demarcações nos estaleiros do nordeste atingiram o auge na década de 1890, e até hoje essa indústria e essa área conhecem bem o problema. À medida que a antiga divisão do trabalho se ia tornando tecnicamente obsoleta, esses grupos rivais (ou potencialmente competidores) de operários especializados quase sempre tenderam a se mesclar — por exemplo, a absorção de caldeireiros, trabalhadores de estaleiros e ferreiros. Mas esse tipo de setorialismo ainda não se extinguiu. Na verdade até cresceu, pois o moderno desenvolvimento industrial reparte o setorialismo profissional e possibilita às diferentes indústrias ou aos grupos de trabalhadores executarem essencialmente os mesmos processos ou processos alternativos. Por isso, em 1878, não poderia haver nenhuma sobreposição entre, por exemplo, tipógrafos e jornalistas; no entanto, com a moderna tecnologia, que permite a um jornalista digitar diretamente para a impressora, essa sobreposição é possível e acontece. Colocar mercadorias em contêineres provoca conflitos potenciais e reais entre estivadores, motoristas de caminhão e ferroviários, que simplesmente não podiam existir, como não existiam, em 1878 ou mesmo um pouco mais tarde. E assim por diante. Alguns mineiros teriam preferido a desativação da indústria de energia nuclear, mas os operários dessa indústria presumivelmente não concordariam. Portanto, eu observaria que esse tipo de setorialismo, depois de um período em que provavelmente ele tende a declinar, tenha revelado crescimento desde a Segunda Guerra Mundial. E essa é uma situação perigosa.

O terceiro tipo de setorialismo — a estratificação — quase nem podia ser visto há um século, basicamente por dois motivos. Em primeiro lugar, os estratos favorecidos (a exemplo da assim chamada aristocracia trabalhista) ainda conseguiam bastante sucesso ao restringirem a entrada de outras pessoas em suas profissões, ou mantinham-se numa posição favorecida por serem, como um todo, os únicos com acesso a uma organização efetiva. De fato, quase não há dúvida de que, nesse período, o sindicalismo reforçava a exclusividade. Somente no período de liderança socialista (de início muito lentamente, mas depois mais depressa, a partir da grande agitação trabalhista antes da Primeira Guerra Mundial) é que os sindicatos transformaram-se em fatores de igualdade, mais do que de crescimento, dos diferenciais de local, de profissão e de grau. Em segundo lugar, há um século, os salários e as condições ainda eram, em grande parte, fixados por costumes e convenções, sendo apenas parcialmente calculados a partir do mercado. A burguesia pagava o menos que conseguia; e mesmo que pudesse pagar mais, achava que devia haver um teto que os salários dos trabalhadores nunca deveriam ultrapassar. Os burgueses podiam pensar e agir dessa maneira porque os próprios trabalhadores achavam que "um dia de trabalho justo valia um dia de pagamento justo", dependendo do tipo de operário que fossem. E seus limites eram bem modestos. Hoje, nenhuma dessas observações ainda é verdadeira. As velhas hierarquias foram solapadas pelas mudanças tecnológicas, e os diferenciais foram sendo consumidos, em especial pelo desenvolvimento de mudanças complexas nos pagamentos de salários, sem planejamento sistemático, difusas e imprevisíveis, que não mais ofereciam uma vantagem automática para a habilidade — pagamentos por resultados, horas extras sistemáticas e alguns dos efeitos da negociação sobre a produtividade. Especialmente durante o grande período de desenvolvimento depois da Segunda Guerra Mundial, os trabalhadores também aprenderam que os limites para suas reivindicações podiam ser bem mais altos do que a maioria deles nem sequer pudera imaginar; e os empregadores tendiam a fazer concessões, jamais cogitadas. Acho que essas tendências podem ser traçadas desde o período eduardiano, pois conseguimos detectá-las em certos argumentos sindicalistas.

Tudo isso sugere que as antigas estratificações da classe trabalhadora perderiam seu significado, e que — com todas as sobrevivências das antigas divisões e tensões — os interesses comuns da classe trabalhadora deveriam prevalecer de forma crescente. E isso provavelmente aconteceu mesmo na primeira metade deste século. Mas seria um erro pensar que esse quadro tornou a classe trabalhadora mais homogênea. Ao contrário, a mim parece que agora vemos uma divisão crescente de trabalhadores em setores e grupos, cada um perseguindo seus próprios interesses econômicos, sem se importar com o restante. Neste caso, o que há de novo é que sua habilidade em fazer essa divisão não mais se relaciona a critérios tradicionais, tais como sua qualificação técnica e sua estagnação na escalada social. Na verdade, agora acontece com frequência (como esporadicamente já ocorria há um século) de grupos de trabalhadores entrarem em greve, não se importando com o efeito sobre o restante — por exemplo, operários especializados sobre os sem especialização —, e ocorre que a força de um grupo repousa não na quantidade de perdas que ele possa causar ao empregador, mas na inconveniência que possa causar ao público, isto é, a outros operários, como por exemplo a falta de energia e coisas similares. Trata-se de uma consequência natural do sistema capitalista do Estado monopolista, no qual o alvo básico da pressão não é a conta bancária dos empregadores privados mas, direta ou indiretamente, a vontade política do governo. No final das contas, essas formas de lutas setoriais não apenas criam um atrito potencial entre grupos de trabalhadores, mas também arriscam-se a enfraquecer a influência do movimento trabalhista como um todo. O sentimento de solidariedade de classe se enfraquece além da conta pelo fato de que a renda real de uma família pode, na verdade, não mais depender do trabalho de apenas um só trabalhador, porém pode atrelar-se ao fato de seus cônjuges também trabalharem e do tipo de emprego que eles tenham, ou pode depender de vários outros fatores, não diretamente determinados pela luta sindical. Em resumo, não restam muitas dúvidas de que o setorialismo esteja crescendo, embora exista uma boa quantidade de razões morais e materiais para haver solidariedade, e dela haja poucos e dramáticos exemplos — como na época do Ato de Relações Industriais de 1970-1971 e na greve dos mineiros.

Existe uma última divisão dentro da classe trabalhadora que de certa forma lembra as divisões de cem anos atrás, embora hoje as condições sejam bem diferentes. Trata-se da divisão entre aqueles que conseguiram tirar vantagem total das grandes melhorias econômicas e sociais da era pós-guerra e os que não conseguiram — se preferirem, aqueles que poderiam, há um século, ser chamados de "os pobres". Essas pessoas são as que permaneceram em ocupações de baixa renda, virtualmente abaixo das faixas dos sindicatos efetivos; um quarto de todas as donas de casa que retiram mais da metade da renda familiar da seguridade social e ganham menos de quarenta libras por semana; as pessoas que vivem em acomodações alugadas de particulares contra aqueles que possuem suas casas próprias e os que alugam casas de governos municipais — em 1975, 17% dos trabalhadores não qualificados eram inquilinos de proprietários particulares, contra 11% dos trabalhadores especializados —; os pobres que vivem pior e pagam mais. E, ao considerarmos isso, não devemos esquecer que, pelos padrões internacionais, os salários britânicos declinaram mais do que outros, e que o sistema de seguridade social britânico, do qual nos orgulhávamos tanto nos anos imediatamente posteriores à guerra, provavelmente declinou ainda mais do que os sistemas de seguridade social de vários países europeus. Os pobres pioraram desproporcionalmente e são os que menos recebem ajuda direta dos setores consagrados a isso, dentro das organizações trabalhistas. Há cem anos, o movimento trabalhista recomendava suas formas de luta e de organização para qualquer pessoa — sindicatos, cooperativas etc. Mas, na época, isso não era *acessível* a qualquer pessoa, apenas a estratos de trabalhadores favorecidos. E eu me pergunto se, hoje, não há uma complacência similar entre alguns setores do movimento.

A que ponto o desenvolvimento da consciência de classe dos trabalhadores britânicos reflete essas tendências? Vamos observar o índice mais elementar dessa situação: o sindicalismo. Sem dúvida, ele cresceu com regularidade neste último século, embora não tenhamos dados comparativos para antes da década de 1890; digamos que, de 13% da força de trabalho, em 1900, tenha subido para 45% logo após a Segunda Guerra Mundial (1948). Mas depois disso permaneceu estagnado por um bom tempo, ou até caiu um pouco; e mesmo que tenha crescido nas décadas de 1960 e 1970, hoje é apenas um pouco maior (percentualmente) do que em 1948 — 46%. E mais, quase nunca prestamos atenção no seguinte: é muito mais baixo do que na Dinamarca, Suécia e Bélgica, onde atinge cerca de 70%, e um pouco mais baixo do que na Itália. É claro que agora a composição do sindicalismo modificou-se — há muito mais mulheres e trabalhadores de colarinho-branco — mas o ponto aonde quero chegar, infelizmente, é que 35% dos empregados não pertencem a nenhum sindicato profissional, e que essa porcentagem não diminuiu durante trinta anos. Para resumir: a Grã-Bretanha, local de origem do sindicalismo, está hoje muito atrás de alguns outros países.

Se examinarmos a expressão política da consciência de classe, que significa, na prática, apoio para o Partido Trabalhista, o quadro é ainda mais perturbador. O número, bem como a porcentagem, dos eleitores do trabalhismo (incluindo os comunistas) cresceu sem interrupção (exceto em 1931) entre 1900 e 1951, quando atingiu um pico de 14 milhões ou um pouco menos de 49% de todos os votos. Depois disso caiu para 44%, em 1959 e 1964; subiu para mais de 48% em 1966; e depois caiu de novo. Na eleição de 1974, estava bem abaixo dos 40%. E o mais importante, em números *absolutos*, os trabalhistas (mais os comunistas), depois de 1951, quase sempre perderam mais de 1 milhão de votos em relação àquele pico; em 1974, apuraram-se cerca de 2,5 milhões a menos do que em 1951, menos do que em *qualquer* eleição desde 1935. É claro que essa tendência também afetou os conservadores, que conseguiram sua maior votação (13,5 milhões) em 1959. Mas isso não serve de consolo.

Não existe uma maneira simples de medir as mudanças nos mais altos graus da consciência de classe. No entanto, se tomarmos o número de associados ativos de todas as organizações socialistas como um critério muito rústico (diferente do ativismo no sindicato profissional), então eu também suspeito que, logo no início da década de 1950, houve um declínio, talvez

30 | Estratégias para uma esquerda racional

rompido no final da década de 1960. Porém, neste período mais recente, uma proporção muito alta dos novos ativistas socialistas, dentro e fora do Partido Comunista e de outros grupos marxistas, provavelmente não se compunha de trabalhadores braçais, mas de estudantes e de colarinhos--brancos ou profissionais liberais. É lógico que temos de observar que, até a década de 1950, grande número (talvez a maioria) desses novos ativistas socialistas, muitas vezes de famílias operárias e colarinhos-brancos, não conseguiu chegar às universidades.

Tenho a impressão de que, durante aproximadamente os primeiros setenta anos deste último século, Marx e Engels não ficariam nem um pouco surpresos nem desapontados com as tendências de desenvolvimento na classe trabalhadora britânica. Não ficariam muito surpresos porque as tendências revelavam-se como eles haviam previsto (ou poderiam prever) com base na análise do próprio Marx sobre o desenvolvimento do sistema fabril, por exemplo. Embora eu ache que iriam ficar um pouco surpresos com a velocidade com que o setor terciário se desenvolveu, ainda assim não seria tanto quanto a surpresa em relação à formação de uma nova aristocracia conservadora, composta de colarinhos-brancos. Uma vez que não esperavam muito da classe trabalhadora britânica além do que de fato parece ter acontecido, eles não teriam ficado muito desapontados com o crescimento de um partido político de massa, baseado na consciência de classe, separado dos partidos da burguesia, que de forma crescente, embora vaga, destinava-se a substituir o capitalismo pelo socialismo. Obviamente, como vocês e eu, Marx e Engels poderiam querer que a classe trabalhadora britânica fosse um pouco mais revolucionária e, como nós, teriam ficado bem desdenhosos da liderança trabalhista; mas as coisas pareciam estar se movimentando, em geral, na direção correta. No entanto, nos últimos trinta anos, esse movimento parece ter estagnado, exceto por uma tendência: a "nova" aristocracia trabalhista dos técnicos de colarinho-branco e profissionais liberais sindicalizou-se; e estudantes e intelectuais — setores de onde essa aristocracia era muito recrutada — também se radicalizaram a um grau maior do que antes.

Para explicar tudo isso, eu já sugeri alguns dos fatos relevantes na estrutura econômica e social do país e em suas populações trabalhadoras. Mas os marxistas não são deterministas econômicos e sociais, e simplesmente não funcionaria dizer que essa crise da classe trabalhadora e do movimento socialista era "inevitável", e que nada poderia ter sido feito a esse respeito. Já vimos que a estagnação da marcha começou antes das mudanças drásticas dos últimos vinte anos; que mesmo no auge da "sociedade afluente" e no grande *boom* do capitalismo, em meados da década de 1960, existiam sinais de uma recuperação real de ímpeto e dinamismo: a volta do crescimento dos sindicatos profissionais, para não mencionar as grandes lutas trabalhistas, o aumento significativo do voto trabalhista em 1966 e a radicalização dos estudantes, intelectuais e outros, no final da década de 1960. Se quisermos explicar a estagnação ou a crise, teremos que observar o Partido Trabalhista e o próprio movimento trabalhista. Os trabalhadores e o crescente estrato estranho aos operários braçais pediam um líder e um programa. Não conseguiram. Conseguiram os anos Wilson — e muitos deles perderam a fé e a esperança num partido de massa do povo trabalhador.

Ao mesmo tempo o movimento sindical tornou-se mais militante. E ainda assim, com exceção das grandes lutas de 1970-1974, foi uma militância quase totalmente economicista; e um movimento não é necessariamente menos economicista e limitado porque é militante, ou liderado pela esquerda. Os períodos de máxima atividade de greve desde 1960 — em 1970-1972 e 1974 —, foram aqueles em que a porcentagem de greves por salários foi a mais alta — mais de 90% em 1971-1974. E, como tentei sugerir antes, honestamente, a consciência economicista em sindicatos às vezes acaba, de fato, confrontando os trabalhadores entre si, em vez de estabelecer padrões de solidariedade mais amplos.

Minha conclusão é que o desenvolvimento da classe trabalhadora na última geração ocorreu de forma a levantar inúmeras questões sérias sobre seu futuro e o futuro do movimento. O que torna essa situação mais trágica ainda é o fato de que, hoje, estamos num período de crise mundial do capitalismo e, mais especificamente, de crise — de colapso, quase poderíamos dizer — da sociedade capitalista britânica. É um momento em que a classe trabalhadora e seu movimento deveriam estar em posição de oferecer uma alternativa clara e de liderar os povos britânicos para essa alternativa.

Não podemos confiar numa simples forma de determinismo histórico para restaurar o futuro do trabalhismo britânico, que começou a vacilar há trinta anos. Não há indícios de que o movimento se vá recuperar automaticamente. Por outro lado, como já falei, não há razão para um pessimismo, também automático. Os homens, como Marx disse (a palavra alemã vale para homens e mulheres), fazem sua história dentro das circunstâncias que a história armou para eles e dentro de seus limites — mas são eles que *fazem* a sua história. Contudo, se o trabalhismo e o movimento socialista quiserem recuperar sua alma, seu dinamismo e sua iniciativa histórica, nós, enquanto marxistas, temos que fazer aquilo que Marx certamente teria feito: precisamos reconhecer a nova situação na qual nos encontramos, a fim de analisá-la realística e concretamente, a fim de analisar as razões (históricas e outras) tanto dos fracassos quanto dos sucessos do movimento trabalhista e a fim de formular não apenas o que gostaríamos de fazer, mas o que pode ser feito. Deveríamos ter feito mesmo quando esperávamos que o capitalismo britânico entrasse num período de forte crise. Não podemos nos dar ao luxo de não agora, que a crise já começou.

2

O VEREDICTO DA ELEIÇÃO DE 1979

(1979)

Considerando que já se passou um ano desde o início da discussão séria e calorosa sobre a "Estagnação no Futuro do Trabalhismo?", parece razoável que o autor do artigo original devesse, agora, tecer comentários sobre o debate.[1] Espero que ninguém imagine que eu queira ter a última palavra. A discussão deve e vai continuar, pois as questões levantadas são importantes demais para serem engavetadas e, dada a amarga experiência da última eleição, ficou mais claro do que nunca que o movimento trabalhista britânico ainda não encontrou respostas satisfatórias para elas. Nem esta segunda intervenção pretende exagerar o significado do primeiro artigo. Esse artigo originou-se de uma conferência no Marx Memorial, proferida no início de 1978, e não tinha a intenção de ser uma afirmação política (exceto no sentido de que todos os marxistas tentam unir a teoria à prática), mas de fazer um apanhado histórico do que sucedera à classe trabalhadora britânica durante os últimos cem anos. Não teria havido discussão alguma se as pessoas envolvidas no movimento, e sobretudo as pessoas com responsabilidades efetivas, enquanto funcionários públicos sindicalizados ou empregados de comércio também sindicalizados, não tivessem reconhecido que, desse apanhado, emergiram questões importantes e urgentes para o nosso movimento, e nada aconteceria se as pessoas não se tivessem incomodado com tais questões.

---

1 As contribuições para o debate foram reunidas como *The Forward March of Labour Halted?*, publicado pela Editora Verso, em 1981, ao qual dizem respeito todas as referências que se seguem.

O ponto relevante não é nem se o futuro do trabalhismo estagnou sob alguns aspectos, mas se essa refreada está sendo compensada, ou mais do que compensada, por outros fatos relevantes dentro do movimento trabalhista britânico. Quanto à estagnação, infelizmente, não há qualquer dúvida. No artigo original foram fornecidas algumas indicações sobre a queda de apoio eleitoral ao Partido Trabalhista, sobre o declínio quanto ao número de afiliações e sobre a estagnação relativa às afiliações dos sindicatos. Isso poderia ter sido suplementado por dados sobre o declínio do apoio sindical ao Partido Trabalhista, como indicam os pagamentos da arrecadação do partido. Infelizmente, a eleição geral de 1979 confirmou essa análise.

Resumindo a questão: o trabalhismo polarizou o menor número de votos desde 1931. No entanto, os votos perdidos não foram canalizados, em números significativos, para candidatos da esquerda socialista ou comunista. Entre os eleitores da classe trabalhadora especializada, o trabalhismo conseguiu um mínimo de votos a mais do que o conservadorismo. Ao que tudo indica, aproximadamente um terço dos sindicalistas votou de fato nos conservadores. Desde 1974, a transferência de sindicalistas para o Partido Conservador parece ter sido algo por volta dos 7%; de trabalhadores sem especialização, 6,5%; e de trabalhadores especializados, não menos que 11%. Quase 10% dos eleitores que votaram pela primeira vez preferiram a direita. Essas ocorrências desastrosas não foram compensadas pelo bom desempenho do trabalhismo na Escócia, pelo voto dos emigrantes, pela resistência das mulheres ao apelo conservador (a transferência delas foi de apenas 3%, comparados aos 9,5% dos homens), e pelo fato interessante de que o voto trabalhista com efeito aumentou significativamente entre os menores grupos de profissionais liberais e gerenciais. (Esses dados foram compilados por pesquisas de opinião, mas não há por que imaginar que estejam incorretos.) O que torna tais resultados mais desapontadores ainda é que a porcentagem de eleitores na verdade cresceu um pouco. Gente que nunca se dispusera a votar antes respondia à pesquisa de opinião — e escolhia o Partido Conservador. Enfim, a eleição de 1979 não foi nada confortável.

A fim de contrariar essas tendências negativas, diversos participantes do debate, a começar por Ken Gill, desviaram a atenção para ocorrências positivas. Em primeiro lugar, e no sentido mais genérico, a classe trabalhadora britânica, "sem mostrar vocação para o poder, tornou evidente que não quer ser governada do jeito antigo" (Royden Harrison). Está claro que esse é um fator fundamentalmente novo na política britânica desde a guerra, e que até agora o capitalismo da Grã-Bretanha mostrou-se incapaz — ou não mais capaz — de atender à demanda, dentro da economia britânica. Em segundo lugar, e de modo mais específico, existe uma maré crescente na militância e na luta industrial, que atingiu o auge em 1970-1974, mas que continuou ou se manteve em altos índices. Em terceiro lugar, evidencia-se a força política dessa militância, como ficou demonstrado pelo papel do TUC (Trades Union Congress) nos programas e na queda do governo Heath, em 1974; as esquerdas preferem não mencionar as dificuldades que essa militância causou ao governo trabalhista, em 1978-1979. Em quarto lugar, argumenta-se que essa militância produziu uma guinada para a esquerda na liderança do movimento sindical, acompanhada de uma esquerdização dentro do Partido Trabalhista — até pela abdicação virtual da antiga ala direitista bajuladora dentro do Partido Trabalhista parlamentar. Em quinto lugar (outra vez, uma observação de Royden Harrison), aí está a emergência de uma esquerda trabalhista nova e politicamente mais promissora, tal como a exemplifica Benn.

Na prática, portanto, a conjuntura para um avanço no trabalhismo reside, em sua essência, no movimento industrial. Em anos recentes, isso se traduziu sobretudo por meio de um movimento salarial (o que é reconhecido na discussão), o qual teve que lidar principalmente com o caráter, as possibilidades e as limitações da ação sindical. Não pretendo discutir em detalhes as guinadas políticas para a esquerda dentro do Partido Trabalhista ou em qualquer outro. Aqui, sem dúvida nenhuma, houve um avanço bem-vindo. A maior parte da antiga direita trabalhista foi, de fato, excluída do Partido Trabalhista ou da política. A esquerda trabalhista de Tony Benn, ao contrário daquelas que a precederam por um longo tempo, possui um programa de verdade, que inclui uma política para atacar os problemas econômicos da Grã-Bretanha. Sem dúvida é o único programa desse tipo que vem de um partido grande, afora a proposta de Mrs Thatcher e de Sir Keith Joseph, que atrasa o relógio da economia para 1865, mais ou menos. As possibilidades de uma ação conjunta por parte de socialistas e comunistas, na verdade, são melhores do que foram durante muitos anos, e seu principal obstáculo provavelmente seria o sectarismo de alguns grupos menores, de uma esquerda infelizmente fragmentada. Hoje, porém, essas ocorrências bem-vindas representam o que está acontecendo dentro de um Partido Trabalhista duramente derrotado, cujos membros ativos somam um número perigosamente pequeno — talvez pouco mais de 300 mil pessoas — que não representa necessariamente suas bases; e dentro de um Partido Comunista e de outros grupos de esquerda que não estão crescendo (só para não empregar termos mais drásticos). Além disso, é cedo demais para contar com o ovo na galinha em relação à recente guinada para a direita na liderança de alguns sindicatos, os quais, como Stan Newens assinalou, "ainda podem produzir retrocessos dramáticos nos altos escalões do TUC e do Partido Trabalhista". Certamente engana-se quem fechar os olhos às perspectivas de um avanço futuro, mas esse avanço pertence a um futuro ainda incerto.

Por outro lado, o movimento sindical mostra-se poderoso, efetivo, bastante militante nos anos recentes e, de modo claro, vem se desenvolvendo e modificando depressa. Também não se pode negar que esse movimento possua poderosa base popular. Na verdade, a mudança do centro de gravidade para os sindicatos, de uma estrutura de funcionalismo público para uma estrutura de fábricas e estabelecimentos comerciais, mostra-se uma característica dos últimos vinte anos — e até recentemente vinha se acelerando. Nota-se o contraste entre a fraqueza do lado político do movimento comparado ao poder e ao dinamismo do lado industrial. É natural que a esquerda tendesse a superestimar as possibilidades e a subestimar os limites da ação puramente industrial. Havia pouca coisa a mais com que se congratular.

As conquistas do movimento sindical, em particular no período 1969-1974, foram de fato muito marcantes e os participantes da discussão têm acertado ao me criticarem por não falar muito delas. Provavelmente é verdade, como argumentou Steve Jefferys, do Partido Socialista dos

38 | ESTRATÉGIAS PARA UMA ESQUERDA RACIONAL

Trabalhadores, que essas conquistas garantiram a sobrevivência da consciência da classe trabalhadora, do tipo forte e tradicional (embora fosse e seja limitada), apesar do declínio das antigas indústrias do século XIX, que forneceram suas principais bases, e do declínio numérico dos antigos trabalhadores (masculinos) especializados, que desempenharam um papel tão crucial nisso tudo; e também a despeito da grande melhoria nos padrões de vida, os quais, na década de 1950, os observadores da classe média imaginavam que produziriam um "aburguesamento". Essas conquistas tornaram possível a integração de um número crescente de colarinhos-brancos e trabalhadores não braçais ao movimento trabalhista e, de certa forma, à classe trabalhadora. Embora cerca de 40% dos sindicalistas sejam hoje colarinhos-brancos, isso não provocou uma queda na militância. Atualmente não são apenas os tradicionais trabalhadores braçais que praticam a solidariedade sindical e se recusam a romper um piquete. Tornou-se possível integrar um número bem crescente de mulheres trabalhadoras (muitas vezes em tempo parcial) ao movimento trabalhista organizado. E as conquistas também possibilitaram as vitórias no período 1969-1974.

Mesmo assim não foram ultrapassados os limites dessa renovada "consciência sindical profissional", os quais têm sido enfatizados pelo declínio paralelo do movimento da classe *político*. Tem-se argumentado que a ação sindical não se divorciou da política porque também liderou lutas não econômicas (a exemplo daquela para o pagamento total de leitos hospitalares), e porque as esquerdas dos sindicatos e os ativistas de esquerda assumem posições políticas. Até certo ponto isso é verdadeiro, embora a esmagadora maioria das greves políticas de anos recentes tenha, de fato, acontecido por motivos econômicos, direta ou indiretamente contra as tentativas governamentais de limitar a livre negociação e de cercear direitos sindicais. Também se argumenta que aqueles limites são políticos no sentido de que, de certa forma não especificada, regenerariam o movimento político, ampliariam o apoio de massa a um programa socialista e unificariam o povo trabalhador do país. Pelo menos até agora não há muitos indícios de tais acontecimentos.

Não basta dizer que "agora a 'questão salarial' sofre transformações a olhos vistos, passando de questão *setorial* para uma questão *de classe;* de questão *industrial* para questão *política*" (Royden Harrison). Faz tempo que isso acontece; capitalistas e governo trabalharam baseados nessa suposição. No entanto, existe uma grande diferença entre os períodos em que a questão salarial, nessa forma, fez parte de um rebrotar político mais amplo da classe trabalhadora, como entre 1918 e a Greve Geral (o voto trabalhista cresceu de cerca de dois para 8 milhões, entre 1918 e 1929), e períodos como o atual, quando aquele rebrotar não acontece. Em suma, o sindicalismo isolado não basta, como os marxistas desde o próprio Karl Marx já argumentaram contra os sindicalistas e outros. A fase atual de militância é esmagadoramente sindicalista e economicista, especialmente no que diz respeito aos salários. Não há uma discordância real sobre o assunto. O que não ficou claro é "o tipo de relação que existe entre os salários e a luta política" (Pete Carter), e até que ponto a luta salarial deve estar integrada à luta mais ampla, da qual constitui apenas parte. Creio que esse é o problema fundamental que ataca o movimento trabalhista atual.

Como Roger Murray nos relembra, é claro que para "a luta salarial continuar, indiferente. [...] acho que a denúncia do economicismo das lutas salariais [...] embora de certa forma correta, é pouco benéfica". Isso precisa ser dito. Seria um curioso tipo de movimento trabalhista aquele que não prestasse atenção ao objetivo pelo qual os trabalhadores realmente batalham — pelo qual, com crise e inflação, eles são quase que forçados a batalhar. Mas obviamente não há perigo disso. O perigo repousa mais na racionalização do economicismo militante como uma estratégia geral.

Suas limitações foram postas em discussão, mas não por alguns ativistas da frente industrial. Aí está o setorialismo. "As lutas salariais *isoladas* e conduzidas *setorialmente* podem dividir, e realmente dividem, o movimento trabalhista, isolam-no de outros setores, e ajudam na guinada para a direita" (Roger Murray). Se hoje o setorialismo mostra-se mais forte dentro do movimento sindicalista profissional do que no passado, como eu sugeri, é uma questão histórica sobre a qual posso muito bem ter-me enganado. Não vale a pena discuti-la aqui. Permanece o fato de que o setorialismo — talvez de um tipo diferente do passado — existe *hoje*, e de que (empregando as palavras de Royden

Harrison), "sob as condições de capitalismo de Estado e monopolista, as consequências do setorialismo tendem a se tornar mais desagradáveis e mais separatistas". Todos nós sabemos disso, menos os ativos camaradas da indústria.

Também existe a tendência de o sindicalismo "direto" aceitar o sistema capitalista como ele é e de concentrar-se em conseguir o máximo dele. Essa tem sido sempre a fraqueza do movimento sindical da Grã-Bretanha, "uma oposição que nunca vira governo" nas palavras de R. H. Tawney há muito tempo, e uma fraqueza da forma típica de "sindicalismo" na consciência da classe trabalhadora britânica, a qual impediu essa classe de "revelar sua vocação para o poder" (Royden Harrison). E, por isso, a classe trabalhadora pode ser levada facilmente a integrar-se ao capitalismo. Pelo menos a importante greve de 1978 foi descrita na discussão como "um exercício das forças de mercado dentro da tessitura do capitalismo" (Mike Le Cornu). Aqui, há enormes perigos. O apelo para se abolirem todas as restrições sobre a livre negociação de salários conseguiu, naquele momento, tornar-se um slogan importante, mas devemos nos lembrar de que o apelo para a abolição de restrições sobre as livres operações do mercado (do qual representa uma forma especial) em geral costuma ter implicações políticas bem diferentes.

Em terceiro lugar existe o fato de que a ação sindical — mesmo a ação militante — pode estar muito divorciada da consciência política. Os estivadores que entraram em greve de solidariedade a seus camaradas presos em 1972 eram os mesmos homens que haviam protestado contra o fato de Heath ter demitido Enoch Powell e que zombaram de Bernadette Devlin às portas da prisão de Pentonville. Um triste sinal disso é o fato de mais de um terço dos sindicalistas votarem no Partido Conservador em 1979, muitos deles, sem dúvida, participantes da ação industrial. Mais triste ainda é lembrarmos que houve época em que a afiliação, a formação e os votos dos sindicatos para o Partido Trabalhista costumavam ser uma coisa só.

Daí poderíamos concluir que apenas a força e a militância do sindicato, embora importantes, não compensam, *e isoladas não conseguem compensar,* os retrocessos do movimento trabalhista em outros aspectos.

Mas o que se pode fazer a respeito? É claro que esse deve ser o tema da próxima etapa do debate. Até agora, a discussão fez emergir uma série de sugestões gerais e algumas propostas mais específicas, em especial quanto à maneira de vincular a luta industrial às reivindicações e lutas mais amplas, mas não acho que alguém acredite que foram encontradas respostas satisfatórias. E elas não poderão ser encontradas enquanto se espera que a classe trabalhadora britânica e seu movimento sejam diferentes do que foram, e se tornaram, historicamente. Não podem ser encontradas enquanto nos concentrarmos em seus setores mais avançados — tanto nos membros ativos dos Partidos Trabalhista e Comunista, como nos outros partidos e grupos. O teste da vanguarda repousa em sua habilidade de conduzir exércitos. Não se consegue achar respostas só pelo fato de se concentrar em um aspecto da luta trabalhista — a luta industrial, na qual consistiu naturalmente uma grande parte da discussão — mesmo que, agora, isso seja a coisa que mais se assemelhe a uma mobilização de massa da classe trabalhadora. Apesar de tudo, existem hoje cerca de 350 mil empregados no comércio. E as respostas não aparecem se adicionarmos os vários setores da população que, por uma razão ou outra, conseguem encontrar o apoio da esquerda para suas reivindicações setoriais.

Um partido de classe trabalhista (com todas as suas limitações) tornou-se o partido de massa da classe trabalhadora britânica (ou, uma vez que somos um Estado multinacional, das classes trabalhadoras britânicas) por oferecer unidade à consciência dessa classe como um todo, e por oferecer, como um *plus* à defesa de interesses materiais ou de outros especiais, confiança, autorrespeito e esperança numa sociedade diferente e melhor. Como isso surgiu? Por que milhões de trabalhadores e outros, depois de 1918, e novamente durante e depois da Segunda Guerra Mundial, voltaram-se para o trabalhismo? Por que existem, até hoje, certos grupos — os escoceses, as mulheres, um modesto porém crescente setor das classes médias — que, em graus variados, resistiram e não se voltaram na direção do conservadorismo? Essas questões não foram analisadas e estudadas de maneira adequada pelas esquerdas. Talvez um estudo desse tipo pudesse auxiliar nosso movimento a encontrar um caminho para progredir de novo. E bem-vinda a discussão na *Marxism Today* e em qualquer outro lugar porque reconhece uma séria crise no desenrolar desse movimento. Mas não há razão para se acreditar que a hesitação do trabalhismo, enquanto movimento político de massa, seja historicamente inevitável ou que não possa ser revertida.

3

O DEBATE SOBRE *O AVANÇO DO TRABALHISMO ESTANCADO?*

(1981)

O debate, iniciado com minha conferência no Marx Memorial em 1978, desenvolvido na *Marxism Today* e reunido em *O avanço do trabalhismo estancado?*, mobilizou não apenas outros intelectuais acadêmicos, o que é bastante comum, mas pessoas envolvidas em todos os níveis da atividade política e sindical, desde ramificações locais até parlamentares e desde as bases operárias até as lideranças nacionais. Isso não acontece com frequência, pois a teoria e a prática, os escritores e os homens de ação não se entendem como deveriam. O primeiro ponto que eu gostaria de assinalar é que isso mostra que a teoria não deve ficar represada num aquário superaquecido, onde especialistas intelectuais ficam nadando como se fossem raros peixes tropicais. Algumas teorias não se restringem a lidar com o mundo real como o conhecemos, e com problemas e tarefas palpáveis com os quais se confrontam aqueles que querem melhorá-los ou modificá-los. Mas, quando a teoria enfrenta esse mundo e essas tarefas, desaparece a tela que separa aqueles cujo trabalho é escrever dos outros. Todos nós falamos a mesma linguagem e contribuímos para a discussão.

Quanto ao assunto central deste debate, ninguém, a sério, pode negar que hoje o movimento trabalhista britânico esteja uma bagunça considerável. Encontra-se num estado de crise e confusão muito mais profundo do que se poderia prever facilmente há uns três anos. Nesse sentido, o argumento central de "Estagnação no Futuro do Trabalhismo?" não é facilmente contestado, e de fato nenhum dos novos contribuintes ao debate discordou dele. Qualquer que seja o caminho ao qual o trabalhismo nos conduza no futuro, certamente não provocou avanço algum desde 1978. Trouxe a derrota eleitoral, seguida pelo que provavelmente seja o governo britânico mais reacionário deste século, e certamente (com exceção da Turquia) o governo mais reacionário da Europa, até o presente momento. Trata-se também de um governo espetacularmente desastroso, que intensificou a parcela britânica na crise capitalista mundial, a ponto de já ser, diferenciando-se de outros países capitalistas, pior que a crise de 1929-1933, quase com certeza.

O desemprego já se compara ao do período 1929-1933 e continuará a crescer. Ao contrário da década de 1930, a rede de benefícios sociais está sendo simultaneamente desmantelada — exemplos disso são as escolas e os serviços de saúde —, enquanto as construções públicas e privadas, que então estavam explodindo, virtualmente pararam. A estrutura da produção industrial britânica está sendo demolida quase além da esperança de uma restauração. Poucos operários que elegeram Thatcher não lamentam amargamente tê-lo feito, e até amplos setores de capitalistas britânicos buscam, desesperados, alguém em quem se apoiar. Dadas as circunstâncias, seria possível esperar uma maior onda de apoio ao trabalhismo, liderada por um movimento trabalhista unido, confiante na vitória.

Em vez disso encontramos um movimento trabalhista confuso e dividido, desagregado por divisões e lutas internas, e isolado de vários de seus antigos apoios. A meio caminho de um governo desastroso e profundamente impopular, no qual ninguém na Grã-Bretanha ou no exterior acredita — nem mesmo a maioria de seus membros —, a crença no trabalhismo como um governo alternativo também sucumbiu. O fato de que, em tempos como estes, Warrington, um dos mais sólidos bastiões trabalhistas da Inglaterra, quase poderia ter sido perdido para o candidato de um terceiro partido que nem mesmo fingiu fomentar uma política alternativa, e para um homem pessoalmente associado à CEE, que obviamente não é uma causa popular, deve-se ao voto popular de não confiança no trabalhismo. Nem é preciso continuar a explicação. Uma vez que essa situação permanece, seria absurdo afirmar que o trabalhismo reassumiu seu avanço, ou que parece estar reassumindo.

Constatado esse quadro, continua sendo tão vital como era há três anos analisar desapaixonadamente o que levou o trabalhismo à atual situação crítica. Não pode haver reversão na sorte do trabalhismo, a não ser, como diz Jack Jones, que "recusemos a repetição de slogans e de generalizações do passado, e que também recusemos a negação de avaliar realisticamente os fatos do presente". Todos os que contribuem para a presente discussão estariam preparados para aceitar os fatos da situação e os resultados de um diagnóstico realista? Não tenho muita certeza.

Nessa instância, os fatos são fortes demais para serem negados. Duas indicações aparentes do avanço do trabalhismo têm sido e podem ser mencionadas: os sindicatos britânicos (como Steve Jefferys apontou corretamente) começaram a aumentar seus quadros de novo na década de 1970, depois de um quarto de século de estagnação, e pode ser que os quadros do Partido Trabalhista também tenham aumentado ultimamente. Contra isso acumulam-se os sinais de decadência. O voto nacional trabalhista soma a porcentagem mais baixa do eleitorado desde 1931. Em números absolutos esse voto mostra uma curva descendente inexorável de picos de quase 14 milhões, em 1951, para 11,5 milhões, em 1979, com exceção de uma leve alta em 1964-1966. Se o povo não vota no trabalhismo, não pode haver nenhum governo trabalhista, fato às vezes ignorado por militantes entusiasmados. Os partidos ou grupos à esquerda do Partido Trabalhista não têm um eleitorado, nacional ou local, significativo. No presente, o próprio Partido Trabalhista, em termos de seus quadros individuais ativos, não é um partido de massa, mesmo considerando o recente influxo de ativistas. No momento, provavelmente o Conservador seja, mais do que aquele, um partido de massa. Ninguém pode afirmar que o Partido Comunista ou outros partidos e organizações marxistas estejam numa expansão significativa. A radicalização política de um setor de jovens, após 1968, não teve continuidade. Na primavera de 1981, durante um encontro de representantes que reuniu cerca de 150 intelectuais de esquerda, não havia uma única pessoa com menos de 25 anos. Quanto aos sindicatos, com seu poder e sua capacidade de resistir aos ataques que recebem, mantêm-se apesar de tudo como a parte mais impressionante do movimento trabalhista. Mesmo assim, sua relativa

O DEBATE SOBRE *O AVANÇO DO TRABALHISMO ESTANCADO?*

força realça a fraqueza *política* do movimento. Pela primeira vez, desde 1923, o eleitorado trabalhista nacional é hoje *menor* do que o número de sindicalistas afiliados ao TUC (mesmo no desastroso ano de 1931 era maior). O trabalhismo atual não consegue mobilizar nem mesmo os membros do movimento sindical para sua causa. Na verdade, em 1979, um terço dos sindicalistas parece ter votado nos conservadores; e se a eleição de Warrington serve de exemplo, mesmo que não tivessem votado nos conservadores, muitos deles não mais votariam no trabalhismo.

Na década de 1970, esse contraste entre um movimento político trabalhista incerto e em declínio e um crescente movimento industrial, militante e aparentemente imbatível, capaz de frustrar e resistir a governos, é que encorajou várias das boas ilusões sobre o potencial político deste último. Se usarmos a metáfora lançada corretamente por Raymond Williams, as pessoas agiram como se o pássaro do trabalhismo pudesse voar com uma asa só. E de fato essas pessoas às vezes sentem-se tentadas a argumentar que a asa política, de alguma forma, poderia regenerar-se pela batida da asa industrial. Essas ilusões, que foram acompanhadas por uma certa idealização da ação popular, não morreram por completo, pois baseavam-se na observação perfeitamente verdadeira de que "a organização vinda de baixo" é uma parte necessária de qualquer estratégia, tanto política quanto industrial, da esquerda. Mas não basta dizer que o caminho para a recuperação do trabalhismo deve ser encontrado simplesmente pelo "trabalho real com o que é fundamental: respeito aos piquetes, coletas para quem está em greve, ação solidária, reconstrução da independência dos comitês de comerciários, construção de organizações de união popular a fim de generalizar a luta anticonservadorismo" (Jefferys). Embora todas essas tarefas sejam importantes, não são suficientes.

E também a grande ilusão dos anos 1970, de que o sindicalismo militante era suficiente, não se salva pela argumentação de que teria sido suficiente se os sindicatos apenas não tivessem mostrado tão pouca visão: se não tivéssemos "falhado ao represar a força popular do movimento para clarear a perspectiva socialista de classes" (novamente, Jefferys), ou se os sindicatos não tivessem "agido com negligência como políticos, no sentido de fazer campanhas sobre as necessidades sociais mais amplas do povo trabalhador e de outros grupos oprimidos" (Wainwright). É certo que poderia ter havido mais represamento e campanhas mais amplos, se bem que a necessidade de ambos não constitui exatamente uma descoberta nova entre os socialistas. Mas fica claro nas posições tanto de Jefferys quanto de Wainwright que a força da militância "não é suficiente, ante uma crise capitalista mundial e uma Grã-Bretanha dominada por capital multinacional" (Jefferys), e que o poder dos sindicatos, *por si só*, é essencialmente "o poder de negociar a respeito dos contratos de trabalho" (Wainwright) — pode-se acrescentar, no interesse de grupos particulares de trabalhadores. Logo, embora boa parte da ação sindical tenha se ampliado politicamente, só pode ser *uma parte* da luta trabalhista, mesmo sendo uma parte fundamental, crucial e formidável. Inevitavelmente, há muito interesse vital para os trabalhadores, enquanto cidadãos, e para os cidadãos não diretamente representados pelos sindicatos, que não pode ser negociado pela ação industrial, de modo adequado ou de jeito nenhum, e que, consequentemente, precisa ser buscado de outras maneiras. É claro que todos reconhecem o fato, em princípio, e (com exceção dos sindicalistas) sempre o fizeram desde que os sindicatos britânicos, há mais de oito anos, reconheceram que necessitavam de um partido, inclusive os socialistas, para suplementar sua ação. Hoje, certamente, isso é reconhecido. Entretanto, na prática, a tentação de pensar em termos puramente industriais parece não ter sido vencida por completo.

Essa tentação também leva as pessoas a subestimarem ou a justificarem as possíveis contradições dentro do setor industrial do movimento, assim como os atritos entre sindicatos e outras parcelas do movimento. Boa parte do debate sobre "a estagnação" mexeu com um aspecto dessas dificuldades, principalmente com o setorialismo sindical. Não quero prolongar esse debate, uma vez que, *na prática*, três coisas parecem ser amplamente aceitas pelos participantes. Primeira, está claro que o setorialismo levanta problemas muito sérios, tenha ou não crescido em tempos recentes. Segunda, está claro, não apenas pela valiosa (e vindo dele, bem autoritária) contribuição de Jack Jones, que não há uma maneira *automática* de se desvanecerem as diferenças entre os sindicatos e o Partido Trabalhista, as quais se desenvolveram com o passar dos anos e ainda existem, especialmente em tempos de governo trabalhista. Uma série concreta e limitada de objetivos políticos tem que ser ajustada, e com a qual se comprometam ambos os lados, mesmo quando não representem aquilo que cada um preferiria, se fosse deixado à própria sorte. E terceira, alguns debatedores admitiram o fato, pouco palatável, mas inegável, "de que os ressentimentos em relação ao poder sindical realmente cresceram" (Wainwright) até entre os que apoiam o trabalhismo e provavelmente dentro dos quadros dos sindicatos. Não podemos fingir que isso não influiu na derrota do governo trabalhista em 1979, nem negar, pois tal ressentimento continuou, de modo paradoxal, mesmo enquanto o poder sindical diminuía, numa época de declínio e desemprego, o que ainda constitui um fator político significativo.

Podemos argumentar sobre uma porção de assuntos. Assim, acredito que Jack Jones tinha razão, em contraposição a Hilary Wainwright, em sua análise das falhas políticas do movimento nos anos 1970. A falha dos sindicatos não se deveu ao fato de que viam os governos e os conselhos trabalhistas como forma de suprir as outras necessidades "de todos os trabalhadores", além daquelas nas quais a negociação coletiva poderia tratar diretamente, limitando-se *por isso* "a lutar pelos interesses dos assalariados, e ponto final". Em si, isso era mais do que suficiente, uma vez que a ação sindical *isolada* apenas consegue atingir objetivos limitados, embora indispensáveis. Por sua capacidade de mobilizar os trabalhadores, os sindicatos podem participar de modo intenso em campanhas mais amplas e, por sua peculiar posição dentro do Partido Trabalhista, podem auxiliar na elaboração do programa dos governos trabalhistas. Os sindicatos, enquanto estrutura mais maciça de auto-organização dos cidadãos, podem alargar os horizontes daquilo que imaginamos como "política", além da representatividade institucional, parlamentar ou de outras formas de representação (*i.e.*, indiretas) de ação política, que atuam para ou em benefício das (às vezes, contra as) pessoas, porém apenas de vez em quando permitem a elas que ajam *para si próprias*. No entanto, os sindicatos não podem substituir o movimento político mais amplo do trabalhismo, do qual são apenas uma parte, mesmo sendo uma parte crucial. É preciso haver uma certa "divisão de trabalho". A falha, tanto dos sindicatos quanto do partido, no período em que havia uma "divisão que se aprofundava entre a liderança do Partido Trabalhista e o movimento sindical" residia — a despeito dos esforços contrários por parte de pessoas como Jones — no fato de que os líderes trabalhistas executavam uma política que os trabalhadores não esperavam de seu partido, e os sindicatos, por sua vez, perseguiam seus próprios interesses estreitos, independentemente dos governos, inclusive governos trabalhistas, e assim ajudavam a levar a derrota tanto aos governos conservadores quanto aos trabalhistas.

Contudo, embora haja muito mais para ser dito sobre o setorialismo e outros problemas sindicais, vários aspectos das dificuldades trabalhistas são igualmente ou talvez mais urgentes. Até agora isso não emergira de maneira tão clara para a discussão.

Desde 1979, a ilusão de salvação através da militância sindical vem sendo substituída por outra série, provavelmente mais perigosa, de ilusões baseadas no fato de que o único aspecto dinâmico do movimento nos últimos tempos tem sido o marcante avanço da esquerda dentro das organizações do Partido Trabalhista. De fato, esse é um fenômeno marcante e bem-vindo. A posição atual da esquerda dentro do partido, baseada em sua força e organização planejada entre os ativistas em partidos representativos e sindicatos, e baseada em mudanças constitucionais (tais como a reescolha dos candidatos e o novo método para eleger os líderes do partido), teria sido quase inconcebível até há uns dez anos. A próxima vitória trabalhista, espera-se, dará mandato a uma maioria parlamentar de esquerda, sob liderança socialista, que não apenas estará comprometida com uma política socialista conforme o manifesto do partido (como foi formulado pela Conferência), mas também não mais será capaz de se desviar dela, desde que o novo governo trabalhista esteja em curso. No entanto, pressupõe-se que a guinada do partido para a esquerda e sua promessa de permanecer fiel a seus compromissos garantirão, elas mesmas, a próxima vitória trabalhista.

Essa ilusão é mais perigosa do que as da década de 1970, porque ignora completamente o principal problema, qual seja: o partido melhor e mais esquerdista não basta, se as massas não o apoiam em número suficiente. Na Grã-Bretanha, infelizmente, os novos e velhos marxistas têm bastante experiência a esse respeito. O sindicalismo, com todas as suas limitações, nunca consegue ignorar as massas porque, se ele organiza milhares de pessoas, deve representá-las o tempo todo e precisa mobilizá-las boa parte do tempo. Mas conquistar o Partido Trabalhista para a esquerda pode ser feito a curto prazo sem consulta às massas. Na teoria, pode muito bem ser conseguido por uma pequena minoria de umas poucas dezenas de milhares de socialistas engajados e gente da esquerda trabalhista, por meio de encontros, por esboços de resoluções e votos. A ilusão do início dos anos 1980 era a de que a *organização* consegue substituir os políticos. Hoje existem muitas dezenas de milhares de tais ativistas, e seu número vem crescendo porque os sucessos da esquerda dentro do partido incentivam suas esperanças. Sentem-se tentados, como eu sugeri a Tony Benn, a encarar o problema reencetando o avanço do trabalhismo "num sentido organizacional meio tacanho".

Porém sentem-se tentados a ignorar — até que um desastre eleitoral torne essa distração dramática — o problema básico: como fazer com que os povos britânicos, que rejeitam completamente o thatcherismo, voltem outra vez para o trabalhismo? No momento atual, percebe-se que não estão fazendo isso, a despeito do fato de o Partido Trabalhista não apenas ser o partido dos trabalhadores, mas a alternativa óbvia de partido de governo.

Esse problema exibe três aspectos. Precisamos analisar, primeiro, qual a base do avanço que o trabalhismo teve entre 1900 e 1950, e se essa base ainda se mostra suficiente para garantir a retomada desse avanço. Segundo, temos que analisar as razões do declínio do apoio político ao trabalhismo, em especial nos últimos quinze anos. E terceiro, devemos considerar *politicamente* os meios para reverter esse quadro.

O trabalhismo basicamente cresceu e se tornou um partido de governo enquanto (como o nome diz) partido de uma classe trabalhadora braçal, consciente de que necessitava de um partido político de classe. A maioria dos estudos que investigam os motivos pelos quais as pessoas votam no trabalhismo chegou às mesmas conclusões, em suas essências, que McKenzie e Silver, em 1968: "Quando se perguntava aos eleitores da classe operária, que votavam no Partido Trabalhista, com que se 'pareciam' os partidos, eles tendiam a responder esmagadoramente em termos de classe"; ou Westergaard e Resler: "Perguntando-se por que tinham votado desse modo, os operários braçais que apoiavam o trabalhismo em geral referiam-se ao fato de que o partido é — ou supõe que seja — o partido da classe trabalhadora." Durante a maior parte deste século, os trabalhadores braçais formaram uma maioria substancial dos povos britânicos, mas enquanto durante meio século os operários dirigiram-se mesmo para seu partido de classe, no auge da prosperidade do trabalhismo (1945-66) entre 35 e 40% deles (ainda) não votavam no Partido Trabalhista. O declínio da sorte do trabalhismo depois de 1951 não pode portanto (pelo menos no início) ser explicado por um declínio numérico do proletariado braçal.

Contudo, o Partido Trabalhista não cresceu apenas como um partido dos trabalhadores braçais. Ele atraía desproporcionalmente os povos minoritários da Grã-Bretanha, não apenas porque a Escócia e Gales eram proporcionalmente mais industrializados do que a Inglaterra, e os irlandeses na Grã-Bretanha eram esmagadoramente operários, mas também porque escoceses, galeses e irlandeses eram populações minoritárias. O partido também atraía um setor pequeno, porém crescente, de intelectuais e estratos médios "progressistas", como o herdeiro de um finado liberalismo radical, o partido da educação, da razão e do progresso de uma sociedade socialmente mais justa e, de modo amplo, como o partido da paz. Talvez isso não tivesse maiores significados eleitorais mesmo em 1945; no entanto, o movimento "de avanço do liberalismo" não foi desprezível, como atestam as histórias políticas de famílias como as dos Foot e dos (Wedgewood) Benn. Mais significativa foi a virada de um número crescente de colarinhos-brancos de baixos salários e a diminuição de profissionais liberais no trabalhismo, de forma notável em 1945, pois esses grupos (com algumas exceções como a dos professores), antes, tinham-se mantido afastados dos operários. Em suma, o trabalhismo também cresceu como um "partido popular", potencial ou de fato, para uma mudança progressista.

Mas existe um terceiro elemento. Desde 1918 o partido comprometera-se com um objetivo socialista, e é quase certo que a maioria dos que apoiavam o trabalhismo dentro da classe operária também acreditava, embora imprecisamente, que a sociedade capitalista teria que terminar, e que uma sociedade nova e melhor deveria substituí-la, não apenas uma versão menos injusta da sociedade de então. Nesse sentido, em política, a classe trabalhadora britânica, ao contrário da classe trabalhadora norte-americana, tornou-se — e espera-se que se mantenha — socialista. Os historiadores que subestimaram esse aspecto da ascensão do trabalhismo, especialmente entre 1918 e 1945, estavam equivocados. O argumento da direita trabalhista, de que a cláusula 4 era prejudicial, em termos eleitorais, mostrou-se falso e equivocado. Era uma farsa, pois a direita rejeitaria o socialismo da cláusula 4 de qualquer maneira, e não apenas porque pensava que poderia perder votos por sua causa; e estava equivocado porque não impediria o trabalhismo de ganhar as eleições gerais desde a década de 1950. Nem impedirá. Ao contrário, pode-se argumentar que os maiores avanços do trabalhismo tiveram lugar quando eram estimulados por grandes ondas de esperança numa sociedade melhor, como em 1945, quando o voto trabalhista cresceu até perto dos 50%. A esperança numa Grã-Bretanha transformada não foi nem será um apelo apenas para os trabalhadores braçais. Ao contrário, numa época de crise nacional, de quase desespero nacional, pode ser um apelo muito mais amplo.

A base original do avanço do trabalhismo enfraqueceu-se. Hoje, a classe dos trabalhadores braçais do tipo antigo, provavelmente, constitui uma minoria e, com certeza, uma proporção menor do povo. Assim, mesmo supondo-se que todos os antigos apoios da classe trabalhadora afluíssem de volta ao partido, não se voltaria a 1945. E conquanto a "nova" classe trabalhadora de colarinho-branco, de técnicos e de empregados menos categorizados esteja agora de fato grandemente organizada em sindicatos, e uma parte deles (especialmente no setor público) tenha sem dúvida se radicalizado, sua "consciência de classe" não é necessariamente a mesma que aquela dos antigos trabalhadores braçais, e sua atração espontânea por um "partido da classe trabalhadora" é menor. Pode-se apostar que a porcentagem dos membros do ASTMS que votam no trabalhismo é menor do que a dos membros do NUR e do ASLEF,* embora as lideranças do ASTMS estejam muito mais à esquerda do que nos outros dias.

---

* ASTMS: Association of Scientific, Technical and Managerial Staffs; NUR: National Union of Railwaymen; ASLEF: Associated Society of Locomotive Engeneers and Firemen. [N.T.]

Além disso, até a "velha" classe operária não é mais o que era há uma geração, sem falar nas modificações em sua composição, a qual meu artigo original tentou esquematizar. Em geral, como Jack Adams apontou corretamente:

> o apoio de massa para o avanço político e a manutenção da consciência de classe [...] decaiu [...] Entre as pessoas mais velhas encontro, com frequência, uma resposta simpática e um claro entendimento de classe nas discussões. Isso é menos forte nas gerações mais recentes, embora vários jovens estejam evidentemente procurando uma alternativa radical.

De modo mais específico, ocorreram mudanças que desencorajaram o velho tipo de consciência política. Assim, os valores individualistas da sociedade de consumo e a busca de satisfações pessoais e particulares acima de tudo têm sido levados todos os dias, durante uma geração, até suas salas de estar, pela mídia (Adams tinha razão ao chamar a atenção para a mídia, mas eu não enfatizaria tanto as distorções e inclinações das notícias e da propaganda quanto à atmosfera constante de comerciais e de programas de entretenimento aparentemente apolíticos). De mais a mais, o enfraquecimento da influência do próprio velho movimento trabalhista fez com que alguns trabalhadores ficassem menos resistentes a "infecções", a exemplo do racismo. Bem ou mal, não podemos simplesmente voltar ao que Steve Jefferys chama pejorativamente de "consciência de classe de Andy Capp" dos anos 1940. Por falar nisso, nunca sugeri que pudéssemos, embora, com todos os meus senões, eu sentisse muito.

E mais: não podemos simplesmente esperar que os antigos apelos para o socialismo tenham a mesma ressonância que no passado. Hoje quase não há ninguém que veja os diversos países socialistas como modelos para um socialismo britânico, nem se inspire, como antes o faziam os operários britânicos, no que viam como "o primeiro Estado operário" na União Soviética. Depois de conviver por trinta a quarenta anos com diversas indústrias estatizadas, o apelo para estatizar mais algumas pode de fato ser válido e necessário, porém não dá mais a impressão de uma solução automática para os problemas dos trabalhadores, que dava quando Will Lawther proclamou, em 1944: "O que pode ser conseguido através da propriedade pública? Ganharia a completa confiança dos mineiros e de suas famílias. Seriam varridas gerações de suspeitas e ódios e desenvolver-se-ia uma atitude inteiramente nova em relação à indústria de mineração." A causa do socialismo permanece tão forte quanto antes, mas deve ser inquirida de um jeito novo, com propostas muito mais claras no que diz respeito ao tipo de sociedade que queremos, e o que o socialismo pode conseguir, além das repetições de velhos slogans que, embora válidos, não mais contêm as mesmas convicções. Esse aspecto foi tocado por Robin Blackburn, de forma correta e vigorosa. Não podemos confiar em nosso passado.

Essas observações bastam para semear dúvidas sobre a afirmação de que tudo aquilo que nos separa de um próximo governo trabalhista consiste em um bom programa de esquerda para o trabalhismo e na prova de que o programa do partido não será traído. Entretanto, o ponto de vista de que isso seja a chave mestra para que se reassuma o avanço do trabalhismo baseia-se num diagnóstico mais específico da derrota e da crise do trabalhismo, o que é um engano. Com a única exceção de 1966, o voto trabalhista continuou a cair inexoravelmente desde 1951. O partido perdeu ou venceu as eleições não por causa do movimento de seus próprios apoios, mas por causa das mudanças dos votos nos conservadores e em outros partidos. O trabalhismo venceu em 1964 porque o voto conservador caiu em cerca de 1,7 milhão; perdeu em 1970 porque esse voto, o conservador, cresceu quase o mesmo número; ganhou em fevereiro de 1974, e de novo em outubro, porque nas duas vezes caiu em mais de 1 milhão; e perdeu em 1979 porque os votos conservadores aumentaram em mais de 3 milhões. Os votos para os partidos que alcançaram o terceiro lugar também subiram e desceram, como ioiôs. O próprio voto trabalhista não variou mais do que uns 200 mil entre as eleições (omitindo-se a de 1966),[1] e continuou decrescendo sempre.

---

1 Exceto, curiosamente, quando ganhou com pouquíssimos votos a mais do que os conservadores em fevereiro de 1974, com meio milhão a menos de votos do que no ano da derrota, 1970.

Tudo quanto aconteceu ao trabalhismo na década de 1970 claramente não foi devido às reações dramáticas da massa de *verdadeiros* eleitores do trabalhismo ao governos trabalhista ou a outro, mas ao resultado das reações de pessoas que talvez devessem ter votado no trabalhismo, e *no entanto não votavam mais.* Os governos trabalhistas não foram derrotados em virtude de cisões dos eleitores do partido, desapontados com suas marcas mais altas: em 1951, 2 milhões a mais do que em 1945 votaram no trabalhismo, e, mesmo em 1979, o governo Callaghan perdeu com um pouco *mais* de votos do que ganhara em 1974.[2] Isso diminui um pouco o folclore que se criou a respeito da traição aos programas como razão para a derrota trabalhista. Existe, porém, uma exceção importante: o período Wilson, de 1964 a 1970. Nele, e somente nele, encontramos um *crescimento* de 0,8 milhão de votos para o trabalhismo em 1966, seguido por uma queda pouco maior em 1970. Por quê?

Em nenhum momento os governos Wilson tiveram um programa que merecesse esse nome; portanto, não poderiam traí-lo. O trabalhismo obteve maioria porque oferecia a esperança de mudanças, e perdeu não apenas porque, como todos os governos desde então, provou-se incapaz de enfrentar a crise da economia britânica, mas também porque fez quase o oposto daquilo que os eleitores do trabalhismo e os sindicalistas esperavam de um governo trabalhista. Não há como negar o desapontamento e a desmoralização dos apoios tradicionais do trabalhismo. No entanto, uma vez mais, o xis do problema não repousa no "sólido" voto trabalhista, que quase não se modificou entre 1964 e 1970, mas no fracasso em aproveitar a oportunidade de 1966 para ampliar de novo o apoio trabalhista, e mesmo em manter o apoio então obtido temporariamente. O avanço do trabalhismo não pode ser retomado enquanto pensarmos simplistamente em termos de pessoas como aquelas que formam o amplo, mas decadente, bloco de homens e mulheres ainda dentro do campo das velhas lealdades, apelos, discursos e argumentos "do movimento", ou, ainda menos, em

---

2 A queda realmente maciça do voto trabalhista — 1,5 milhão — ocorreu durante os anos dos governos conservadores e da Guerra Fria, no período 1951-1955, e deve ser explicada de modo diferente.

termos da minoria de ativistas devotados. Uma enorme massa de potenciais eleitores do trabalhismo, mesmo entre os membros dos sindicatos, não mais figura entre aqueles.

De que modo o avanço pode ser retomado? Que pode, comprovou-se em recentes exemplos de partidos que tiveram sucesso (pelo menos por uns tempos) em romper a estagnação, o declínio e o isolamento político, que não se restringem ao trabalhismo britânico. Mas foi conseguido por partidos que avançaram não *apenas* enquanto partidos de classe, e menos ainda enquanto grupos e alianças setoriais de pressão de interesses minoritários, mas enquanto "partidos do povo", com os quais se pode identificar a maioria do povo interessado em reforma e em mudança paulatina, enquanto porta-vozes da nação em tempos de crise. Isso não significa que eles não mais se baseiem no movimento trabalhista. A unidade entre socialistas e comunistas, que persiste contra a oposição dentro e fora do Partido Socialista Francês e que se realça pela participação comunista no governo do presidente Mitterrand, foi a condição essencial para o seu triunfo. Mas isso não quer dizer que um partido assim afasta-se de seu programa. O Partido Socialista Francês (PSF) conseguiu maioria absoluta com um programa à esquerda de tudo até agora sugerido pela esquerda do trabalhismo britânico. Potencialmente, o Partido Trabalhista é um partido assim. Precisa aprender de novo a agir como tal.

Isso não significa que o Partido Trabalhista devesse ser e agir como aquilo que o próprio Tony Benn vê como a primeira e principal condição do reviver do trabalhismo: "um partido amplo" conduzindo um amplo movimento. Não significa simplesmente um reconhecimento da diversidade dentro do partido, mas uma consciência da diversidade das classes e de outros grupos da população, e das aspirações e interesses daqueles que organizam a ampla frente progressista que tem de levar o trabalhismo à vitória. Significa não apenas que tanto a esquerda quanto a direita do trabalhismo, mesmo às turras, pertencem a um amplo movimento e têm o direito de estar aí, algo que tem sido mais prontamente reconhecido no movimento sindical do que no Partido Trabalhista. Terry Duffy e Tom Jackson são líderes trabalhistas tanto quanto Alan Fisher, Arthur Scargill e Ken Gill; representam correntes de opiniões legítimas dentro do movimento, por mais que queiramos modificar tais opiniões. E o movimento como um todo seria enfraquecido se houvesse cisões entre a esquerda ou a direita.

Mas também significa que precisamos distinguir com clareza entre aspectos individuais e opinião de grupos. Não suponho que alguém de esquerda se aflija por aqueles indivíduos da ala direitista que durante anos deixaram o partido e encontraram um abrigo mais de acordo com suas preferências, e presumivelmente mais próspero, em outro lugar — os Shawcross, Roben, e o restante. Não suponho que a perda de Roy Jenkins, como pessoa, tenha sido muito pranteada. Mas é um engano pôr de lado a cisão coletiva dos social-democratas e a fundação de novo partido como um escape. Representa a perda de um importante setor da classe média de centro-esquerda, que há muito namorava o trabalhismo, e em muitos casos operava ativamente para o trabalhismo *mais do que* para alguns outros partidos. Como está claro agora, potencialmente representa um enfraquecimento eleitoral significativo do Partido Trabalhista — o quanto, ainda não está claro. Em suma, representa uma porção de gente que deveria apoiar o Partido Trabalhista, e que novamente precisa ser conquistada para isso, seja qual for nossa opinião sobre o Bando dos Quatro. E quem imagina que um Partido Trabalhista sem tais apoios vai ser, pelo menos, uma força mais forte, mais comprometida e mais unida para o socialismo, deveria parar para pensar. Como historiador e como marxista com memória política de mais de meio século, conheci uma porção de partidos fortes, comprometidos, grandes, pequenos e minúsculos, com programas admiráveis, exceto enquanto parcelas ocasionais de coalizões às quais eles estavam algemados muito mais por seus parceiros burgueses do que os que apoiavam Benn precisavam estar, por terem que conviver com os que apoiavam Healey. Além do mais, a experiência da esquerda infelizmente sugere que, nestes tempos, mesmo um partido socialista comprometido não escapará das divisões e brigas internas.

Como nos lembrou Jack Jones, o partido que restaurar o avanço do trabalhismo deve pensar a política em termos de gente comum dentro e fora do movimento, e não de maneira simplista em termos dos ativistas que são atípicos, como se eles gastassem muito mais tempo e energia no movimento do que a maioria dos homens e mulheres. Podemos ou não concordar com Jones acerca do Contrato Social, mas ele estava coberto de razão em repisar, incansavelmente, que precisamos de programas "que os trabalhadores possam compreender e lutar por eles"; que é desastroso quando um líder trabalhista não implementa "políticas que causem mais impacto na opinião da classe trabalhadora"; que "por causa de boa parte do trabalho crítico que se desenvolve agora pertencer a uma variante intelectual acadêmica, não há muita compreensão do que deve ser feito por parte do pessoal dos sindicatos"; que "os trabalhadores necessitam ver e sentir o progresso para ganhar confiança", que "se ganha o interesse das massas pelas lutas por coisas que o povo vê como justificáveis e possíveis". Talvez Jones tenha se concentrado um pouco demais nas campanhas (necessárias) sobre "as políticas simples, claras e limitadas", que podem ser encaradas como as que trazem vantagens imediatas. As pessoas não querem somente empregos para os que saem das escolas; querem um mundo melhor e mais justo para seus filhos, e confiança num partido que trabalhará para isso, além de qualquer programa imediato. E o trabalhismo precisa ter um apelo não apenas para o povo trabalhador, mas para todos que precisam desse mundo melhor e mais justo. Mas, apesar disso, Jones estava fundamentalmente correto.

O futuro do trabalhismo e o avanço do socialismo dependem da mobilização de gente que se lembra da data de lançamento dos Beatles e não da data dos piquetes de Saltley; gente que nunca leu o *Tribune* e que não tem o mínimo interesse pela liderança representativa do Partido Trabalhista, exceto (se apoiar o trabalhismo) no caso de ser perturbada pelo fato de que, enquanto os britânicos soçobram após mais de dois anos de thatcherismo, o partido pareça gastar muito de seu tempo em lacerações mútuas. As pessoas podem estar enganadas, mas a razão pela qual essas lutas não são remotas e incompreensíveis não foi explicada de maneira a satisfazê-las. O futuro do trabalhismo e do socialismo depende de homens e mulheres, colarinhos-azuis, brancos, sem colarinhos, que vão do primário ao doutorado, que infelizmente não são revolucionários, mesmo querendo uma Grã-Bretanha nova e melhor. Neste século, o trabalhismo avançou com o apoio dessa gente, que aceitou a liderança da esquerda quando isso fazia sentido dentro de sua própria maneira de pensar. Se o trabalhismo quiser avançar de novo, não se pode esquecer disso. Pois, se essas pessoas não votarem no trabalhismo — o que constitui um indicador mínimo de apoio político — então o trabalhismo não se recuperará de seu longo declínio. Existem apenas três modos possíveis de evitar essa conclusão. Podemos supor que ainda exista uma enorme massa de homens e mulheres identificada com "o movimento" e que automaticamente apoiaria *qualquer* liderança e *qualquer* política porque representam o trabalhismo, quando chega a hora de votar. Seríamos imprudentes se continuássemos a confiar nisso. Entretanto, milhões continuarão leais, aconteça o que acontecer, mas eles não serão suficientes. Também podemos supor que em alguma parte exista um vasto, desconhecido e inexplorado reservatório de votos de esquerda. No momento, não há nenhuma evidência que legitime essa visão. Por último, podemos apostar na falência do capitalismo e da política britânicos, o que levaria a uma crise na qual as massas se voltariam para a esquerda. Uma vez que estamos numa crise como essa, na qual o capitalismo britânico *está* falindo; uma vez que a política tradicional e o preceito do sistema de classe se mostram visivelmente incapazes de se portarem como antigamente, esse não constitui um cenário implausível. Mas se até agora essa crise mostrou alguma coisa, é que as massas pelo que se saiba não se voltaram para o trabalhismo ou para a esquerda, nem parece que fariam isso automaticamente.

Mesmo com o declínio do voto trabalhista, o trabalhismo ainda poderia formar o próximo governo, se o curioso sistema eleitoral britânico produzir uma maioria parlamentar, porque o voto antitrabalhista está suficientemente dividido entre conservadores, liberais, social-democratas e quem mais houver. Não há dúvida de que os políticos, comentaristas, oscilometristas já estão ocupados, computando as possibilidades em suas calculadoras de bolso. Nessas circunstâncias, um governo trabalhista comprometido ainda conseguiria muita coisa. Mas não nos enganemos. Nessas circunstâncias, os problemas para se reverter o declínio do trabalhismo e reassumir o seu avanço ainda não foram resolvidos nem sequer abordados. A tarefa ainda estaria lá para nós enfrentarmos. E não teríamos desculpas se fracassássemos.

O DEBATE SOBRE *O AVANÇO DO TRABALHISMO ESTANCADO?*

4

COM VISTAS AO ANO 2000: POLÍTICA DE DECLÍNIO?

(1982)

Durante um século, o declínio e a queda da Grã-Bretanha foram esperados como certos e corretos, com resultados que dependiam das esperanças e preferências dos profetas. Embora a Alemanha imperial e os Estados Unidos pudessem substituir a Grã-Bretanha como império mundial, relegaram-na à segunda divisão como potência industrial. Aqueles dois países sonhavam com o poder mundial através das suas marinhas. O modelo do século XX de controle americano global, agora meio embaçado, foi copiado da versão britânica do século XIX (paz americana), assim como, em sua época, o modelo britânico inspirara-se em memórias de outro império, em cujo declínio e queda, apesar de Gibbon, prestou-se pouca atenção.

Engels, o primeiro de uma longa linhagem de socialistas esperançosos, tinha expectativas de que o proletariado britânico reconhecesse seu destino histórico desde que não estivesse mais acomodado aos lucros ou superlucros do monopólio mundial e, mais tarde, imperial. Mas tanto quanto se comemora o declínio imperial britânico, lamenta-se (como o fizeram apaixonadamente as classe médias anglófilas e liberais da Europa central — Sigmund Freud é exemplo disso) que tenha acontecido o fato que parecia inevitável a todos, menos para a maioria dos britânicos, que quase não conseguiam acreditar nele. Algo parecia destinado a acontecer. Não aconteceu. E agora enfrentamos o evidente declínio da Grã-Bretanha, fortemente acelerado nos últimos quinze anos — com uma boa ajuda do governo britânico, desde 1979 — com consequências a longo prazo para os negócios políticos e sociais deste país. E quais seriam?

A mais óbvia dessas consequências é a desindustrialização. É claro que estamos familiarizados com a desindustrialização completa, que acabou sendo o destino comum dos velhos centros mineiros, como Cornualha ou Gales do Norte, cujas economias hoje dependem do turismo. A dificuldade é imaginar que isso, acontecendo em Merseyside ou Strathclyde, não se deve ao fato de que as ruínas da velha indústria não seriam atraentes aos turistas (imagine a Ironbridge e as cidades-fantasmas da mineração de Nevada), mas porque boa parte do interesse arqueológico foi removida das áreas industriais britânicas pela explosão do direito de posse nos anos 1960. Vai levar quase um século para que se desenvolvam sentimentos pela nova Birmingham, embora tenha que ser dito, para ser imparcial com os conselhos trabalhistas que com frequência presidiam esses vandalismos, que uma Blackburn em declínio ainda é um lugar melhor e mais bonito para se viver do que uma Wilkes Barre (Pensilvânia) em declínio, que foi deixada às traças pela livre iniciativa.

Contudo, não estamos enfrentando uma total reconquista da Grã-Bretanha pelos campos, árvores e ruínas românticas, mas uma economia industrial estrangulada pelo fato de ser internacionalmente cada vez menos competitiva, apesar de ter-se tornado uma economia de salários mais baixos; pelo fato de que só conseguirá florescer depois de pesados investimentos de capital, que mal temos onde conseguir e que implicam dispensa de operários (engrossando as levas dos permanentemente desempregados), e com cuja manutenção também não se pode arcar com facilidade. O grande *boom* mundial de 1950-73, embora debilitando a Grã-Bretanha e outras sociedades ocidentais, trouxe uma prosperidade sem precedentes para a economia britânica e para aquelas outras sociedades. Agora essa prosperidade chega ao fim.

Esse é um problema que já ameaçou e ameaça qualquer governo britânico. A novidade é o reconhecimento de que a tradicional política de consenso moderado pós-1945, ainda representada pela aliança dos partidos Liberal e Social-Democrata, não funcionou e dificilmente funcionará. Suas vantagens eram primordialmente sociais e políticas. Preservou a contextura da política britânica e aquela estabilidade social tão invejada pelos estrangeiros.

64 | Estratégias para uma esquerda racional

A profundidade onde penetrou a consciência do declínio britânico evidencia-se no fato de que a política britânica tornou-se cada vez mais dominada por dois campos rivais, mas igualmente desesperados, que prometem a redenção econômica. Não porque a situação de meados da década de 1970 tenha sido catastrófica sob qualquer sentido imediato, mas porque as promessas e programas do passado pareciam ter perdido toda credibilidade para um futuro a longo prazo.

Esses rivais recomendam, respectivamente, um retrocesso a uma utopia de empresas privadas competitivas, uma espécie de anarquia burguesa quase igualmente hostil ao Estado, ao setor público e às grandes corporações tendentes a chegar a um entendimento com o Estado e, por outro lado, um salto à frente a fim de atingir algo descrito como "socialismo", o qual certamente se associa a uma vasta extensão da propriedade e do gerenciamento públicos. No momento não precisamos considerar a segunda dessas alternativas, uma vez que aqueles que a propagam com mais vigor aparentemente querem se certificar, por seu comportamento político, que ela não estará de imediato nas previsíveis agendas políticas.

Quanto à primeira — infelizmente representada pelo governo —, seu fracasso econômico pode ser tomado ao pé da letra, assim como o ceticismo da maioria dos economistas e até de homens de negócios, quanto às mudanças dessa política para reviver a economia britânica. Mas é evidente que este governo espera que sua política econômica seja julgada não por seus resultados, mas por suas *intenções*. Mostra-se como o governo que enfrentou sindicatos, *Argies* e intelectuais céticos, grevistas e *wets*, sociólogos, o Mercado Comum, e até os servidores civis: que não apenas está lá, mas que *faz* alguma coisa. Suas conquistas nem são tão importantes quanto a postura com a qual a ação é executada. Em suma, os maiores efeitos do thatcherismo — além da desindustrialização acelerada — parecem ser sociais e políticos, mais do que econômicos.

Esses efeitos podem muito bem ser profundos, desde que o temperamento, a ideologia e a lógica de suas políticas levem este governo para mudanças radicais dentro do sistema político britânico. Na verdade, trata-se da coisa mais parecida com um governo de direita radical na história britânica. Reflete a crise no sistema bipartidário, o qual permitiu que as alas radicais de cada um se tornassem desproporcionalmente influentes, enquanto expulsavam os mais desesperados defensores do velho. (Longe de "detonar" em política, o Partido Social-Democrata tenta colar de novo seus pedacinhos.)

A polarização política e social era exatamente o que os governantes britânicos tradicionais queriam evitar, a todo custo. Desde Burke, eles temeram que isso pudesse levar à revolução. Por essa mesma razão, a esquerda radical sempre favoreceu a polarização. Além disso, os marxistas que havia nela sempre predisseram que o declínio da Grã-Bretanha como um poder imperial e econômico radicalizaria, de forma inevitável, a política britânica. Infelizmente, também tinham como certo que isso beneficiaria a esquerda. No momento, isso não poderia estar mais longe da verdade.

Portanto, a transformação do governo conservador, a exemplo da crise simultânea que convulsiona o Partido Trabalhista, representa um dramático rompimento com as tradições políticas britânicas, antigas e de raízes profundas. Provoca uma enorme tensão, tanto na tessitura dos preceitos da velha classe ou do *establishment*, quanto na elaborada estrutura entrelaçada de interesses privados, semiprivados e públicos, de Estado e corporativos, que se desenvolveram neste século justamente para evitar a polarização de classes.

Esse *establishment* — ou, como os italianos diriam, "a classe política" —, que vai desde o conservadorismo tradicional ao trabalhismo tradicional, une-se ao considerar irreais, quase irracionais, as políticas do governo Thatcher, como testemunha sua reação calada (com exceção de algumas pessoas importantes da imprensa e de certos reflexos na BBC) aos acontecimentos nas ilhas Falkland. Inversamente, o governo procura desviar-se ao máximo do *establishment* tradicional, ao passo que apela diretamente para as massas. É o primeiro governo que trata seus próprios servidores civis de alto escalão — as pessoas que mantêm as coisas funcionando — não como os servidores politicamente neutralizados de *todos* os governos legítimos, mas com jeito de "inimigos de classe", desconfiando deles por princípio, como representantes do Estado que esse governo quer desmantelar.

As estruturas formais e informais do comando político estão se desmoronando. Eu apostaria que boa parte do *Who's Who* de hoje (exceto, talvez, seus componentes militares) consiste mais em preocupados semblantes de sobrancelhas levantadas do que em antigas elites com poder operacional.

Em termos políticos, essa reestruturação da vida pública repousa sobre dois desdobramentos na sociedade britânica. O primeiro diz respeito à desintegração das estruturas das velhas classes e das lealdades de classe, que surgiram durante a geração do período de prosperidade (*boom generation*), em especial entre a classe trabalhadora, mas também na classe média. Não se trata de um fenômeno específico da Grã-Bretanha, embora tenha nuances locais. Daí o apelo do thatcherismo ter cruzado com sucesso as fronteiras de classe. Suas perspectivas de longo prazo dependem muito mais dos leitores do *Sun*, que foram ou teriam sido eleitores do trabalhismo, do que os do *Express*, *Mail* e *Telegraph*, que sempre foram conservadores.

O segundo desdobramento social constitui um reflexo visível do declínio da Grã-Bretanha, e pode ser comparado — tomando-se as devidas precauções — com o espírito da Alemanha de Weimar. Quem quer que tenha conhecido esse país, que também se sentiu derrotado, relegado, olhado de cima pelos estrangeiros, empobrecido e privado de todas as suas antigas certezas e de velhas estruturas morais, compreende as perigosas forças que tal situação pode fazer germinar. Não menos importante, o nacionalismo de direita, um radicalismo apaixonado da extrema esquerda (que se mostrou pouco compartilhado pelas "massas" para as quais apelava), e em ambos os lados a sede por um regime que *fará* alguma coisa: qualquer coisa.

A prosperidade pode arrefecer esses sentimentos, como o fez na Alemanha, de 1924 a 1929, e na Grã-Bretanha durante a década de 1960 — quando simplesmente assumiram a forma de inquietações e uma preocupação única com as glórias e as certezas do passado, desde os Forsyte até as memórias confortantes da Segunda Guerra Mundial. Saudade foi (e é) o nome do esporte nacional, em um país que não dispõe de perspectiva melhor do que olhar para trás, como os velhos torcedores do Accrington Stanley.

A depressão permite que essas forças se incendeiem. Agora, a Grã-Bretanha encontra-se em meio a uma perigosa combinação de ressentimento e saudade. Embora seja absurdo alongar a esse nível a analogia com a Alemanha de Weimar, a rápida erosão das estruturas tradicionais da política britânica encerra o perigo. E ele surge primordialmente das consequências lógicas de se buscarem políticas que, de modo patente, não se podem concretizar. Por isso torna-se cada vez mais óbvio que um governo devotado a desmantelar o Estado inevitavelmente o tenha fortalecido, uma vez que apenas o Estado consegue impor a utopia dos editoriais do *Daily Telegraph* à realidade recalcitrante que, em grande parte, consiste em pessoas e instituições contratadas e subsidiadas pelos cofres públicos ou de alguma forma dependentes deles.

Uma vez que é irreal o sonho de uma economia e de um povo completamente independentes do Tesouro Público, e uma vez que o governo precisa continuar a prover as finanças, então o Estado deve — em benefício do definhamento — fornecer orientações cada vez mais precisas sobre quais os fundos que devem ou não ser gastos. Dessa forma, as universidades, cuja autonomia costumava ser cuidadosamente preservada da interferência direta dos governos, agora estão sob ordens político-burocráticas centralizadas e abusivas. O poder e o comando centrais não estão diminuindo, mas crescendo, uma vez que a "liberdade" não pode ser conseguida a não ser por decisão burocrática. As perspectivas para a democracia e para as liberdades locais encontram-se inevitavelmente restritas.

Politicamente o perigo surge do isolamento, dentro do universo do *establishment*, da primeira-ministra e de seu minúsculo grupo de apoio incondicional. Em parte, isso é camuflado pela impotência e pela fragmentação suicida da oposição, pela tradicional relutância dos dissidentes conservadores em romper com seu partido, e pelo fato de que *algumas* das políticas de Thatcher conseguem um amplo apoio além das fileiras conservadoras — por exemplo, o enfraquecimento dos sindicatos. No entanto, os thatcheristas estão visivelmente sitiados por uma vasta força de ministros, políticos, administradores, homens de negócio, especialistas e intelectuais em geral, que não gostam do rumo imprimido por ela, e cujas opiniões vão desde o máximo ceticismo até o desespero.

Não se ama Thatcher nem se espera que ela tenha sucesso. Além do mais, os programas não funcionam. Quanto mais profundo o compromisso do governo com eles, maior é o ceticismo que o envolve. À maneira de Napoleão, ela tem que continuar a ganhar batalhas. Ou dar a impressão de que o faz. Pode haver triunfos imediatistas: declarações públicas de firmeza, vitórias sobre sindicatos, grevistas ou argentinos, de preferência acompanhados da sugestão de que todos eles são igualmente inimigos da Union Jack. Já vimos o suficiente no que diz respeito a esses triunfos para acreditar neles, ou para clamar que a regeneração nacional está sendo orquestrada, ou que o velho Império Britânico, com toda sua glória, pode ser reconstituído a partir de algumas ilhas desabitadas perto do cabo Horn, ou pelo menos para dizer que Mrs Thatcher não é um político como todos os outros. E para acreditar que ela está convocando uma cruzada.

Para quê? Contra quê? Para a mobilização de crenças e símbolos indefinidos, mas poderosos, dos bons e velhos tempos: patriotismo, orgulho nacional, ordem social, lei, moralidade, independência, autorrespeito. Em suma, para crenças que são adotadas pela maioria dos cidadãos, quase sempre em combinação com crenças bem diferentes (como a consciência de classe), mas que, isoladas, são mais facilmente manipuladas pela direita. A última vez que se mobilizaram essas crenças de modo adequado para beneficiar a esquerda foi quando se mesclou o antifascismo com a esperança numa sociedade justa, na Segunda Guerra Mundial.

E *contra*? Contra os inimigos estrangeiros e também domésticos, inclusive os "estranhos" ao nosso meio — minorias heterodoxas, subversivos, ou os que conseguem se mostrar como tais, os perturbadores da moralidade convencional, os céticos e os crédulos, os intelectuais que nunca merecem confiança, e aqueles que não conseguem saudar uma bandeira e uma farda ou cantar *Rule Britannia* com o ufanismo necessário.

Enfim, estamos presenciando a mobilização das mesmas forças da direita radical (com exceção das Igrejas, que vêm demonstrando uma lastimável tendência de preferirem Deus a este César específico) contra seus alvos habituais. Cresce o incentivo para as pressões com essa cruzada, à medida que aumenta a lacuna entre as promessas e os resultados dos programas. O resultado lógico de um populismo de direita tão demagógico seria o exercício de uma tensão intolerável sobre as estruturas constitucional e institucional da política britânica.

No entanto, duas coisas, principalmente, distinguem esse tipo de cruzada política do antigo fascismo. Em primeiro lugar, não surge nem de um movimento organizado nem de uma ideologia configurada. No máximo, a lógica da política cutuca os políticos, que, por certo, não demonstram nenhuma simpatia pela destruição da democracia britânica, numa direção ameaçadora. E talvez a um ponto onde uma total convicção de *direitismo* e a necessidade de regenerar a Grã-Bretanha — quando confrontados com a perda de um apoio político efetivo — possam considerar que a verdade tenha que prevalecer contra a oposição, o Parlamento ou outros obstáculos "temporários", de *qualquer* jeito.

Em segundo lugar, o compromisso com uma ortodoxia financeira e com empreendimentos do livre mercado despojam os cruzados de alguns dos mais poderosos predicados da demagogia. E, ao contrário do fascismo durante a última depressão mundial, os registros econômicos estão contra esse tipo de política. Ao contrário de Hitler depois de três anos de poder, Mrs Thatcher tem observado que o desemprego não caiu abruptamente, mas cresceu tanto que atingiu os maiores índices já registrados neste país. Os principais sucessos do governo Thatcher pertencem mais ao reino das relações públicas, do que ao da realidade. Suas principais conquistas, por isso, têm sido simplesmente desfrutar de um pouco mais de apoio público no quarto ano do governo do que era de se esperar, confrontando-se com uma oposição dividida e desmoralizada. A fraqueza desta repousa na crescente lacuna entre a retórica e os resultados.

Uma guerrinha um pouco cara, descrita com malícia no *Le Monde* como "o *clochemerle* do Atlântico Sul", quase não modificou a posição internacional e os problemas da Grã-Bretanha, embora tenha demonstrado claramente que ela possui forças armadas vigorosas, eficientes e profissionais. Nada mudou na Irlanda do Norte. Não há mais, porém, menos lei e ordem, à exceção de parcelas de uma polícia cada vez mais bem paga e enaltecida.

E o futuro? A desindustrialização será o pano de fundo inevitável para a política britânica. Por certo, continuaremos a viver numa economia trôpega e mutilada, que ninguém sabe ao certo como revigorar, e que não pode repousar em nada tão simples quanto uma virada econômica, mesmo se os bons ventos voltassem a soprar na economia mundial. O que, de qualquer modo, não deve acontecer neste final de década. Muita coisa foi destruída, a exemplo do que aconteceu recentemente com a Carron

70 | ESTRATÉGIAS PARA UMA ESQUERDA RACIONAL

Company, fabricante de ferro da Escócia, que sobreviveu desde 1760, com bons e maus períodos, e finalmente encerrou suas atividades.

Dada essa situação, o futuro da política dependerá do ritmo em que as instituições tradicionais e as práticas políticas continuarem a se erodir e a se debilitar, isto é, de que até que ponto o maquinário familiar vai parar de funcionar. Sua capacidade de sobrevivência e de permanecer operacional não deve ser subestimada desde que as massas (distintas dos ideólogos, marginais e militantes) não se levantem ao chamado da direita, da esquerda ou do separatismo nacionalista. E, até agora, não se levantaram.

É até possível que a velha estrutura de governos centristas, relativamente conciliatórios, seja revivida de alguma forma — como os tradicionais conservadorismo ou trabalhismo butskellita, como "governo nacional" ou como coalizões de vários grupos e blocos que operem no espaço entre os extremos políticos radicalizados. De qualquer forma, esse ainda é o maior espaço político na Grã-Bretanha. Os detalhes desse rearranjo não interessam, exceto para os *lobbies* que lhes correspondem. Embora isso não traga solução alguma, provavelmente seria a maneira menos desagradável para a maioria do povo passar pelo contínuo declínio de seu país. Em retrospectiva, as décadas finais da monarquia dos Habsburgo pareceram melhores para a maioria das pessoas que habitavam as regiões da Europa ocupadas por essa dinastia do que aquilo que aconteceu depois.

É possível, porém, que a máquina política para governar a Grã-Bretanha e manter seus cidadãos calmos vá emperrar, de alguma forma. As especulações a respeito de futuros golpes militares indicam, no mínimo, um profundo ceticismo quanto às perspectivas em relação ao sistema político. Tais desdobramentos não podem mais ser excluídos. A experiência mostrou que, quando a política (no Ocidente ou no Oriente) torna-se inadministrável, homens armados habilitam-se a avançar.

Para não provocar visões apocalípticas, pode-se apenas dizer três coisas, moderadas, sobre golpes. Antes de mais nada, em si, não são soluções para os problemas de um país. Há bastante evidência disso tanto na Polônia e na Argentina, quanto no Brasil. Em segundo lugar, os exércitos europeus (pelo menos na medida em que seus interesses profissionais sejam satisfeitos) mostram-se extremamente relutantes em intervir, em especial contra governos legítimos, mesmo quando não simpatizam politicamente com eles. Também há uma porção de evidências disso como o rei da Espanha pode (até agora) testemunhar. Por fim os políticos que apelam para homens fardados intervirem em seu benefício, ou explicam que eles inevitavelmente intervirão contra si próprios, atestam apenas o seu fracasso ou recusam-se a cumprir suas tarefas.

De modo especial, isso tem relevância para as perspectivas de um Partido Trabalhista radicalizado, que, constatada a derrota dos programas thatcheristas, ainda pode ter uma chance. E se isso acontecer então, a despeito de todo seu esforço inverso, poderia potencialmente comandar um grande entendimento do mais amplo apoio, como a última cartada ainda não tentada para a regeneração nacional. Se for para agir na suposição de que o total aparato do governo, dos negócios e dos poderes públicos (apostando até o último centavo) estivesse voltado para derrotar o esforço do trabalhismo, isso não só seria um equívoco, como garantiria suas próprias derrotas. Nesse caso, os militantes poderiam se esconder, se ainda lhes fosse permitido, por trás das nuvens da retórica maximalista, nas trincheiras familiares da oposição. No entanto, retrocederia a melhor chance disponível para o processo vagaroso, difícil e desconfortável de dar um novo começo à Grã-Bretanha.

Haveria retorno? A história não garante soluções para seus problemas. Apenas garante que a sociedade e suas instituições avancem de qualquer jeito, a não ser que um holocausto nuclear impedisse até esse lugar-comum de significado realista. Se essa catástrofe plausível acontecer, as especulações sobre o futuro da política britânica deixam de ter significado. Se não, existem esperanças.

As pessoas sobreviveram tanto a cataclismos de pouca duração, quanto a históricos e lentos deslizamentos de terra. Todavia, daqui a cinquenta anos será bem improvável que muitos habitantes da Grã-Bretanha vejam o passado com alguma satisfação, no que diz respeito às décadas de 1970, 1980 e, provavelmente, 1990.

5

RESPINGOS DAS FALKLAND

(1983)

Tem-se falado muito mais das ilhas Falkland do que de qualquer outro assunto recente da Grã-Bretanha e da política internacional. E receio que muitos tenham dito bobagens. Não estou me referindo à grande massa do povo, cujas reações provavelmente foram menos apaixonadas ou histéricas do que as daqueles cuja tarefa era escrever e formar opinião.

Na verdade, quero falar pouco sobre as origens da guerra das Falkland, porque essa guerra de fato tem muito pouco a ver com elas. Quase ninguém conhecia essas ilhas. Imagino que era mínimo o número de pessoas neste país que tinha qualquer relação pessoal com as Falkland ou mesmo conhecia alguém que tivesse estado lá. As 1.680 pessoas nascidas nas ilhas eram praticamente as únicas a terem por elas um interesse premente, além, é claro, da Falkland Island Company (à qual pertence boa parte dessas terras), ornitólogos e o Scott Polar Research Institute, uma vez que as ilhas funcionam como base de todas as atividades de pesquisas da Antártida. As Falkland nunca foram muito importantes. Pelo menos não o foram até a Primeira Guerra Mundial ou talvez até o início da Segunda Guerra.

Eram tão insignificantes e tão afastadas do centro de interesse, que o Parlamento permitia que fossem administradas por um punhado de MP (Membros do Parlamento), o *lobby* das Falkland — politicamente um grupo muito, muito mesclado. Era-lhes permitido bloquear todos os esforços não muito urgentes do Ministério das Relações Exteriores para resolverem o problema do futuro das ilhas. Uma vez que o governo e qualquer outra pessoa achavam as Falkland completamente desinteressantes, foi ignorado o fato de constituírem um objeto de urgência para a Argentina, e de certa forma para a totalidade da América Latina. Para os argentinos, as ilhas não eram nada insignificantes. Eram o símbolo do nacionalismo argentino, especialmente desde Perón. Nós poderíamos ter ignorado para sempre o problema das Falkland, ou pensávamos que poderíamos, mas isso não fazia sentido para os argentinos.

Note-se que não estou julgando a validade das reivindicações da Argentina. Como várias outras reivindicações nacionalistas, não suporta muita investigação. Em essência, está baseada no que podemos chamar de "geografia de escola secundária" — qualquer coisa que pertença à plataforma continental deveria pertencer ao país mais próximo — a despeito de que nenhum argentino tenha, de fato, morado lá. Ainda assim, somos obrigados a dizer que a reivindicação da Argentina é, quase com certeza, bem mais forte do que a da Grã-Bretanha e, em termos internacionais, tem sido vista desse modo. Os norte-americanos, por exemplo, nunca aceitaram a reivindicação britânica, cuja justificativa oficial mudava de tempos em tempos. Mas a questão não se reduz a decidir qual a reivindicação mais forte. A questão é que, para o governo britânico, as Falkland figuravam quase em último lugar na lista de prioridades, ignorando por completo os pontos de vista argentinos e latino-americanos, que não eram apenas os da junta militar argentina, mas os da América Latina inteira.

Como resultado, com a retirada do *The Endurance*, o único navio de guerra que sempre estivera lá (para indicar simbolicamente que não se poderia tomar as Falkland), permitiu-se sugerir à junta militar argentina que o Reino Unido não resistiria. Os generais argentinos, que obviamente eram loucos e ineficientes, além de perigosos, decidiram levar a invasão adiante. Porém, pela má administração por parte do governo britânico, o governo argentino quase certamente não teria decidido invadir. Os argentinos erraram as previsões e invadiram. Mas ficou bem claro que o governo britânico de fato precipitou a situação, embora não tivesse essa intenção. Assim, no dia 3 de abril, o povo britânico descobriu que as Falkland tinham sido invadidas e ocupadas. O governo devia saber que a invasão era iminente, mas disse que não sabia. Ou, se de qualquer modo não sabia, também não agiu. Foi isso que a Comissão Franks encarregou-se de investigar.

Contudo, qual era a situação na Grã-Bretanha quando a guerra estourou e, mais tarde, durante a guerra? Vou tentar sintetizar ao máximo. A primeira coisa a acontecer foi um sentimento quase geral de ultraje entre uma porção de pessoas; uma sensação de que simplesmente não se podia aceitar aquilo; que algo precisava ser feito. Esse era o sentimento muito profundo, experimentado em todos os níveis. E era apolítico, no sentido de que permeava todos os partidos e não se confinava à direita ou à esquerda. Conheço várias pessoas de esquerda que participavam do movimento, até de extrema esquerda, e que tinham as mesmas reações de gente direitista. Foi essa sensação geral de ultraje e humilhação que se expressou naquele primeiro dia no Parlamento, quando as pressões por ação na verdade não partiam de Thatcher ou do governo, mas de todos os lados, desde a ultradireita conservadora até os liberais e trabalhistas, com algumas raras exceções. Isso, imagino, era a experimentação de um sentimento realmente público. Qualquer pessoa sensível percebia o que estava acontecendo, e qualquer pessoa de esquerda que não se apercebesse desse sentimento tão profundo, e não compreendesse que, pelo menos nesse estágio, não era uma criação da mídia, mas uma genuína sensação de ultraje e humilhação, deveria reconsiderar a sério sua capacidade de avaliação política. Pode não ter sido um sentimento particularmente desejável, mas afirmar que não existia é um pouco irrealista.

Esse desenrolar de sentimentos, enquanto tais, não tinha nada a ver com as Falkland. Vimos que as Falkland constituíam simplesmente um território distante, envolto nas névoas do cabo Horn, sobre o qual nada sabíamos e nos preocupávamos menos ainda. Mas tinha tudo a ver com a história deste país desde 1945, com a aceleração palpável da crise do capitalismo britânico desde o final da década de 1960, e em particular com o declínio no final da década de 1970 e início da de 1980. Enquanto a grande explosão internacional do capitalismo ocidental persistia nas décadas de 1950 e 1960, mesmo a relativamente fraca Grã-Bretanha foi levada até certo ponto mansamente pela corrente que acelerava outras economias capitalistas de modo mais rápido. As coisas melhoravam a olhos vistos e não precisávamos nos preocupar muito, se bem que, de maneira óbvia, houvesse uma certa dose de nostalgia no ar.

Mesmo assim, num determinado estágio, tornou-se evidente que o declínio e a crise da economia britânica estavam se tornando muito mais dramáticos. A queda nos anos 1970 intensificou aquele sentimento e, é claro, desde 1979, a verdadeira depressão, a desindustrialização do período Thatcher, o desemprego em massa engrossaram os contornos da condição crítica da Grã-Bretanha.

Por isso, a reação visceral que muita gente teve com as notícias de que a Argentina simplesmente invadira e ocupara um pedacinho do território britânico pode ser sintetizada nas seguintes palavras: "Nosso país vem se desmoronando há décadas; os estrangeiros foram ficando cada vez mais ricos e modernizados do que nós; todos nos olham de cima e lamentamos não poder mais ganhar dos argentinos ou de qualquer outro time de futebol; tudo vai mal na Grã-Bretanha e ninguém sabe direito o que fazer a respeito e como consertá-la. Mas agora chegou ao ponto de um bando de estrangeiros pensar que pode simplesmente mandar tropas para atacar território britânico, ocupá-lo e dominá-lo, e imaginar que os britânicos estão tão distantes que ninguém tomará nenhuma atitude contra isso. Bem, essa é a gota que faz transbordar o copo d'água, e algo precisa ser feito. Por Deus, temos que mostrar a eles que não estamos lá para ser tripudiados." Mais uma vez, não estou julgando a validade desse ponto de vista, mas acho que isso constitui mais ou menos o que uma porção de gente, que nem tentou e formulou em palavras, sentia naquele momento.

Rememorando os fatos, nós, de esquerda, sempre predissemos que a perda dos domínios britânicos e o declínio geral conduziriam mais cedo ou mais tarde a uma reação vigorosa na política da Grã-Bretanha. Não tínhamos previsto essa resposta específica, mas não há dúvida de que foi uma reação ao declínio do Império Britânico, do tipo que estávamos prevendo há tanto tempo. Foi por isso que teve uma ressonância tão ampla. Em si, não foi simplesmente jingoísta. No entanto, embora esse sentimento de humilhação nacional tenha ultrapassado a classificação de jingoísmo, foi contido com facilidade pela direita e dominado por Mrs Thatcher e os thatcheristas no que considero uma operação politicamente brilhante. Vale a pena citar seu depoimento clássico sobre o que ela considerava que a guerra das Falkland havia provado (retirado de um *press release* de 1982, depois do término da guerra):

> Quando começamos, ali estavam os hesitantes e os pusilânimes, gente que pensava que não mais podíamos realizar grandes coisas como antes, aqueles que acreditavam que nosso declínio era irreversível, que nunca mais seríamos o que fomos, que a Grã-Bretanha não era mais uma nação que construíra um império e governara um quarto do mundo. Bem, eles estavam enganados.

Na verdade, a guerra foi apenas simbólica, não provou nada disso. Mas aqui se vê a combinação de alguém que capta certas vibrações populares, e as conduz na direção direitista (hesito um pouco em dizer: fascista). Assim, do ponto de vista da direita, era imprescindível não apenas expulsar os argentinos das Falkland (o que teria sido perfeitamente exequível por meio de uma demonstração de força, aliada à negociação), mas travar uma guerra dramática e vitoriosa. Por isso é que a guerra foi provocada pelo lado britânico, não importando a atitude argentina. Quase não há dúvida de que os argentinos, logo que descobriram que essa era a postura britânica, procuraram um jeito de escapar de uma situação insustentável. Thatcher não permitiu que escapassem logo porque o objetivo mais amplo do exercício não era o de resolver a questão depressa, mas provar, mesmo que de maneira simbólica, que a Grã-Bretanha ainda era "o máximo". Virtualmente, a cada etapa, a política de entradas e saídas do governo britânico dentro das Nações Unidas era de total intransigência. Não digo que a junta argentina tenha facilitado o acesso a uma conciliação, mas acho que os historiadores concluirão que uma retirada negociada por parte dos argentinos por certo não estava fora de cogitação. Mas não foi tentada com seriedade.

Essa política provocativa tinha dupla vantagem. No nível internacional, deu à Grã-Bretanha uma chance de demonstrar potencial, determinação e poderio militar. Em termos domésticos, permitiu que os thatcheristas circunscrevessem a iniciativa de outras forças políticas dentro e fora do Partido Conservador, e capacitou os thatcheristas a se apossarem não só do campo conservador, mas também de uma ampla área da política britânica. A política thatcherista durante a guerra das Falkland era a política peronista que, do outro lado, lançara de início as Falkland no centro da política argentina. Perón, como Mrs Thatcher e seu pequeno grupo, tentou falar diretamente às massas utilizando-se dos meios de comunicação e passando por cima do *establishment*. No nosso caso, isso incluía o *establishment* conservador, assim como a oposição. Mrs Thatcher insistia em tocar sua própria guerra. Não foi uma guerra tocada pelo Parlamento. Não era nem tocada pelo Gabinete; era uma guerra conduzida por Mrs Thatcher e um pequeno gabinete de guerra, que incluía o presidente do Partido Conservador. Ao mesmo tempo, ela estabeleceu relações laterais diretas com os militares, um passo sobre o qual espero que não pesem efeitos políticos a longo prazo. O que caracterizou essa guerra foi a combinação de uma abordagem demagógica direta às massas, evitando os processos políticos e o *establishment*, com a elaboração de um contato lateral direto com os militares e com a burocracia da defesa.

Tanto os custos quanto os objetivos não contavam; e muito menos os próprios habitantes das Falkland, exceto como uma prova simbólica da virilidade britânica e como algo que pudesse chegar às manchetes. Esse era o tipo de guerra feito para produzir desfiles vitoriosos. Eis por que todos os recursos de guerra e de dominação foram mobilizados numa escala em miniatura. De qualquer forma, o papel da Marinha foi de suma importância, porém, por tradição, a opinião pública investiu um bom capital emocional nela. As forças enviadas para as Falkland constituíam um minimuseu de tudo quanto poderia dar ao Reino Unido alguma repercussão especial — a guarda real, os homens fortes da nova tecnologia, os membros da Sociedade dos Antiquários, os paraquedistas: todos estavam representados diante daqueles soldadinhos do Sul. Não eram tão necessários assim, mas fez-se preciso porque o acontecimento foi (como devia ser) a recriação das velhas cortes imperiais, ou dos cortejos de coroação ou funerais de soberanos britânicos.

Nenhuma guerra é uma farsa. Mesmo uma guerrinha onde 250 britânicos e 2 mil argentinos morrem não se constitui motivo de piadas. Contudo, para os estrangeiros que não compreenderam o papel crucial da guerra das Falkland na política *doméstica* da Grã-Bretanha, a guerra sem dúvida parecia um exercício absolutamente incompreensível. O jornal francês *Le Monde* referiu-se a ela como "o *clochemerle* do Atlântico Sul", lembrando a famosa novela na qual a direita e a esquerda, num vilarejo francês, criam uma enorme confusão sobre onde colocar um serviço público. A maioria dos europeus simplesmente não conseguia entender o porquê de tanta confusão. Mas não gostavam era de que a disputa não girava de jeito nenhum em torno das Falkland nem sobre o direito à autodeterminação. No fundo, era uma operação voltada para a política britânica e com o espírito político britânico.

Dito isso, deixem-me dizer com firmeza que a escolha não se reduzia a não fazer nada ou à guerra de Thatcher. Considero que, nesse momento, seria absolutamente impossível a qualquer governo britânico optar por não fazer nada. As alternativas não se resumiam simplesmente em aceitar a ocupação argentina, passando o problema para as Nações Unidas, que teria adotado resoluções vazias, ou, por outro lado, à intenção de Mrs Thatcher de reeditar a vitória de Kitchener sobre os sudaneses, em Omdurman. A posição pacifista era a de uma pequena minoria isolada, mesmo que de fato fosse uma minoria dona de uma respeitável tradição no movimento trabalhista. Em termos políticos, essa linha nem funcionava, o que era evidenciado pela própria debilidade das demonstrações que estavam sendo organizadas na época. As pessoas que disseram que a guerra não tinha significado e que jamais deveria ter começado acabaram, em abstrato, com a razão. Mas elas mesmas não tiraram nem parecem tirar qualquer benefício político do fato de provarem que tinham razão.

O próximo ponto a considerar revela-se mais positivo. A captura da guerra por Thatcher, com o auxílio do *The Sun*, produzira uma profunda cisão na opinião pública, mas não uma cisão política ao longo de linhas partidárias. De modo amplo, dividiu os 80% que se precipitaram numa reação patriótica instintiva e se identificaram com o esforço de guerra (embora provavelmente de maneira menos espalhafatosa do que as manchetes do *The Sun*) da minoria que reconhecia que, em termos da real política global envolvida, aquilo que Thatcher estava executando não fazia nenhum sentido. Essa minoria agregava gente de todos os partidos ou que nem tinham partido algum, e outras pessoas que não eram contra mandar uma força-tarefa, enquanto tal. Hesito em afirmar que era uma cisão entre civilizados e não civilizados; embora seja fato que a maior resistência contra o thatcherismo encontrava-se na imprensa de alto nível, além do *Morning Star*, é claro. O *Financial Times*, o *Guardian* e o *Observer* mantiveram um tom constante de ceticismo sobre a coisa toda. Considero seguro dizer que quase todos os correspondentes políticos independentes do país, desde os conservadores até os de esquerda, achavam tudo uma maluquice. Foram esses "pusilânimes" que receberam a descompostura de Mrs Thatcher. É significativo o fato de que havia uma certa polarização, mas que a oposição, embora se mantivesse em pequena minoria, não se tenha enfraquecido mesmo durante uma guerra breve e, em termos técnicos, brilhantemente bem-sucedida.

Para Mrs Thatcher, felizmente ganhou-se a guerra bem depressa e a um custo modesto de vidas britânicas. Junto com a vitória veio um lucro extra em popularidade imediata e ampla. Em consequência, aumentou bastante e de forma inquestionável o poder de Mrs Thatcher e dos thatcheristas de ultradireita sobre o Partido Conservador. Ela estava no sétimo céu e se imaginava como a reencarnação tanto do duque de Wellington (sem aquele realismo irlandês que o Duque de Ferro nunca perdeu), como de Winston Churchill (sem os charutos e, espera-se, sem o *brandy*).

Agora vejamos os efeitos da guerra. Devo mencionar apenas de leve os efeitos a curto prazo sobre o período entre hoje e a eleição geral. O primeiro deles diz respeito ao debate sobre "de quem era a culpa". Neste momento a Comissão Franks está investigando justamente isso. Dá-se como certo que o governo, inclusive Mrs Thatcher, vai se sair mal, como merece. O segundo ponto refere-se ao custo da operação e ao gasto subsequente e contínuo para se manter a presença britânica nas Falkland. As declarações oficiais dizem que vão ficar por volta de 700 milhões de libras, mas na minha opinião vão atingir, quase com certeza, milhares de milhões. A contabilidade constitui uma forma de anotação criativa, por isso a maneira exata de se calcular o custo de uma operação como essa é opcional. Qualquer que tenha sido o cálculo, ele vai se revelar muito, muito caro. Com certeza a esquerda vai exercer pressão sobre esse assunto, e deve. No entanto, é lamentável que as cifras sejam tão grandes quanto sem sentido para a maioria do povo. Por isso, mesmo que os números continuem a ser discutidos no debate político, suspeito que esse assunto não será muito importante ou politicamente muito eficaz.

O terceiro ponto diz respeito à relação das Falkland dentro da política de guerra britânica (ou política de defesa, como todos agora gostam de falar). A guerra das Falkland com certeza intensificará a selvagem animosidade interna entre almirantes, brigadeiros, generais e o ministério da Defesa, que já resultou em uma baixa pós-Falkland, o próprio ministro da Defesa, Nott. Há poucas dúvidas de que os almirantes usaram os acontecimentos nas Falkland para provar que uma grande Marinha, capaz de operar no mundo todo, era absolutamente essencial à Grã-Bretanha — ao passo que todos sabem que não temos dinheiro para isso, e mais importante, não vale a pena manter uma Marinha desse tamanho a fim de se prover Port Stanley. Essas discussões por certo levantarão dúvidas sobre a possibilidade de se fazer frente aos gastos com uma Marinha global e com mísseis *Trident*, e sobre qual é exatamente o papel e a importância do armamento nuclear independente da Grã-Bretanha. Nesse sentido, podem desempenhar um papel no desenvolvimento da campanha para o desarmamento nuclear, o que não deve ser subestimado.

E o que dizer sobre o futuro das próprias ilhas Falkland? Isso também parece suscitar bem pouco interesse, uma vez que, para a maioria dos britânicos, as ilhas não oferecerão mais nenhum interesse sério. Mas será uma enorme dor de cabeça para os servidores civis, para o Ministério do Exterior e para quem mais estiver envolvido, pois não temos uma política para o seu futuro. O objetivo da guerra não era resolver os problemas das ilhas Falkland. Simplesmente voltamos à estaca zero, ou menos do que zero, porém cedo ou tarde ter-se-á de encontrar uma solução permanente, a não ser que os governos britânicos resolvam manter um compromisso permanente e bem caro (e sem propósito algum) quanto ao Polo Sul.

Finalmente, deixe-me tocar num assunto mais sério e de efeitos a longo prazo. A guerra demonstrou a força e o potencial político do patriotismo, neste caso em sua forma jingoísta. Talvez isso não nos surpreenda, mas os marxistas não acharam fácil entrar num acordo com o patriotismo da classe trabalhadora, em geral, e com o patriotismo inglês ou britânico, em particular. Britânico, aqui, significa o patriotismo dos povos não ingleses coincidindo com o dos ingleses; onde não coincide, como às vezes acontece na Escócia e no País de Gales, os marxistas perceberam melhor a importância do sentimento nacionalista ou patriótico. Eventualmente, suspeito que os escoceses tenham se sentido britânicos no episódio das Falkland, ao passo que os galeses, não. O único partido político, enquanto órgão partidário, que se opôs à guerra desde o início foi o Plaid Cymru; e, claro, no que diz respeito aos galeses, "nossos rapazes" e "nossos amigos e parentes" não estão nas Falkland, mas na Argentina. São galeses da Patagônia que todos os anos mandam uma delegação ao National Eisteddfod,* a fim de demonstrar que, mesmo vivendo do outro lado do mundo, permanecem galeses. Para os galeses, o apelo thatcherista e o argumento dos "amigos e parentes", provavelmente, não significam nada.

Contudo existem vários motivos pelos quais a esquerda, em particular a esquerda marxista, não tenha gostado de chegar a um acordo sobre a questão do patriotismo neste país. Há um conceito histórico particular de internacionalismo que procura excluir o patriotismo nacional. Deveríamos também ter em mente a força da tradição liberal/radical, antibélica e pacifista que é muito marcante, e que, com certeza, perpassou o movimento trabalhista até certo ponto. Existe, portanto, um sentimento de que o patriotismo de certa forma entra em conflito com a consciência de classe, como de fato o faz com frequência, e de que as classes dominantes e hegemônicas tiram grande vantagem ao mobilizar esse sentimento para seus propósitos, o que também é verdade.

Talvez também conte o fato de que alguns dos avanços mais vigorosos e decisivos da esquerda, neste século, foram conseguidos na luta contra a Primeira Guerra Mundial. E foram conseguidos por uma classe trabalhadora que se despojava do patriotismo e do jingoísmo e decidia optar pela luta de classes; para repetir Lênin: ao voltarem sua hostilidade contra seus próprios opressores, em vez de voltá-la contra países estrangeiros. Afinal,

---

* Encontros realizados antigamente, e revividos no século XIX, para reunir participantes em eventos culturais, com músicas, poesia, teatro etc., no País de Gales. [N. T.]

o que colocara a pique a Internacional Socialista de 1914 fora exatamente a incapacidade dos trabalhadores de colocar isso em prática. De certo modo, o que resgatou a alma do movimento trabalhista internacional foi que, depois de 1917, em todos os países beligerantes, os trabalhadores uniram-se para lutar contra a guerra, em favor da paz e da Revolução Russa.

Essas são algumas das razões pelas quais os marxistas talvez não tenham conseguido prestar a devida atenção ao problema do patriotismo. Por isso, deixem-me relembrá-los, como historiador, de que o patriotismo não pode ser negligenciado. A classe trabalhadora britânica possui uma longa tradição de patriotismo que nem sempre foi considerada incompatível com uma consciência de classe militante e forte. Na história do cartismo e dos grandes movimentos radicais do início do século XIX, tende-se a dar importância à consciência de classe. Entretanto, na década de 1860, quando Thomas Wright, o "engenheiro assalariado" (um dos poucos trabalhadores britânicos que realmente escreveram sobre a classe trabalhadora), elaborou um guia da classe trabalhadora britânica para leitores de classe média (porque alguns desses trabalhadores estavam quase propensos a votar), ele forneceu um esboço minucioso das várias geração de trabalhadores que conhecera como engenheiro.

Ao chegar na geração cartista, nascida no início do século XIX, Wright observou que ela detestava tudo que dissesse respeito às classes altas, nas quais jamais confiaria. Essa geração recusava-se a ter qualquer coisa em comum com o que poderíamos chamar de "inimigo de classe". Ao mesmo tempo, Wright notou que os cartistas eram muito patriotas, com um forte sentimento xenófobo, especialmente antifrancês. Haviam nascido e se criado durante as guerras antinapoleônicas. Os historiadores tendem a salientar o elemento jacobino no trabalhismo britânico durante essas guerras e não o elemento antifrancês, que também teve raízes populares. Eu só estou dizendo que não se pode apagar o patriotismo do cenário, mesmo no período mais radical da classe trabalhadora inglesa.

No transcorrer do século XIX havia uma admiração genérica pela Marinha — considerada uma instituição popular — muito maior do que pelo Exército. Ainda se pode ver sua marca em todos os edifícios públicos dedicados a Lorde Nelson, uma figura genuinamente popular. A

RESPINGOS DAS FALKLAND | 83

Marinha e nossos marinheiros são elementos dos quais o povo britânico e, certamente, o inglês têm orgulho. Circunstancialmente, boa parte do radicalismo do século XIX estruturou-se como um apelo não somente aos operários e outros civis, mas também aos soldados. O *Reynold's News* e os velhos jornais radicais daquela época eram muito lidos pelas tropas porque se ocupavam, de maneira sistemática, dos descontentamentos dos soldados profissionais. Não sei quando isso parou, se bem que na Segunda Guerra Mundial o *Daily Mirror* conseguiu obter uma grande circulação no Exército pelo mesmo motivo. Por isso, tanto a tradição jacobina quanto a tradição antifrancesa fazem parte da história da classe trabalhadora inglesa, embora os historiadores do trabalhismo tenham ressaltado a primeira e quase ignorado a segunda.

No início da Primeira Guerra Mundial, de novo o patriotismo maciço da classe trabalhadora mostrava-se bem genuíno. Não constituía algo apenas manipulado pela mídia. Não excluía o respeito pela minoria dentro do movimento trabalhista que não conseguia participar dele. Dentro do movimento trabalhista, os elementos antibélicos e os pacifistas não foram colocados no ostracismo pelos trabalhadores organizados. Nesse sentido, havia uma grande diferença entre a atitude dos trabalhadores e dos pequeno-burgueses jingoístas. Contudo, permanece o fato de que o único maior recrutamento de voluntários em massa que houve no Exército foi o dos trabalhadores britânicos, que se alistaram em 1914-1915. As minas teriam ficado desertas não fosse o governo, por fim, reconhecer que, se alguns mineiros não trabalhassem, não haveria carvão. Depois de alguns anos, vários operários mudaram de ideia a respeito da guerra, mas a onda inicial de patriotismo é algo que temos de lembrar. Não estou justificando nada disso, apenas constatando o que aconteceu e assinalando que, ao examinar a história da classe trabalhadora britânica e nossa realidade atual, precisamos de qualquer forma chegar a um acordo sobre esses fatos.

Os perigos desse patriotismo sempre foram (e ainda são) óbvios, constituindo um ponto vulnerável ao jingoísmo da classe dominante, ao nacionalismo xenófobo e, hoje em dia sem dúvida, ao racismo. Esses perigos mostram-se especialmente grandes onde o patriotismo pode ser isolado de outros sentimentos e aspirações da classe trabalhadora, ou até colocado em contraposição à libertação social. O motivo pelo qual ninguém presta muita atenção ao jingoísmo cartista é que ele se mesclou e foi mascarado por uma enorme consciência de classe militante. Quando os dois se separam, o que pode acontecer com facilidade, os perigos ficam bastante óbvios. Ao contrário, quando os dois unem suas forças, não apenas aumentam o poder da classe trabalhadora, como também sua capacidade de se colocar à frente de uma ampla coalizão para mudanças sociais, e de dar a essa coalizão a possibilidade de arrancar a hegemonia do inimigo de classe.

Foi por isso que no período antifascista, da década de 1930, a Internacional Comunista lançou o apelo para arrancar as tradições nacionais da burguesia, para se apossar da bandeira nacional há tanto tempo empunhada pela direita. Por isso a esquerda francesa tentou, com certo sucesso, conquistar, capturar ou resgatar as cores do país e Joana d'Arc. Aqui não perseguimos exatamente o mesmo objetivo, mas conseguimos fazer algo mais importante. Como provou de maneira dramática a guerra antifascista, a combinação de patriotismo com uma guerra genuína do povo mostrou uma radicalização política, a um nível sem precedentes. Em seu momento de maior triunfo, Winston Churchill (ancestral de Mrs Thatcher), líder inquestionável de uma guerra vitoriosa com louros muito maiores do que os das Falkland, encontrou-se marginalizado, para sua imensa surpresa, porque o povo que lutara naquela guerra, e lutara com patriotismo, tornara-se radical por causa dela. A mescla de um movimento da classe trabalhadora radicalizado com um movimento popular que o respaldava mostrou-se bastante eficaz e poderosa. Michael Foot pode ser acusado de pensar a década de 1940, a Grã-Bretanha sozinha na guerra antifascista e todo o resto muito em termos de memórias "churchillianas". E é claro que esses ecos ressurgiram na reação do trabalhismo às Falkland. No entanto, não devemos esquecer que nossas memórias "churchillianas" não se restringem à glória patriótica, mas abrangem também a vitória contra a reação, tanto no exterior quanto em casa: memórias do triunfo trabalhista e da derrota de Churchill. É difícil imaginar isso em 1981, mas, como historiador, devo refrescar essas lembranças. Deixar o patriotismo exclusivamente para a direita constitui um perigo.

No momento atual, a esquerda encontra muita dificuldade para resgatar o patriotismo. Uma das lições mais sinistras das Falkland foi a facilidade com que os thatcheristas encamparam a onda patriótica, que de início, de modo algum, se confinava aos conservadores políticos em paz com os thatcheristas. Vale lembrar a facilidade com que os não jingoístas eram rotulados, se não como realmente antipatriotas, pelo menos como "bonzinhos com os argentinos"; a facilidade com que a bandeira britânica podia ser mobilizada, tanto contra inimigos domésticos quanto contra inimigos estrangeiros. Lembrem-se da foto da volta das tropas, nos navios, com faixas que diziam: "Suspendam a greve dos ferroviários ou convocaremos uma greve de aeronautas." Aí está o significado das Falkland para a política britânica, a longo prazo.

Isso é um sinal de perigo muito grande. Hoje, o jingoísmo está bastante forte porque age como uma espécie de compensação para os sentimentos de declínio, desmoralização e inferioridade, que a maioria do nosso povo sente, incluindo aqui muitos operários. Esses sentimentos intensificam-se com a crise econômica. De maneira simbólica, o jingoísmo ajuda as pessoas a sentirem que a Grã-Bretanha não está simplesmente soçobrando, que ainda pode fazer ou conseguir algo, que pode ser levada a sério e que, como se diz, pode ser a "Grande-Bretanha". É simbólico porque de fato o jingoísmo thatcherista não conseguiu e não pode conseguir nada de prático. A canção *Rule Britannia* mais uma vez (acho que pela primeira vez desde 1914), torna-se algo semelhante a um hino nacional. Um dia talvez valha a pena estudar por que, até o período Falkland, a *Rule Britannia* tornara-se uma peça da arqueologia musical, e por que não é mais. No exato momento em que se constata que a Grã-Bretanha não mais domina nem os mares nem um império, essa canção ressurgiu e sem dúvida emociona as pessoas que a entoam. Não foi só porque ganhamos uma guerrinha, que envolveu alguns desastres, travada muito longe, contra estrangeiros que não nos permitem nem ganhar uma partida de futebol, e que isso tenha deixado o povo eufórico, como se tivéssemos ganhado a Copa do Mundo com armas. Mas será que provocou alguma coisa a longo prazo? É difícil enxergar que essa guerra tenha conseguido, ou teria conseguido, algo mais.

Contudo há um perigo. Quando eu era menino, passei alguns anos de minha formação na República de Weimar, entre outras pessoas que se sentiam derrotadas, que perdiam suas antigas certezas e seus antigos laços, relegadas na liga internacional, provocando a piedade dos estrangeiros. Adicionem a isso uma depressão e um desemprego em massa, e tem-se Hitler. Agora não teríamos um fascismo à maneira antiga. Mas está patente o perigo de uma direita populista e radical, movendo-se cada vez mais para a direita. Esse perigo revela-se bem ameaçador porque hoje a esquerda encontra-se dividida e desmoralizada e, acima de tudo, porque vastas massas de britânicos, e de ingleses, perderam a esperança e a confiança nos processos políticos e nos políticos (quaisquer políticos). O maior trunfo de Mrs Thatcher reduz-se ao fato de as pessoas dizerem que ela não parece um político. Hoje, com 3,5 milhões de desempregados, 45% dos eleitores de Northfield e 65% dos eleitores de Peckham não se interessam em votar. Em Peckham, 41% do eleitorado votaram no Partido Trabalhista em 1974; 34%, em 1979 e 19,1%, hoje. Não estou falando de votos apurados, mas do total de pessoas desse distrito eleitoral. Em Northfield, em plena zona de devastação da indústria de motores britânica, 41% votaram no trabalhismo em 1974; 32%, em 1979 e hoje, 20%.

O principal perigo está nessa despolitização, que reflete uma desilusão política, nascida de um sentimento de impotência. O que nós vemos hoje não é um substancial crescimento do apoio a Thatcher e aos thatcheristas. O episódio das Falkland pode ter feito com que uma porção de britânicos se sentisse melhor, temporariamente, embora o "fator Falkland" seja, quase com certeza, uma vantagem minguante para os conservadores. Mas não fez muita diferença para a desesperança, a apatia e o derrotismo básicos de tantas pessoas neste país, sensações de que não se pode fazer quase nada contra o destino. Se o governo parece manter seus apoios, melhor do que seria o esperado, é porque as pessoas (levadas ao engano) não culpam Thatcher pelas presentes condições miseráveis do país, mas, de forma meio vaga, culpam fatores fora do controle dela ou de qualquer governo. Se até agora o trabalhismo não readquiriu apoio suficiente — embora ainda possa fazê-lo —, isso não se deve apenas a suas divisões internas, mas também porque, em grande parte, muitos trabalhadores na verdade não dão crédito a qualquer promessa dos políticos, com o fito de superar o declínio e a longa crise da economia britânica. Então, por que votar numa sorte e não em outra? Muita gente está perdendo a fé na política, inclusive em sua própria força para fazer alguma coisa em relação aos acontecimentos.

Contudo, imaginem que surja um salvador, montado em seu corcel branco! Não vai aparecer nenhum. Mas apenas imaginem alguém que apelasse para as emoções, a fim de conseguir aquele fluxo de adrenalina para mobilizar as pessoas contra os estrangeiros, dentro ou fora do país, ou quem sabe para uma outra guerrinha, que poderia, sob as atuais circunstâncias, transformar-se numa grande guerra, a qual, como todos nós sabemos, seria a última. É uma possibilidade. Não acho que esse salvador seja Thatcher. E, nesse pé, posso terminar com uma observação animadora. A livre-empresa, com a qual se comprometeu Mrs Thatcher, não é uma ganhadora, como reconheceu a propaganda fascista na década de 1930. Não se pode vencer dizendo: "Que os ricos fiquem mais ricos, e os pobres que se danem." As perspectivas de Thatcher são piores que as de Hitler, uma vez que, depois de três anos que ele já estava no poder, quase não havia desemprego na Alemanha, ao passo que após três anos de governo Thatcher o desemprego está mais alto do que nunca e tende a crescer. Ela joga uma cortina de fumaça, mas ainda pode ser derrotada. Entretanto, o patriotismo e o jingoísmo foram usados antes para mudar uma situação política para beneficiá-la, e podem ser usados de novo. Devemos ficar atentos. Desesperados, os governos de direita tentam qualquer coisa.

6

As PERDAS DO TRABALHISMO

(1983)

Há cinco anos, na *Marxism Today*, levantou-se a questão de que "o avanço do trabalhismo" fora barrado, o que desaguou num longo debate, mais tarde transformado em livro. Considerando esse debate do ponto de vista do final de 1983, duas coisas me preocupam: primeira, a total recusa de algumas pessoas da esquerda em encarar fatos desagradáveis, embora já evidentes a qualquer observador eventual; segunda, a incapacidade de até os mais pessimistas perceberem o nível e a profundidade do iminente recuo do trabalhismo. O voto trabalhista, embora lentamente erodido com o passar dos anos, em geral não caía mais do que algumas centenas de milhares entre as eleições, ganhando ou perdendo. Não havia razão para imaginar que, de repente, entraria em colapso.

Contudo, foi exatamente o que aconteceu. Antes que alguns de nós consigamos nos refugiar num mundo imaginário, por trás dos tapumes que a autodesilusão já levanta para nos proteger da visão implacável da realidade, é bom lembrar quão terrível foi a surra que o movimento trabalhista levou na eleição de 1983. Não apenas porque o Partido Trabalhista perdeu um em cada cinco de seus votos já escassos, mas porque houve uma deserção do apoio em *todas* as classes, faixas etárias e gêneros.

Em 1983, o Partido Trabalhista só é maior que outros partidos entre os operários não especializados ou com pouca especialização, desempregados e sindicalistas, *mas não teve apoio majoritário em nenhum desses grupos*, nem mesmo entre os operários não especializados ou com pouca especialização e os desempregados. Apenas 35% dos operários especializados votaram no trabalhismo: diminuição de mais de um quarto. Só 39% dos sindicalistas apoiaram o partido que fundaram: uma queda equivalente. As mulheres tinham demonstrado uma ligeira tendência para o trabalhismo em 1979, mas em 1983 abandonaram o partido em proporção maior que a dos homens. Quanto aos jovens, 41% deles (eleitores pela primeira vez, com idade entre 18 e 22 anos) escolheram o Partido Trabalhista em 1979, um resultado apenas modesto para um partido que deveria ser capaz de motivar a juventude. No entanto, em 1983 a situação foi bem desastrosa. Minguados 17% dos eleitores "de primeira viagem" escolheram o trabalhismo, 3% a menos do que os que escolheram a Aliança, e 11% a menos do que os eleitores do Partido Conservador — enquanto quase a *metade* nem sequer se preocupou em votar. Dos votantes, apenas 29% assinalaram o nome de candidatos trabalhistas.

Em suma, não há o menor vislumbre de consolo nos resultados da eleição. Como tem sido corretamente observado, "o voto trabalhista continua em grande parte na classe trabalhadora; mas a classe trabalhadora já não é mais amplamente trabalhista". A reserva restante de eleitores trabalhistas é constituída em grande parte por pessoas que moram na Escócia e no Norte (porém, o País de Gales não mais representa a cidadela de antes), ou em cidades interioranas em decadência, e são pessoas que trabalham em antigas indústrias britânicas, tradicionais ou em franco declínio, e/ou no setor público, e que quase sempre representam os mais idosos, os negros e inquilinos das municipalidades. O máximo que se pode dizer é que a concentração geográfica dos votos trabalhistas parece sugerir que o partido continuará a eleger uma substancial bancada para a Câmara dos Comuns, mesmo que afunde mais adiante, e que ainda estará em posição de controlar inúmeras autoridades locais. Não fosse assim, *já* poderia estar reduzido a pouco mais de vinte cadeiras, como a Aliança dos Partidos Liberal e Social-Democrata, que, apesar de tudo, apresenta um número de votos equivalente ou talvez um pouco menor. De qualquer jeito, atualmente, o trabalhismo vive de taxas em declínio.

O desastre que se abateu sobre o partido foi realçado pelo fato de que o conservadorismo thatcherista se desempenhou mal também. É verdade que conseguiu bem mais apoio do que se poderia esperar em 1979, mas assim mesmo perdeu terreno. O voto conservador está em níveis mais baixos do que em 1979, mais baixos que nos tempos de Heath, e mobilizou um pouco menos de 31% do total do eleitorado, contando aqueles que não quiseram ou não se importaram em votar. Desde 1923 não se via um nível tão baixo de votos. O triunfo de Thatcher representa um subproduto da derrota do trabalhismo. Esse é o tamanho da tarefa com que agora nos confrontamos.

Ficaram claras as razões do declínio trabalhista a longo prazo, discutidas à exaustão no debate "Estagnação no Futuro do Trabalhismo?". Mas enquanto sugeriam que o declínio do trabalhismo continuaria, a não ser que o partido fizesse algumas reformulações drásticas, não previam uma catástrofe iminente. Grassam os argumentos a respeito dos motivos pelos quais o trabalhismo esfacelou-se de maneira tão impressionante, mas infelizmente a maioria deles é superficial, e boa parte constitui-se de sonhos visionários, inatingíveis, que se autolocupletam. Não há muito mérito em discutir a importância exata da distribuição de cadeiras, o ambiente antitrabalhista nos meios de comunicação, ou o efeito das pesquisas de opinião sobre a falta de dinheiro e a competência de nossas propagandas de campanha, a imagem das lideranças partidárias, a fraqueza da organização do eleitorado, ou o desespero e a desmoralização, visivelmente crescentes, dos porta-vozes nacionais do trabalhismo, à medida que as campanhas iam em frente. Na verdade, algumas dessas fraquezas foram muito menos causas do que sintomas da iminente derrota partidária. Não faz nenhum sentido discutir se os candidatos de direita ou de esquerda melhoraram ou pioraram significativamente. Até onde se possa afirmar, o fato de os candidatos conseguirem um (relativo) bom desempenho dependeu sobretudo da composição social e da localização do distrito eleitoral. As chances de qualquer candidato trabalhista, de direita ou de esquerda, nas cidades industriais do sul da Inglaterra, onde antes ganhávamos e deveríamos ter ganhado de novo, provaram ser virtualmente zero. As possibilidades de um candidato trabalhista em Strathclyde eram boas, quer os eleitores apoiassem ou não Tony Benn. O partido parecia que ia perder, mesmo antes que a campanha começasse, e acabou surrado.

Apenas duas coisas podem e devem ser ditas sobre as eleições, e ditas de maneira categórica. Primeira: muita gente dos partidos de oposição *não tentou derrotar Thatcher a sério*, apesar do discurso retórico. Talvez de início, depois de 1979, muitas pessoas acreditassem que a combinação de desemprego em massa, numa escala tão vasta, com uma política econômica que dava ares de que nunca funcionaria, estivesse automaticamente vinculada ao "troco" para um governo rejeitado de modo tão amplo e sem credibilidade, mesmo dentro do *establishment* conservador. Com o passar do tempo, porém, tornou-se cada vez mais claro que os partidos de oposição engajavam-se numa guerra civil mais do que numa luta contra a direita. Agiam como se a próxima eleição já estivesse perdida por antecipação e, de fato, escutei gente de esquerda dizendo coisas desse teor. A luta dizia respeito à natureza da oposição ao segundo governo Thatcher, ou à próxima, mas não única, eleição.

Na ala direita da oposição, o Partido Social-Democrata sabia muito bem que suas bases haviam enfraquecido o Partido Trabalhista, a maior força anti-thatcherista. Afinal de contas, essa era sua intenção desde o início. A aliança Partido Liberal/Partido Social-Democrata não esperava ou queria, a sério, formar um governo. Seu principal objetivo estratégico era (e é) manter o equilíbrio entre conservadores e trabalhistas, para depois vender seu apoio a um governo pelo preço da representação proporcional, o que lhe daria uma presença parlamentar permanente e substancial e um decisivo poder de negociação. Como sói acontecer, ao conseguir enfraquecer o trabalhismo, impossibilitou seu objetivo: governos com imensas maiorias não precisam negociar.

Também se tornou cada vez mais evidente que a principal pergunta que dizia respeito à esquerda não era: que governo?, mas: que Partido Trabalhista? Para falar de modo cruel, muita gente achava que um governo Thatcher era preferível a um governo trabalhista reformista. Uma vez que são poucos (até nas mais remotas alas esquerdistas) os que acreditam mesmo que Denis Healey seja muito pior do que Norman Tebbit, foram inventadas diversas teorias para nos iludir. Um Partido Trabalhista à antiga não poderia vencer. Ganharia um Partido Trabalhista adequadamente socialista, porque em algum lugar existiam milhões de eleitores da esquerda radical em abstenção, esperando apenas para se reunirem a candidatos e programas da esquerda. De qualquer forma perdeu-se a eleição, por isso

92 | ESTRATÉGIAS PARA UMA ESQUERDA RACIONAL

não fez muita diferença o fato de os eleitores potenciais do trabalhismo estarem intrigados e desmoralizados pela visão de líderes partidários e ativistas se digladiando em público, anos a fio, por questões que não faziam muito sentido, e assim por diante. Contudo, não se pode negar um fato básico: boa parcela da esquerda agia como se um outro governo trabalhista, como aqueles que tivemos antes, de tempos em tempos desde 1945, não seria apenas insatisfatório, mas pior do que nenhum governo trabalhista. E isso significa que seria pior do que o único governo alternativo disponível, que era o de Mrs. Thatcher.

Essa atitude levanta graves problemas de avaliação política. Ela não errou (como se tornou óbvio agora) grosseiramente apenas ao avaliar a atitude dos eleitores do Partido Trabalhista, mas também, e de modo mais perigoso, ao subestimar a novidade histórica do thatcherismo e a seriedade da ameaça que ele representa. Os governos conservadores do passado baseavam-se no princípio de que se devia evitar a confrontação de classes, a fim de impedir a radicalização da classe trabalhadora, que representava a maioria substancial dos povos britânicos. Por isso, com concessões ocasionais (de preferência verbais) à sua gente do interior, compartilhavam uma abordagem básica em relação a programas com a "moderada" liderança reformista do trabalhismo (butskellismo). Salientando ou tirando a importância de algumas mudanças, permitindo que aumentassem os problemas da economia britânica e que acontecesse uma obsolescência gradual das estruturas reformistas traçadas entre 1944 e 1948 até Thatcher, os intervalos de governos conservadores não fizeram nenhuma diferença séria para as perspectivas de governos trabalhistas.

Isso não acontece mais. O thatcherismo comprometeu-se com uma mudança radical e reacionária no capitalismo britânico e no próprio sistema político britânico. Está promovendo, de cima para baixo, essa nova política de luta de classes, militante e notável, e um desmantelamento do consenso reformista do passado, com a maior confiança, porque descobriu que o enfraquecimento e as divisões dentro da classe trabalhadora e a autodestruição do Partido Trabalhista fizeram com que tudo isso fosse muito menos arriscado do que o velho conservadorismo imaginara. O thatcherismo não quer só manter o sistema funcionando, mas tem por objetivo transformar a Grã-Bretanha do seu jeito e de maneira irreversível. Derrotá-lo é, pois, mais do que exigência rotineira de qualquer oposição, quando não está no governo. Trata-se da condição de sobrevivência de uma Grã-Bretanha decente e de oportunidades que permitam o avanço para uma sociedade melhor.

O segundo ponto que precisa ser trabalhado refere-se ao fato de que o thatcherismo venceu porque a maioria anti-Thatcher estava dividida. E estava dividida porque grandes massas populares, que antes votavam no trabalhismo, que considerariam inconcebível *não* votar no trabalhismo, ou de quem se poderia esperar que votassem no Partido Trabalhista, por motivos que pareciam bons para elas, escolheram não só ficar em casa, como votar em outros partidos. Pela primeira vez, desde o início do declínio do Partido Liberal, do qual se beneficiou o trabalhismo, os trabalhadores britânicos acharam que podiam escolher entre partidos rivais anticonservadores ou alinhamentos políticos adversários. O voto anticonservador dividiu-se mais ou menos pela metade (28% e 26%). Dessa forma, as chances de derrotar o thatcherismo devem ser remotas, a não ser que aconteça um colapso bem espetacular no voto conservador, favorecendo algum grupo de oposição, à esquerda do conservadorismo. Pois, dada a divisão quase igual entre as duas parcelas do voto anticonservador, os conservadores poderiam perder quase um quarto do seu total de votos e, ainda assim, ganhar as eleições.

É vital que se tenham esses pontos em mente nos próximos cinco anos, porque as perspectivas de derrotar Thatcher prendem-se a isso, independentemente do que o movimento trabalhista fizer para se recuperar. Se, nas próximas eleições, o thatcherismo enfrentar, em qualquer lugar, dois ou mais candidatos competindo pelos votos uns dos outros, os conservadores podem ter esperanças de continuar no poder durante a década de 1990. Precisa-se encontrar algum modo de unir a maioria do povo britânico que se opõe ao thatcherismo.

Mas será difícil, tanto por razões objetivas quanto subjetivas. A simples sugestão de que a aliança trabalhista/social-democrata pudesse chegar a um acordo eleitoral parece apoplexia em ambos os lados, mesmo que hoje isso seja uma proposta real. É bastante natural. As relações entre os dois lados não dão pistas de que vão se tornar mais flexíveis, pois cada um vai passar a maior parte dos próximos anos brigando pelos eleitores do outro. Além disso, já está bem claro que cada lado terá problemas para manter uma unidade efetiva — da direita e da esquerda dentro do Partido Trabalhista, entre os liberais e os social-democratas, assim como entre cada um desses partidos quase esfacelados. Mas de qualquer forma o assunto da unidade eleitoral deverá ser encarado.

Pode-se estar erroneamente imaginando que todas as opiniões anticonservadoras, quaisquer que sejam suas diferenças, estejam pelo menos unidas pelo anti-thatcherismo, de modo objetivo. Assim, subestima-se a mudança básica na política britânica, que o thatcherismo sistematicamente tentou conseguir — e de certa forma já está conseguindo. Tomemos John Maynard Keynes, cujas ideias simbolizaram durante uma geração o consenso reformista subjacente dos grandes negócios britânicos e da liderança dos partidos Conservador, Liberal e Trabalhista. Neste ano, centenário de seu nascimento, ele está quase esquecido. A economia mista, o Estado de bem-estar, o gerenciamento econômico por intermédio de um amplo setor público, a "face aceitável do capitalismo", a estabilidade por meio de acordos entre o Estado, o capital e o trabalhismo oficial desapareceram. Isso não significa que exista muita simpatia, fora do setor thatcherista do Partido Conservador, por aquilo que Andrew Gamble chamou de "desabrochar de milhares de flores ideológicas exóticas e de ervas daninhas", que germinam na direita radical e encontram déspotas ignorantes, intelectuais ambiciosos e meios de comunicação mercenários que as cultivam. Quer dizer: boa parte daquilo que começou como uma especialidade exclusiva do thatcherismo agora é compartilhada, de modo amplo, fora do Partido Conservador. Exemplo disso pode ser constatado na hostilidade à burocracia pública, ao gerenciamento econômico do Estado (identificado como "socialismo de Estado"), aos sindicatos, um antimarxismo furioso, ao mesmo tempo que há um retorno à tremulação de uma bandeira pseudoimperial. De agora em diante existe um elemento thatcherista na oposição (pensa-se em David Owen), além de um governo thatcherista. Nesse sentido, não basta dizer: tudo o que temos de fazer consiste em unir os 57% que votaram contra o governo. No entanto, unir a maioria continua sendo um problema fundamental.

O que deve ser feito para que o trabalhismo consiga voltar? Duas coisas. O Partido Trabalhista precisa, é claro, recuperar o apoio da classe trabalhadora como um todo; porém, também precisa, mais uma vez, tornar-se o partido de *todos* os que querem a democracia, uma sociedade melhor e mais justa, ignorando os escaninhos de classes nos quais os pesquisadores de opinião e de mercado os colocarem, em suma (para empregar um antigo dito trabalhista): "todos os trabalhadores, braçais e cerebrais" — e isso inclui não apenas a vasta maioria de britânicos que recebem salários ou ganham por tarefas. Erra quem considerar essa questão como um modo de se fazerem concessões oportunistas para ganhar votos. Não há nada de oportunista em acreditar que uma corrida armamentista nuclear seja o caminho para o desastre; dizendo isso, o trabalhismo já está pedindo um apoio que ultrapassa os limites de classe. Não é oportunista acreditar que podemos, e deveríamos, apelar para *todas* as mulheres e *todos* os jovens, mesmo que hoje não devêssemos esperar muita receptividade entre as senhoras que frequentam Ascot ou entre os Sloane Rangers.* (Contudo, alguns de nós lembram-se de que na década de 1930 o antifascimo possuía uma base maciça em cidadelas da classe dominante, a exemplo de Oxbridge.) Também não é oportunista levar em consideração as demandas bastante razoáveis de grupos de pessoas que não estão satisfeitas com a maneira pela qual, hoje, o trabalhismo encara essas demandas — donas de casa, gente insatisfeita com a escola dos filhos e os que se preocupam com a lei e a ordem. E aqui se inclui uma porção de operários.

Afinal, o Partido Trabalhista nunca se apresentou *apenas* como um partido de classe. No passado, a Grã-Bretanha foi um país tão predominante de operários braçais que muitas vezes se esquece de que o trabalhismo avançou, não só pela mobilização do proletariado, enquanto proletariado, mas em função de uma ampla *coalizão de forças*. Mobilizava mulheres, minorias nacionais e minorias étnicas do Reino Unido (com exceção do Ulster); galeses, escoceses, irlandeses na Grã-Bretanha, judeus. Mobilizava intelectuais, acadêmicos ou não. Assumiu a maior

---

* O autor refere-se às senhoras da alta sociedade que frequentam as corridas em Ascot e aos jovens ricos que se vestem na última moda — os *Sloane Rangers*. [N. T.]

parte da herança do liberalismo do século XIX, que exercera um amplo e similar apelo, na época. E até bem recentemente mostrou uma capacidade constante para atrair os não operários. Um exemplo: por volta de 1979, ainda estavam em pleno crescimento as minorias entre grupos de gerenciamento e de profissionais liberais, de alto nível, e entre grupos de gerenciamento e de administração, de baixo nível, que apoiavam o Partido Trabalhista (cerca de 20% e 25%, respectivamente). Não podemos abandonar essa tradição de ser um amplo partido popular, pois, se o trabalhismo recuperar *apenas* o apoio da classe operária braçal, esta provavelmente não conseguiria mais lhe trazer a vitória, em virtude da queda em seus números e da taxa de desindustrialização.

Não obstante, a menos que consiga, uma vez mais, tornar-se o partido da maioria da classe trabalhadora, o Partido Trabalhista não terá futuro, a não ser enquanto uma coalizão de grupos minoritários de pressão e de interesses. O futuro seria apenas modesto para um partido que só representasse tais grupos e forças sociais em declínio. Se o trabalhismo não conseguir resgatar o tipo de comunidade representada por Stevenage, Harlow, Swindon ou Slough, podemos esquecer o caminho britânico ou qualquer outro caminho realista para o socialismo.

Por que o Partido Trabalhista perdeu esses e muitos outros locais? Por certo não foi simplesmente pelo declínio numérico da classe trabalhadora e pelo crescente setorialismo, que, como Thatcher compreendeu, pode dividir seus votos. A erosão, a longo prazo, da posição tradicional do Partido Trabalhista, enquanto *aquele* partido dos trabalhadores, não consegue explicar a tremenda perda de 20% dos votos trabalhistas em quatro anos. Também de nada serve culpar os trabalhadores ou este e aquele setor. Milhões de pessoas, de quem se poderia esperar um voto trabalhista, abandonaram o partido em 1983, não porque de repente pararam de se considerar trabalhadores, mas porque sentiam que o partido não representava seus interesses e aspirações de maneira adequada e efetiva. A solução não é modificar os trabalhadores, mas o partido.

O corpo de ativistas do partido e de políticos mais ou menos engajados (hoje, com composição social muito diferente do corpo de eleitores do trabalhismo) demorou para reconhecer o que estava embutido na necessidade de uma mudança no partido. Pois, apesar do que já diziam, na década de 1970, os historiadores, sociólogos e cientistas políticos, ainda presumia-se que, para boa parte dos trabalhadores, o partido era o "nosso time", ao qual se apoiava do mesmo jeito que se torce para o Arsenal ou para o Spurs, sem considerar o que acontecia nos bastidores. Quase 60% dos trabalhadores identificavam-se com o Partido Trabalhista, e até o final da década de 1960 quase todos votavam, mesmo, no trabalhismo — embora não fosse suficiente, é claro. Obviamente, isso significava que tais trabalhadores presumiam que o trabalhismo, em termos amplos, representava o que seriam e agiria em seu interesse quando assumisse o governo. Mas interessavam-se muito pouco pelos detalhes do programa, que poucos liam, ou pelas brigas amarguradas, pelas disputas e rivalidades pessoais que constituíram uma praga no partido quase desde sua fundação, ou pelo carisma ou imagem de seus líderes. O maior triunfo do trabalhismo foi conseguido por Attlee, que tinha o carisma de um gerente de filial de sociedade construtora, em oposição a Churchill, que tinha o dom de estrela para dar e vender.

Enquanto isso ocorria, não parecia muito importante, a curto prazo, o que acontecia entre as poucas centenas de políticos trabalhistas e entre as poucas dezenas de milhares de ativistas e militantes[1] do Partido Trabalhista, que brigavam pela constituição, pela política e pela estratégia do partido, uma vez que pelo menos 10 milhões de torcedores congratular-se-iam com o time, sem se importarem com quem era indicado para dirigi-lo. A longo prazo, no entanto, fazia muita diferença, pois a reversão do recuo do trabalhismo e as perspectivas para uma Grã-Bretanha melhor dependiam dos resultados. Porém, até a década de 1980, poucos acreditavam seriamente que o sólido apoio mínimo costumeiro não daria respaldo a qualquer candidato, a qualquer liderança ou a qualquer programa que levasse o rótulo do partido dos trabalhadores. Afinal de contas, como certa vez comentou R. H. Tawney, solidariedade era o nome do esporte

---

1 P. Whiteley, "The Decline of Labour's Local Party Membership and Electoral Base, 1945-79", em D. Kavanagh, *The Politics of the Labour Party*, Londres, 1982, p. 115, calcula o número real de ativistas do Partido em toda a Grã-Bretanha por volta de 55 mil, em 1978.

da classe trabalhadora. O problema não era saber se o apoio básico era confiável, mas se era suficiente.

Não foi suficiente. E, o mais importante, não é mais confiável. A classe trabalhadora modificou-se. O país modificou-se. A situação modificou-se. E não esqueçamos que o partido também se modificou e bem poucos dos antigos apoiadores se reconhecem prontamente dentro dele. Se essas modificações não fossem muito substanciais, o Partido Trabalhista ainda esperaria conseguir 60% dos votos no País de Gales e ganhar todas exceto quatro cadeiras, como o fez em 1966, em vez de despencar para 37% dos votos e 12 das 38 cadeiras de 1983. Vale lembrar que o País de Gales era um país em que tudo se combinava para criar uma cidadela socialista do partido: uma classe trabalhadora maciça, organizada e militante; sentimento nacional; anticonservadorismo quase universal e igualitarismo democrático; uma tradição de movimentos pacifistas; uma paixão pela educação e, não menos importante, uma inspiradora lista regional de grandes nomes socialistas e comunistas: Keir Hardie, A. J. Cook, Arthur Horner, Aneurin Bevan, Michael Foot. Mas tudo isso não foi suficiente.

Em virtude de os ativistas trabalhistas relutarem em admitir esse quadro, surgiu um abismo cada vez maior entre eles e suas bases que ainda podem ser mobilizadas pela convocação de antigos "corneteiros", e as que não podem. Durante a campanha eleitoral, encontros entusiásticos promovidos pelo primeiro grupo saudavam um manifesto partidário planejado para eles — no fundo, não dava para ninguém mais ler — e não conseguiam perceber que o outro grupo, formado por milhões de trabalhadores, simplesmente não estava convencido pelos argumentos do partido. Eles precisavam de razões para votar que *os convencessem*, e não apenas de bandeiras destinadas a agrupar gente.

Concretamente, essas pessoas precisavam ser convencidas a respeito de quatro pontos. Primeiro, que realmente queriam aquilo que o Partido Trabalhista representava. Não bastam mais os antigos discursos. Para socialistas convictos basta um apelo socialista, mas não para homens e mulheres que associam os discursos (embora com uma boa assistência da mídia) com mais poder estatal e burocracia pública, nos quais aprenderam a não confiar, com mais estatização, que parece já termos o bastante, e —

AS PERDAS DO TRABALHISMO | 99

admitamos — com países nos quais os trabalhadores estão menos livres e com menos bem-estar do que em países não socialistas, com os quais estão mais familiarizados. Mais uma vez, teremos de mostrar como e por que o tipo de sociedade justa, livre e próspera que se quer exige o socialismo.

Segundo, que a política do trabalhismo não é apenas desejável, mas realista. De qualquer forma, devemos nos contrapor aos argumentos thatcheristas e similares, que agora se difundiram bastante ("quem paga isso tudo?" etc.), em termos compreensíveis. Não podemos nos dar ao luxo de prometer a criação de alguns milhões de empregos em cinco anos, se não convencermos as pessoas (apesar de elas esperarem muito que isso acontecesse) de que qualquer governo seria incapaz de consegui-lo sob as atuais condições mundiais. E de fato não as convencemos.

Terceiro, que o Partido Trabalhista é o partido de todos os trabalhadores, não apenas de alguns setores. Embora tivéssemos uma política que apelava para quem era inquilino, muitos trabalhadores que estão comprando casa própria, ou querem fazê-lo, também precisavam sentir que o trabalhismo tem uma política para eles. Por sua vez, o partido, tanto quanto os próprios trabalhadores, precisa se conscientizar de que os interesses setoriais de alguns grupos não são meramente diferentes de outros, mas às vezes antagônicos, o que cria problemas reais e complicados, que não podem ser ignorados pura e simplesmente.

Por fim (talvez o ponto mais difícil), que o trabalhismo tem esperança. Se os trabalhadores parassem de ver o Partido Trabalhista como a alternativa para o thatcherismo, muitos mais votariam (arrependendo-se ou não) em candidatos e partidos que parecessem representar as melhores oportunidades de vencer os conservadores. Já existem lugares demais onde o Partido Trabalhista está em terceiro, e às vezes um terceiro sofrível. Mas o futuro do partido não pode sustentar-se nesse ou em qualquer outro apelo tático ou pragmático. O Partido Liberal sobreviveu, apesar da panfletagem eleitoral insignificante editada durante anos, porque nunca perdeu uma parte substancial de gente que teria votado nos liberais, mesmo sem se importar com considerações práticas e vantagens — porque acreditava no liberalismo. O sintoma mais perigoso da doença trabalhista é que, em 1983, seu voto esfacelou-se em muitos lugares, de maneira mais notável na Inglaterra, onde nunca tivera muita chance de eleger mais do que um conselheiro eventual, mas onde homens e mulheres, mesmo assim, votavam no trabalhismo sem convicção: porque pensavam que o trabalhismo estava certo. Mas se for para fazer isso de novo, o partido precisa estar de tal forma, que novamente se acredite nele.

Essa situação requer algumas reformulações fundamentais a respeito das lutas e dos objetivos trabalhistas, pois o quadro está muito, muito sério. O perigo, especialmente na esquerda, não diz respeito apenas ao fato de que os ativistas possam não se conscientizar do seu isolamento e do isolamento do partido em relação às pessoas comuns, mas ao fato de não se importarem. Podem, de fato, desistir da luta pelos trabalhadores como um todo, para não mencionar outros setores da população que não concordam com a política "correta" ou com o modo pelo qual o partido é administrado. Podem escolher seus apoios para combinar com suas convicções, e nesse caso é provável que os outros procurem em lugares diferentes. Por exemplo, os ativistas podem ver seu eleitorado mais afim nos "descamisados", no "meio de uma grande cidade decadente", cosmopolita e racialmente mesclada, e buscar uma cadeira parlamentar de preferência nesse local. "Seria um erro permanecer numa posição segura, com uma classe trabalhadora especializada, sólida, branca... Eu nem me sentiria feliz ali" (Ken Livingstone). Seria surpreendente se o tipo de gente que formou "a histórica espinha dorsal do Partido Trabalhista" (Bea Campbell) também não se sentisse feliz com tal candidato? A força do movimento trabalhista sempre foi que ele podia representar *todas* as parcelas da classe trabalhadora — Stepney e as minas de carvão de Fife — sem discriminar ninguém. Se Ken Livingstone, uma das figuras mais aptas, ilustres, atraentes e estrategicamente colocadas dentro do partido, se sentisse à vontade apenas com certos tipos de habitantes da Grande Londres, não é razoável supor que será difícil para ele compreender seu próprio potencial e o de seu partido político, na maior cidade da Grã-Bretanha?[2]

---

2 A citação nesse parágrafo diz respeito à sua entrevista com Bea Campbell, em *City Limits*, 1 a 7 jul. 1983, p. 10.

AS PERDAS DO TRABALHISMO | 101

Ou, de novo, como se pode dizer: "Embora viesse a ser uma bobagem ignorar *completamente* a visão do eleitorado, seria fatal se, agora, o Partido Trabalhista começasse a pescar por aí, em busca de políticas que não incomodassem ninguém e, por isso mesmo, não mudassem nada?"[3] Estaremos em posição de mudar alguma coisa, se não prestarmos atenção nos 16% dos sindicalistas que não votam no trabalhismo desde 1974, nos 71% de jovens que votaram, mas se recusaram a escolher o Partido Trabalhista, nos 72% de mulheres que votaram nos conservadores ou na Aliança? Prestar atenção neles não significa trair o socialismo, mas condição essencial para qualquer avanço pró-socialista neste país. Será que não existem boas razões — assim como más — para que eles tenham parado de se voltar para o trabalhismo?

No Ocidente, cada movimento de massa tradicional, trabalhista e socialista, vem sofrendo uma certa erosão em seus apoios tradicionais desde a década de 1950, sempre por razões semelhantes. O Partido Trabalhista é um caso particularmente dramático, mas não o único. Todos tiveram que enfrentar a tarefa de fazer alguma coisa a respeito. A pior opção é aquela proposta por certas áreas da esquerda trabalhista (ou da ultraesquerda, que colonizou os espaços vagos nas organizações do movimento deixados com a retirada das massas do partido): estabelecer a posição "correta" e esperar que o povo britânico reconheça como estava errado em não concordar com ela. Quanto àqueles que mostram seu descontentamento com votos independentes ou com a anulação das cédulas, que bons ventos os levem. A história está cheia de sectários, tanto religiosos quanto políticos, que adotaram esse ponto de vista e ainda estão esperando — mesmo que não tenham praticamente desaparecido, como o antigo ILP [Partido Trabalhista Independente], depois da década de 1930. Não há futuro em transformar o Partido Trabalhista numa corporação desse tipo. Ele continuaria a declinar até, por fim, arriscar aquela única vantagem do trabalhismo britânico, um singular movimento sindical afiliado a um partido político singular. Ele nem mesmo conseguiria se transformar num partido socialista de cabeças pensantes e unificado como gostaríamos que fosse, em função

---

3 Tony Banks, parlamentar, no *Guardian*, 1/7/1983 (os grifos foram acrescentados).

de seus vários componentes de esquerda, agora reunidos contra a direita, que quase certamente continuariam a se digladiar até a morte, no que diz respeito às suas ideias díspares e conflitantes sobre o que constituiriam posições "corretas".

Foram tentadas duas outras estratégias, com grandes perspectivas de sucesso. A primeira pode ser chamada de "neossocialismo", como existe na França e na Espanha. Isso implica abandonar o caráter tradicional de tais partidos, enquanto partidos de massa, baseado nas organizações de massa, em especial aquelas da classe trabalhadora, para transformá-los em frentes eleitorais comuns a todos que, por alguma razão, se opõem à reação, interessam-se por reformas e se preparam para simpatizar com apelos progressistas. Essa estratégia, com certeza, obteve sucesso ao restaurar a prosperidade de partidos que haviam decaído mais do que o Partido Trabalhista, a exemplo do Partido Socialista Francês, que estava em pleno declínio há quinze anos, e do Partido Socialista Espanhol, que virtualmente se transformara num grupo fechado, dez anos atrás. Provou-se capaz de conseguir triunfos eleitorais, alguns deles com fortes programas esquerdistas, como na França e na Grécia. Além disso, o governo Mitterrand esforçou-se para levar a cabo seu programa, indo até onde seu poder permitia.

A fraqueza dessa estratégia repousa na instabilidade do apoio político obtido dessa maneira (o que também se evidencia na França), na falta de atividade e de retroalimentação por parte dos cidadãos, na reconhecida tentação de oportunismo que ela encoraja, e na ausência de qualquer base orgânica para as políticas de tais partidos. Às vezes, esses partidos podem ser radicais, mas não têm que sê-lo nem parecem tender para isso. Se os socialistas conseguem acolher Mitterrand na França e se simpatizar com ele, na melhor das hipóteses, mantêm a mente aberta para o governo de Felipe González, na Espanha. Por certo têm uma tenebrosa visão das manobras (em geral, antiesquerdistas) do Partido Socialista Português de Mário Soares, e uma visão mais tenebrosa ainda da mescla de negociações de bastidores, corrupção, táticas mafiosas, demagogia e oportunismo, dentro da qual o Partido Socialista Italiano de Bettino Craxi tentou reconstruir-se. O Partido Trabalhista pode aprender algumas coisas a partir da experiência dos partidos neossocialistas, em especial que as eleições podem ser vencidas sem necessariamente se comprometer o programa, e que os retornos são possíveis — mas não se trata de um modelo que leve a uma imitação despojada de críticas.

A outra estratégia também não obtém triunfos notáveis (a menos que se considere o grande retorno do Partido Socialista Sueco, com Palme, aliado aos comunistas e com um bom programa), mas apresenta maior relevância imediata. Serve de ilustração o Partido Comunista Italiano (PCI), que *é e quer permanecer* um partido trabalhista de massa, clássico, tentando agregar a mais ampla gama de forças à volta de seu núcleo essencial, formado pela classe trabalhadora organizada. Esse partido tentou agir assim durante uma época em que a sociedade italiana — inclusive sua classe trabalhadora — estava sofrendo uma transformação brutal, batendo-se contra uma poderosa competição tanto da esquerda, quanto da direita, sem falar nas condições de sistemática exclusão do governo federal. Contudo, conseguiu ganhar terreno com o passar dos anos, e mesmo tendo perdido um pouco, entre 1976 e 1980, tornou-se mais forte do que nunca desde meados da década de 1970. Figura há tempo como o inquestionável segundo partido do país, e hoje compete com o Partido Democrata Cristão, no governo desde a guerra, obtendo resultados bem próximos, como nunca antes: 30%, contra 33%. Trata-se de uma marca bastante expressiva.

Seu sucesso não se deve ao fato de que seu corpo de apoio básico tenha sido solenemente mantido, mas porque o partido soube manter essa lealdade, resgatar algumas ou todas as suas perdas e ampliar as bases através de novos estratos e grupos sociais, sob novas condições. Desde 1950, vem recuperando, de tempos em tempos, boa parte do apoio da classe trabalhadora das cidades industriais do Norte. Nas décadas mais recentes, perdeu pesado no extremo Sul. Suas bases mais sólidas estão especialmente na região central (Toscana, Emília e Umbria), na área de Nápoles, onde também reconquistou as zonas industriais que perdera. Tornou-se, hoje, o primeiro partido, à frente dos democrata-cristãos, em quase todas as maiores cidades italianas, de norte a sul. A região central da Itália transformou-se social e economicamente de maneira radical, implantando-se um próspero cinturão de pequenas e médias indústrias dinâmicas, e também empreendimentos rurais comerciais, sendo provavelmente a ponta de lança do desenvolvimento econômico italiano: o tipo de área que (se fosse na Califórnia) a propaganda thatcherista apontaria como modelo de uma economia de vanguarda. Se essa zona está mais sólida e vermelha do que nunca, não se deve ao fato de seus habitantes exibirem uma lealdade cega, mas porque o partido demonstrou, em grande parte por meio de sua política nos governos locais e regionais (reconhecidos como modelos — Bolonha deve ser uma das cidades mais bem administradas da Europa), que a esquerda pode ter uma política para esse tipo de desenvolvimento. Em Bolonha e em Florença, até os homens de negócio ficariam preocupados se os democrata-cristãos assumissem, por um único motivo: seriam muito mais ineficientes e corruptos.

O contraste aqui se faz não apenas com o Partido Trabalhista, mas também com alguns outros partidos comunistas, que não conseguiram estancar a acelerada erosão recente em suas bases de massa, entre trabalhadores e intelectuais, como é o caso da França. O PCI tem sua cota de erros e de análises fracas, e sua própria taxa de fracasso, de tempos em tempos, para se manter em dia com as mudanças de seu país, e mesmo da classe trabalhadora. Mas não vive de seu passado. Reconhece as realidades e as mudanças sociais quando se tornam inevitáveis; nunca despreza seus antigos apoios; e tem evitado ao máximo os sectarismos. Jamais esqueceu que o partido da classe trabalhadora também tem que ser o partido do povo. Certamente sua política está aberta às críticas sérias, o que não foi reprimido dentro de suas fileiras nem dentro de sua liderança. Pelo menos conseguiu mostrar que um clássico partido trabalhista e socialista, no final do século XX, não precisa necessariamente percorrer um caminho decadente.

Contudo, o PCI e, de fato, praticamente todos os outros partidos socialistas e comunistas (em países com eleições de verdade) perderam, ou nunca tiveram, o maior cabedal usufruído pelo Partido Trabalhista no passado, principalmente a capacidade de vencer uma eleição e de formar um governo sem ajuda. É por isso que as discussões sobre a política dos governos trabalhistas e sobre o caminho britânico para o socialismo

AS PERDAS DO TRABALHISMO | 105

tiveram uma urgência singular neste país. Os partidos incapazes de obter maioria sozinhos (mesmo porque seus sistemas eleitorais tornam isso praticamente impossível) podem especular a respeito das perspectivas de transformação socialista, mas, sob condições democráticas, seus governos estarão, quase invariavelmente, à mercê da coalizão de parceiros que vão agir para refreá-las.

É claro que habilidade para formar um governo socialista sem ajuda não basta. Em primeiro lugar, hoje, o melhor governo depende da situação mundial (por exemplo, em assuntos econômicos). Nem uma única nação tem real controle sobre isso, exceto talvez os Estados Unidos, que conseguem descarregar seus problemas em outras economias estrangeiras mais fracas. Na atualidade, a transformação da sociedade, seja qual for o seu formato, deve ter uma dimensão internacional. Em segundo lugar, mesmo o melhor governo socialista tem que ser reeleito. Precisa manter seus apoios. A ideia de que o socialismo consegue se instalar, de modo irreversível, em cinco anos é uma fantasia, e a ideia de que governos socialistas, uma vez estabelecidos, aboliriam as eleições autênticas é (ou deveria ser) inaceitável. Todavia, a posição do Partido Trabalhista no passado foi insolitamente favorável, e por isso pode-se entender e justificar o acentuado desapontamento com o desempenho dos governos trabalhistas.

Deparamo-nos com uma questão imediata e crucial: será que o trabalhismo consegue retomar essa posição única que acabou perdendo? Se o partido não conseguir essa retomada, então será inútil nos consolarmos com o pensamento de que uma ampla minoria permanente votou por um programa socialista vigoroso apenas no período Wilson, ou que evitará que esse programa continue sendo traído, se houver outro governo trabalhista. Pois não haverá nenhum. Se um Partido Trabalhista minoritário chegar ao governo, será por meio de termos negociados com algum parceiro — liberais, social-democratas ou quem quer que seja — e com sua anuência. Se o partido se recusar a chegar ao governo nesses termos, como teria possibilidade, continuará como uma oposição permanente. As perspectivas de tal oposição, de qualquer forma, nunca serão as mudanças da sociedade, mas apenas vão torná-la menos intolerável. Não terá outra opção a não ser tornar-se "reformista", na prática, ou fazer barulho ou esperar por um milagre.

Isso significa que o Partido Trabalhista terá que reconquistar aqueles que se bandearam para a Aliança, os que ficaram em casa e uma porção de gente que, cada vez mais, opta por ficar fora da política. Ou então terá que aprender a maneira de liderar uma frente ampla de outros partidos ou das bases deles, a fim de respaldarem a política trabalhista — o que não é impossível. Mas significa, antes de mais nada, compreender por que as pessoas nos deixaram, ou se afastaram, e não quiseram votar no trabalhismo. Se for para liderá-las, temos que fazê-las votar ou apoiar o partido por razões que *lhes* pareçam boas, mesmo que não apreciemos suas razões. A propósito, essa foi a maneira pela qual os socialistas outrora ergueram o Partido Trabalhista para, depois, comprometê-lo com um objetivo socialista. Tudo começou com uma classe trabalhadora e outras pessoas, que podiam ser liberais, conservadoras, ou qualquer outra coisa, e que não votavam no trabalhismo porque apenas uma pequena minoria sentia-se atraída pelo socialismo ou sabia o que ele significava. Foram aprendendo, à medida que lutavam — mas os socialistas estavam com essas pessoas para ajudá-las a compreender. Reconstruir o Partido Trabalhista ou construir uma frente ampla em torno do trabalhismo será, mais uma vez, assim. Achamos que as massas precisam do partido, mas se pedirmos que venham até nós, nos *nossos* termos, não virão. Nunca mais. Então, as chances são de que essas pessoas jamais descobrirão o que o trabalhismo poderia fazer por elas.

Nem nós.

AS PERDAS DO TRABALHISMO | 107

7

TRABALHISMO: RESÍDUO OU RENASCIMENTO?

(1984)

Os marxistas e os socialistas de outras alas — pois muitos deles dificilmente podem ser encarados como marxistas, mesmo quando (como hoje) se pronunciam como tais — nunca estiveram satisfeitos com o Partido Trabalhista. Antes de 1918, o partido jamais se proclamara socialista. Depois disso, sim; mas muitos concordarão com Ralph Miliband, que diz: "É razoável encarar [o trabalhismo] como uma ideologia de reforma social, dentro da estrutura do capitalismo, sem nenhuma ambição séria de transcender essa estrutura, qualquer que seja o ritual de obediência ao 'socialismo', observado pelos líderes partidários, em ocasiões adequadas."[1] Ou, para ser mais elegante, aquilo que a maioria dos líderes trabalhistas quer dizer com "socialismo" é bem diferente do que vai pela cabeça dos socialistas.

Por isso, historicamente, a esquerda passou a ter duas visões a respeito do Partido Trabalhista. Alguns nem o levaram em consideração e tentaram, de vez em quando, formar outro partido da classe trabalhadora, socialista de verdade, para competir com ele. Essa posição ainda parece ser a de alguns grupos socialistas, a exemplo do Partido Revolucionário dos Trabalhadores e o Partido Socialista dos Trabalhadores, e também a de socialistas independentes, como Miliband, o qual argumenta que:

---

1 R. Miliband, *in* Miliband e J. Saville (orgs.), *The Socialist Register 1983* (SR), Londres, 1983, p. 109.

a esperança da esquerda em transformar o Partido Trabalhista ... foi ilusória, e que, longe de representar um caminho mais curto para a criação de um partido socialista de massa na Grã-Bretanha (que nunca existiu), de fato significou um beco sem saída, no qual os socialistas britânicos ficaram encurralados por muitas décadas — na verdade desde o início do Partido Trabalhista [2]

A história mostrou que isso não teve futuro. Nenhuma das organizações que seguiram essa linha, entre 1900 e 1983 — desde a Federação Social--Democrática passando pelo Partido Comunista, em certos períodos de sua vida, e o Partido Trabalhista Independente, na década de 1930 —, conseguiu alguma coisa. Nem parecem promissores os atuais advogados de um partido de massa marxista/socialista. Na Grã-Bretanha, houve apenas um partido de massa autenticamente de esquerda, com bases na classe operária e em seu movimento: o Partido Trabalhista.

A maior parte dos socialistas e, na atualidade, a grande maioria dos marxistas aceitaram isso como um fato da vida. De qualquer forma o futuro do socialismo passa pelo Partido Trabalhista. Esse tem sido o fundamento da política do Partido Comunista desde seu programa *O caminho britânico para o socialismo*, no início da década de 1950, e estava implícito em sua política desde meados da década de 1930. Outros marxistas transferiram-se para o Partido Trabalhista, como indivíduos ou como "inscritos" coletivos, a exemplo da Tendência Militante, o que possivelmente fará com que o antigo anseio de o Partido Comunista ganhar uma afiliação coletiva e aberta ao Partido Trabalhista torne-se cada vez mais difícil, a ponto de não ser mais factível. Um grande grupo de socialistas sempre encarou o Partido Trabalhista como seu habitat natural e operou, enquanto esquerda, dentro dele.

Entretanto, existe uma diferença fundamental dentro desse grupo de socialistas voltados para o trabalhismo, e essa diferença figura na origem das discussões sobre o "Avanço do Trabalhismo Estancado?", que hoje vêm sendo conduzidas com muita paixão e um certo mau humor. A maioria

---

2 *Id., ibid.*, p. 116.

da esquerda acredita que chegou a hora de o próprio Partido Trabalhista conseguir se transformar no verdadeiro partido de massa socialista que preferíamos. O cenário dessa maioria vem descrito, nesta outra citação admiravelmente lúcida de Ralph Miliband, como

> a continuação das lutas nas quais se engajou a esquerda, com o objetivo de conseguir preponderância e transformar o Partido Trabalhista num partido socialista livre da compressão até agora imposta a ele por seus líderes. Deve-se supor que muitas figuras de proa do Partido Trabalhista gostariam, então, de deixá-lo e procurar abrigo político em outro lugar. ... De fato seria essencial que essas pessoas *deixassem* o Partido Trabalhista, pois, do mesmo modo que a esquerda dificulta a vida da liderança que se opõe a ela, certos parlamentares de direita e de centro poderiam dificultar a vida de um partido no qual a esquerda tenha se tornado preponderante.[3]

O Partido Trabalhista poderia perder alguns membros, mas ganharia outros. Poderia até perder sindicatos que quisessem romper sua afiliação com um partido que foi além do trabalhismo, mas apenas em certos casos.

A outra visão — da qual compartilho — afirma que isso é um perigoso sonho visionário. É certo que o futuro repousa num Partido Trabalhista que se move para a esquerda, não apenas pela influência dos socialistas dentro e fora dele, mas porque seus membros e suas bases reconhecem a necessidade dessa esquerdização — tal qual no início deste século, quando as bases liberais e trabalhistas apolíticas chegaram a se ver como socialistas. Contudo, os marxistas têm que começar encarando o Partido Trabalhista da maneira que ele realmente foi criado e desenvolvido, para ser o partido de massa da esquerda britânica. Em primeiro lugar, ele não se desenvolveu como um partido ideologicamente homogêneo e unificado, mas como uma *frente ampla e progressista de classe*, que abrigava um grande leque de pontos de vista, desde os de centro até os da esquerda revolucionária. Na verdade, Lênin (cujo *Esquerdismo, doença infantil do*

---

3 *Id., ibid.*

comunismo merece uma cuidadosa releitura, mesmo hoje) salientou "o caráter singular do Partido Trabalhista Britânico, cuja própria estrutura difere tanto dos partidos políticos comuns no continente".[4]

Em segundo lugar, e de modo mais objetivo, infelizmente *nunca* foi verdade que a única coisa a impedir o Partido Trabalhista de se tornar o partido dos nossos sonhos fosse a "compressão até agora imposta a ele por seus líderes". Os trabalhadores britânicos, mesmo aqueles com suficiente avanço político para ingressar num partido comprometido com o socialismo e para defender esse compromisso contra os ataques dos gaitskellistas à cláusula 4, nunca formaram um Exército de socialistas de esquerda, dominado só pela lealdade cega a líderes direitistas, que traíam sua fé em cada oportunidade. Os milhões de eleitores do trabalhismo enquadravam-se menos ainda nessa imagem. É bem verdade que muitas vezes foram iludidos e traídos por aqueles nos quais confiaram — não menos por Attlee e Bevin, que os comprometeram com uma política de Guerra Fria, que certamente não teriam escolhido no período 1945-1947, e também com as armas nucleares britânicas, que não iriam querer se tivessem conhecimento delas. Por certo sofreram muitos desapontamentos em relação a seu partido — mais do que nunca desde a desastrosa década de 1960 — e a muitos de seus líderes. Com amargura, viram uma sucessão de homens e mulheres, nos quais haviam confiado como pessoas devotadas à sua causa, abandoná-los por partidos antitrabalhistas ou revelarem-se carreiristas ambiciosos e mercenários. Mas, de qualquer jeito, apreciavam o "trabalhismo", que representava, na prática, algo muito mais modesto do que o socialismo, mesmo oferecendo a esperança de uma sociedade socialista. E isso ainda prevalece.

Aceitar esses fatos não constitui oportunismo, mas realismo. E significa menos ainda que o Partido Trabalhista não possa esquerdizar-se. De fato, moveu-se para a esquerda de forma notável desde os dias de Gaitskell e Wilson. Esses fatos significam, isto sim, que a evolução política do partido vai fracassar se não levar as massas em consideração, pois estaria perdido sem esse apoio. Citando, de novo, Lênin:

---

4 *Ver I. Lenin, Selected Works*, vol. X, Londres, 1979, p. 131.

A mudança é provocada pela experiência política das massas; nunca é provocada apenas pela propaganda. "Avançar sem compromisso, sem correções de rumo" — se isso é dito por uma minoria de trabalhadores obviamente impotentes... então o slogan está obviamente errado. É como 10 mil soldados entrando numa batalha contra 50 mil soldados inimigos — quando seria prudente "parar", "corrigir o rumo" e até "firmar um compromisso" a fim de ganhar tempo até a chegada de um reforço de 100 mil.[5]

Hoje, até que ponto o movimento está "impotente"? Até que ponto são fundamentais as mudanças que ele precisa empreender? Onde ele precisa procurar seus "reforços"? O debate sobre meu artigo "As perdas do trabalhismo" concentrou-se na terceira pergunta, uma vez que depois das eleições de junho de 1983 nem mesmo os sectários mais ferrenhos estavam dispostos a afirmar publicamente que o trabalhismo não sofrerá uma derrota fragorosa ou que não havia nada de errado com a conduta do partido, que terminava quatro anos de thatcherismo com a perda de um quinto de suas bases. Contudo, o debate esclarece que, de fato, a profundidade da crise do trabalhismo não aumentou. Alguns dizem: gente como eu é condescendente com o pessimismo e "com a atual paixão da esquerda por jogar lama em si mesma".[6] Outros dizem: fazemos eco ao trabalhismo de centro e de direita da década de 1950, que imaginava não haver futuro para o partido com bases na classe trabalhadora, e vejam como estava errado.[7] Hobsbawm só consegue pensar que o avanço do trabalhismo foi revertido, diria Royden Harrison, porque ele fecha os olhos à "maravilhosa, dolorosa e indispensável transição de um mero trabalhismo para o socialismo" que esteve acontecendo dentro do Partido Trabalhista, embora ainda não esteja completa.[8] Esta última afirmação me lembra os remadores num

---

5 Id., ibid., p. 127.
6 D. Massey, L. Segal e H. Wainwright, "And Now for the Good News", in J. Curran (orgs.), The Future of the Left (FL), Oxford, 1984.
7 J. Westergaard, "Class of '84'", New Socialist (NS), jan.-fev. 1984; R. Miliband, SR, pp. 104-5.
8 R. Harrison, in Labour Herald (LH), 28, 1983.

barco que está sendo levado para uma cachoeira, congratulando-se, sem dúvida, corretamente, por estarem remando muito melhor do que nunca.

Quanto às mudanças que precisam acontecer, todos concordam, em princípio, que há muito por fazer. Na prática, contudo, nega-se que as profundas mudanças na estrutura social e econômica e na situação social da Grã-Bretanha, desde a década de 1950 (para as quais tentei chamar a atenção nos últimos cinco anos), provocaram um correspondente repensar sobre a necessária abordagem política do movimento. Eric Heffer argumenta que a "classe trabalhadora", tradicional base do partido, não está declinando, embora o declínio da "classe trabalhadora braçal com base na engenharia pesada, nas minas, estaleiros, docas etc." não seja negado. "Não é verdade que, em geral, a classe trabalhadora diminuiu. Trata-se de uma classe trabalhadora diferente."[9] O *Socialist Worker* concorda: "A classe trabalhadora constitui a esmagadora maioria da população."[10] Obviamente é verdade que a maior parte da população em idade de trabalhar, desde que não esteja desempregada, de uma forma ou de outra está contratada por tarefa ou por salário, embora fosse interessante penetrar nas estatísticas não documentadas e certamente crescentes da nuvem da economia "informal" ou "paralela", em que as diferenças entre patrões, empregados e aquilo que os historiadores da Era Vitoriana chamavam de "capitalismo de tostões" são muito menos nítidas. Será útil um estudo das mudanças dentro da classe trabalhadora que quiser descobrir novas maneiras de mobilizar essa mescla de setores de empregos velhos e novos, mas de qualquer maneira transformados. Westergaard, que concorda que "um movimento trabalhista dedicado à oposição radical e construtiva, à disparidade, não pode mais esperar carrear uma maioria com apelos para as lealdades de classe", fez um bom trabalho nesse sentido.[11] No entanto, se um trabalho desses simplesmente afirmar que as transformações da classe trabalhadora comprovam que deveríamos "batalhar" à antiga, então não servirá para nada. Evidentemente, há também o ponto de vista de Tony

---

9 E. Heffer, "Labour's Lost Millions II", *Marxism Today* (MT), dez. 1983.
10 *Socialist Worker*, 15 1983.
11 J. Westergaard, NS.

Benn, emitido recentemente, o qual registro sem comentários: "toda essa análise de uma mudança fundamental, que quer dizer que tudo está diferente, tem o desígnio de desmoralizar e derrotar."[12]

Se o Partido Trabalhista estava no caminho certo (com ou sem fracassos, aqui e ali), a questão que se apresenta é: por que sofreu uma derrota tão estrondosa em junho de 1983? E por que os que acreditavam que ele estava mesmo no caminho certo não previram o que iria acontecer, como os realistas fizeram e, agora, são chamados de "pessimistas" por terem razão? E, por falar nisso, por que todos os participantes desse debate discutem tão furiosamente sobre o futuro do trabalhismo?

Não preciso falar muito a respeito dos participantes dos debates que desviam a atenção dos problemas importantes, ao me criticarem por não discutir os problemas do Partido Comunista e da esquerda revolucionária, ou por preconceito contra as mulheres.[13] Quanto à questão do feminismo, o que foi dito a respeito em "As Perdas do Trabalhismo" só pode ser entendido com o significado de que o movimento das mulheres e o problema de mobilização de mulheres *não* podem ser tratados como meros subdepartamentos da luta da classe trabalhadora, mas que as mulheres e seus movimentos compõem forças com seus próprios direitos. Não há nenhum antifeminismo nesse argumento. Sem dúvida, como apontou Anna Coote, "pode haver um problema que envolva o apelo aos interesses de mulheres e homens, ao mesmo tempo", embora os movimentos trabalhistas do passado, apesar de tudo, tenham sido bem-sucedidos em seus apelos para ambos. Por exemplo: na década de 1930, ponderáveis 41/42% dos membros do Partido Trabalhista eram mulheres.

Como socialistas, nós simplesmente devemos acreditar, no mínimo, que o socialismo é coerente com as aspirações das mulheres.[14] Se achássemos que ele não satisfaria metade da humanidade, como poderíamos ser socialistas? Nesse meio-tempo, a tarefa revela-se enorme: em junho de 1983,

---

12 T. Benn, *in City Limits*, 20-26 jan. 1984.
13 Sobre a esquerda, E. Heffer, MT, T. Harrison, LH; sobre as mulheres, Anna Coote, "The Wrong Debate", *in Marxism Today*, jan. 1984, e D. Massey, L. Segal e H. Wainwright, FL.
14 Ver o importante artigo de Tricia Davis, "Feminism is Dead? Long Live Feminism", *Marxism Today*, out. 1983.

71% das mulheres que votaram escolheram a Aliança e os conservadores, cujas folhas de serviços feministas não impressionam muito. Quanto ao meu artigo, tenho uma dificuldade real para compreender de que modo ele pode ser entendido como um exemplo de preconceito machista, ou como parte de um "Grande show machista e direitista", mesmo pressupondo que ele recomendasse uma guinada para a direita, o que não faz. Por razões que escapam ao meu controle, é claro que foi escrito por um homem, isso não há como negar.

O Partido Comunista não foi o tema central de "As perdas do trabalhismo", embora seus problemas sejam inseparáveis das perspectivas do trabalhismo, uma vez que são os mesmos problemas do restante da esquerda socialista, marxista ou não. Entretanto, os críticos têm razão ao dizer que os pontos de vista expressos sobre as perspectivas futuras do trabalhismo, de minha parte e de outros, na *Marxism Today*, de certo modo são "uma versão atualizada da Frente Popular"[15] e que, no meu caso, "o frentismo popular, de uma forma ou de outra, caracteriza(va) suas políticas por mais de cinco décadas".[16] Isso não se deve apenas à saudade de alguém criado no antifascismo da década de 1930, durante o período em que, afinal, conseguiram-se os maiores avanços de esquerda na Europa desde a Revolução Russa, que foram desde o triunfo trabalhista, na Grã-Bretanha, até as revoluções sociais autônomas, em certos países. Isso porque fomos capazes de descobrir, na prática, o quanto Dimitrov estava certo em nos dizer:

> Queremos encontrar uma linguagem comum com as massas mais amplas com o objetivo de lutar contra o inimigo de classe, para encontrar maneiras de finalmente vencer o *isolamento da vanguarda revolucionária* das massas do proletariado e de todas as pessoas que trabalham, assim como para vencer o fatal *isolamento da própria classe trabalhadora* de seus aliados naturais, na luta contra a burguesia, contra o fascismo.[17]

---

15 E. Heffer, MT.
16 N. Carlin e Birchall, "Kinnock's Favourite Marxist: Eric Hobsbawm and the Working Class", *International Socialism* 21, outono de 1983, p. 90.
17 G. Dimitrov, *Selected Speeches and Articles*, Londres, 1951, p. 113.

As situações modificam-se, e também mudam os estilos de discurso político. Mas o que Dimitrov disse e o que aprendemos na escola da política tiveram significado na época e continuam a ter, porque as massas "precisam ser vistas como são, e não como gostaríamos que fossem".

Então, quais mudanças precisam ser feitas? O debate sobre "As Perdas do Trabalhismo" concentrou-se tão esmagadoramente numa sugestão incidental (em especial que, sob certas circunstâncias, poder-se-ia cogitar numa conciliação eleitoral entre as forças anti-Thatcher), que agora talvez eu seja conhecido para boa parte da esquerda como "o homem que quer a coalizão do Partido Trabalhista com a Aliança Liberal/Social-Democrata". Só para ficar registrado, deixem-me dizer, mais uma vez, que *não* recomendei nem uma coalizão eleitoral nem uma coalizão de governo, e menos ainda que o Partido Trabalhista "precisa abandonar, de antemão, o objetivo de formar um governo majoritário" e, em vez disso, buscar uma coalizão.[18] Eu *nunca* disse que o trabalhismo "apenas conseguirá progredir se fizer algum acordo eleitoral ou de outro tipo com [...] a Aliança".[19] Eu simplesmente levantei a questão sobre o que aconteceria nas próximas eleições se a recuperação do Partido Trabalhista não fosse suficiente para derrotar Thatcher, sem ajuda. Não importa a maneira como se responda a essa questão, alguém tem que formulá-la, pois o problema não desaparece porque fingimos não vê-lo. Minha resposta, impressa, é que encaro "a necessidade de unidade das forças anti-Thatcher por meio de conciliações eleitorais num período de quatro anos como o segundo pior resultado na política britânica, mas ainda assim preferível ao pior resultado: outra vitória de Thatcher".[20] Mas esse *não* era o assunto central de meu artigo anterior. Ele tratava das maneiras de se evitar qualquer um desses dois resultados.

Uma vez que se concentrou preponderantemente em torno desse único ponto, o debate trouxe de volta as atitudes básicas da esquerda do Partido Trabalhista. A maioria dos críticos que rejeitam a sugestão expressa apenas um ultraje compreensível. Mas, por trás disso, acho eu, existe uma abor-

---

18 A. Freeman e D. Minns, *in Guardian*, out. 1983.
19 E. Heffer, MT.
20 *Guardian*, 2 nov. 1983.

dagem semelhante à de Miliband, e que Raymond Williams colocou sob a forma de um cuidadoso argumento, em seu artigo "Os Socialistas e os que Apoiam a Coalizão".[21] Ele aceita que aqueles que mostram uma visão semelhante à minha não querem a coalizão, mas um governo trabalhista. Porém, Williams argumenta que eles estão preparados para acolher a ideia de uma frente comum, de centro e de esquerda, porque veem o próprio partido, em seu desenvolvimento, como uma coalizão, por isso acham aceitável uma frente comum mais ampla, se por acaso uma vitória do trabalhismo (a "coalizão estreita") for impossível. Raymond Williams também coloca que isso evita a questão crucial sobre o caráter *socialista* de suas políticas. De fato, tem gente que atua desse modo na esquerda, gente que aceitou as políticas trabalhistas de 1983 como "de esquerda" e "socialistas", embora não exista realmente nada de socialista na maioria delas. E um programa desses não se torna mais socialista por exibir a combinação de uma "declaração audaciosa de comprometimento com o socialismo", ou por assumir que apenas precisamos seguir "as respostas [...] já conhecidas e adiantadas pela esquerda do Partido [...] (que) é o caminho para repetição de um facciosismo meramente divisor". Do mesmo modo, os chamados "partidários da coalizão" (pequenos ou grandes) estão bem satisfeitos com outra versão das antigas políticas social-democratas, enquanto os socialistas não podem estar.

Sem dúvida isso aponta para uma questão fundamental: a quais políticas o movimento e os governos trabalhistas deveriam se dedicar, se almejam chegar a um desempenho mais do que medíocre, e dar ao capitalismo "uma cara humanizada" — o que, é claro, muitos não socialistas também querem. E por trás disso jaz outra questão mais crucial: como imaginamos um socialismo britânico. Porém tais questões têm dois lados. Por certo requerem "nos próximos quatro anos [...] uma reconstrução radical de todas as principais orientações de políticas à luz das análises mais abertas e mais bem informadas". Mas também temos que enfrentar o problema de como as pessoas (cujos interesses em política ou pela questão sindical não sejam socialistas e não necessariamente identificados com a luta pelo

---

21 Raymond Williams, "Socialists and Coalitionists", *New Socialist*, mar.-abr. 1984.

socialismo) podem ser convencidas de que o socialismo e um Partido Trabalhista socialista são para elas. Esse constitui o problema mais amplo da política do trabalhismo, que inclui (mas não se confunde com) o problema mais estreito de seus programas e políticas.

Não se trata de um problema novo, se bem que hoje seja muito mais difícil do que durante o "avanço" do trabalhismo na primeira metade do século, quando se podia confiar num crescente número de trabalhadores que aceitavam a seguinte equação: classe é igual a apoio para o partido dos trabalhadores, que é igual a estar contra o capitalismo, que é igual a socialismo. Mesmo isso não era suficiente, como mostrou a história do Partido Trabalhista. Contudo, hoje não podemos mais confiar no crescimento automático da consciência de classe, com essas implicações. Nem podemos mais confiar que os trabalhadores especializados, a tradicional "espinha dorsal" do movimento trabalhista, continuam incondicionalmente leais ao Partido Trabalhista, como o "time deles". E mesmo onde ainda podemos confiar em tais lealdades, que automaticamente identificam a classe, o partido, e (com menos certeza) o socialismo, não podemos desprezar as massas que não mais possuem essa consciência, seja pela perambulação por outros partidos, seja pela alienação política, ou mesmo por ter sido dissolvida pela propaganda thatcherista. Não se pode esquecer que o apoio de massa para o conservadorismo não diminuiu significativamente desde 1979, e mesmo hoje permanece nos mesmos níveis de junho de 1983, nove meses depois das eleições. Por isso o problema para construir uma fundação para o avanço do socialismo, até entre os trabalhadores, simplesmente não pode ser tratado como algo interno ao Partido Trabalhista. E quando consideramos outras parcelas ou uma "secção transversal" do povo, que pode e deve ser mobilizado para a transformação da Grã-Bretanha, então é quase impossível pensar nessa fundação de forma limitativa.

Se não podemos ganhar ou reconquistar essas massas, então não há nenhuma previsão para um avanço. Existe apenas a perspectiva de reunir uma minoria de socialistas convictos, que não perdem a esperança de que, em algum momento, alguma coisa se modifique. De fato, essa perspectiva não leva em consideração qualquer esperança de transformar o trabalhismo numa força para o avanço socialista. Ao que parece, Raymond Williams tende a esse pessimismo — mas então ele vê a história do Partido Trabalhista no próprio período em que se tornou um partido comprometido com o socialismo, e milhões reuniram-se a ele enquanto tal, em especial "nos tempos das gerações do declínio liberal", simplesmente como "a única coalizão realista à esquerda dos conservadores". O artigo "As perdas do trabalhismo", que rejeita essa visão, não foi um chamamento para a retirada na direção do oportunismo ou para um desempenho mais do que medíocre, mas um chamamento para o avanço. Esse artigo nem mesmo vê a ampla frente antithatcherista, que por certo é bem essencial hoje, como uma mera defesa contra a reação invasiva. É isso, com certeza — mas a história das lutas antifascistas mostra que aquelas lutas puramente defensivas serviram para a fundação dos maiores avanços da esquerda — e a Grã-Bretanha não constituiu exceção. Não foi um chamamento para uma abordagem mais moderada contra "táticas mais radicais" de Williams e outros, mas contra o tipo de "radicalismo" sectário, de pouca visão, que o próprio Lênin criticava e que, em termos bem suaves, não fez bem algum ao Partido Trabalhista. *E que por isso enfraqueceu a esquerda*. Pois é um fato histórico que, desde 1917, a esquerda (incluindo, especialmente, a esquerda marxista) e o apoio para o Partido Trabalhista apresentaram uma tendência ao crescimento e à queda, *ao mesmo tempo*, e não um à custa do outro.

O artigo "As perdas do trabalhismo" falava a respeito da mudança da abordagem do trabalhismo e sobre as linhas gerais de seu trabalho futuro, mais do que sobre atividades específicas ou políticas. Quanto ao "modelo" geral para o futuro, sugeria que se aprendesse com o Partido Comunista Italiano, porque "ele é, e quer continuar sendo, um partido trabalhista de massa, clássico, tentando agregar a mais ampla gama de forças à volta de seu núcleo essencial formado pela classe trabalhadora". Eu concordaria com Westergaard sobre o fato de que também podemos aprender com os social-democratas suecos, que voltaram ao poder em 1982, com um programa "para aliviar o poder econômico do setor privado — e ganharam, apesar dos sinais de erosão crescente provocada na tradicional lealdade de classe.[22] Este não é o lugar para prolongar a discussão a respeito do

---

22 J. Westergaard, NS.

que o trabalhismo deveria e poderia fazer de maneira concreta. Mas, para concluir, é essencial lembrarmo-nos de duas coisas que *não* devem acontecer. A primeira diz respeito ao reinício, *a partir de qualquer lado*, da guerra civil suicida dentro do Partido Trabalhista. É improvável que a liderança existente no partido seja desafiada de maneira direta, na atualidade, uma vez que a Conferência de 1983 refletiu muito bem o desejo partidário de união e do final do fratricídio; e, desde a posse da nova liderança, aumentou de modo óbvio o apoio ao partido em um terço — como registraram as pesquisas de opinião. Contudo, é mais do que provável que as batalhas internas dos comitês locais, para selecionar e desligar delegados e candidatos, tenham o mesmo efeito. Isso seria um desastre. A direita não deverá ser indulgente com manobras escandalosas, como a tentativa de manter Tony Benn fora da lista para Chesterfield, o que, por sorte, falhou. Benn, além de suas qualificações pessoais, representa um elemento importante do Partido Trabalhista, que tem o direito de estar representado no Parlamento. Assim mesmo (e de qualquer jeito) Healey e Hattersley representam algo no partido, para não falar de parlamentares, a exemplo de Frank Field, que não são (nem mesmo são vistos como) "porta-estandartes" da direita trabalhista, mas que se arriscam ao desligamento porque certas facções ou correntes cobiçam suas cadeiras. Se for permitida a reentrada da política da guerra civil pelas portas dos fundos do Partido Trabalhista, então ele estará perdido.

A segunda coisa que não pode acontecer é a complacência. Na verdade, como diz Michael Meacher, "uma representação convincente de unidade e uma nova liderança carismática, de repente, impeliram o partido (depois da Conferência de 1983) do terceiro lugar, em pesquisas recentes, para um cabeça a cabeça com os conservadores".[23] (Bem, nem tanto...) Isso mostrou que milhões de pessoas, confundidas pela visão do trabalhismo querendo marcar seus próprios gols, almejavam apenas apoiar um Partido Trabalhista cheio de credibilidade. Mas não é, nem será suficiente. Significa somente que, se for possível manter essas pessoas — e elas podem se afastar tão depressa quanto voltaram —, a luta para recuperar e ampliar

---

23 M. Meacher, "Wide Ranging Reappraisal", *Marxism Today*, nov. 1983.

o apoio trabalhista não deve começar tão mais tarde como parecia em junho de 1983. Mas ainda precisa ser ganha, e será muito difícil ganhá-la. Não se pode esperar que a desilusão automática em relação a Thatcher ou à Aliança faça o trabalho para nós. O Partido Trabalhista e todas as outras parcelas do movimento trabalhista têm uma agenda muito cheia para os próximos quatro anos. Agora, que as razões da derrota trabalhista já foram discutidas, é hora de se concentrar naquela luta.

8

A RETIRADA PARA O EXTREMISMO

(1985)

Durante alguns anos, associou-se a *Marxism Today* a uma estratégia política especial e imediata para a esquerda na Grã-Bretanha: a de um movimento trabalhista unido em ampla aliança com todos os que poderiam ser mobilizados contra o conservadorismo thatcherista, que, no momento, era visto como o principal inimigo e poderia ser isolado enquanto tal. Esse quadro não representa uma doutrina ideológica única e coerente ou "escola" de "marxismo todayista", nem "a mais nova esquerda", como às vezes é chamado. Muitos daqueles que promoveram esses pontos de vista na *Marxism Today* são marxistas do PC, mas isso não quer dizer que eles concordam entre si a respeito de todos os pontos relevantes. De qualquer modo, supor que os artigos na *Marxism Today* representam algum tipo de doutrina faccionária feita de comum acordo é não compreender o significado de "uma revista teórica e de discussão".

Basicamente, a estratégia antithatcherista ampla representa o consenso prático de uma porção de gente de esquerda, que esse tipo de linha pode trazer de volta o avanço do trabalhismo, enquanto que as estratégias buscadas pela esquerda linha-dura e sectária conduziram a muito mais derrotas e retiradas do que vitórias, nos anos mais recentes. Um tal ponto de vista mostra-se compatível com uma variedade de posições ideológicas e teóricas. Não se precisa concordar em todos os pontos com Ken Livingstone para sustentar que a campanha em defesa do Conselho da Grande Londres é um modelo do exato tipo de ampla mobilização thatcherista do qual estamos falando. E, por certo, não é preciso ser comunista para ver que a estratégia promovida na *Marxism Today* faz sentido e que há uma carência de outras estratégias de esquerda que realmente levem em conta a realidade política. É por isso que os artigos da *Marxism Today* têm repercutido tanto e têm sido tão amplamente discutidos pela esquerda (mais do que qualquer tipo comum de literatura do Partido Comunista).

Foram apresentadas quatro linhas principais de argumentação contra essa estratégia. (Vou deixar de lado os simples xingamentos.) Primeira: afirma-se que a situação do movimento trabalhista não está tão mal assim. Não teve retrocessos realmente sérios, em especial porque os sindicatos estão em excelente forma.[1] Isso é um absurdo. Qualquer um que realmente acredite nisso em abril de 1985 — qualquer um que acreditasse nisso mesmo no auge da greve dos mineiros —, vive numa dobra do tempo. A Grã-Bretanha possui um movimento sindical particularmente forte, militante e heroico demais. Não acho que seja um chauvinismo nacional dizer que a greve dos mineiros de 1984 a 1985 seria inconcebível hoje, em qualquer país do mundo. A classe trabalhadora britânica e seu movimento constituem a rocha que servirá de alicerce a qualquer movimento ou aliança mais amplo. Mas é um insulto à inteligência, assim como à devoção, à lealdade e ao heroísmo dos militantes sindicais britânicos fingir que eles não levaram umas boas pauladas nos últimos seis anos. Até mesmo o Partido Socialista dos Trabalhadores já percebeu que a totalidade de sindicatos não está exatamente na ofensiva. Não precisamos nos preocupar mais com esse argumento.

A segunda linha também é surpreendente. Nega que haja qualquer razão especial para encarar o thatcherismo como um perigo particularmente grave para a classe trabalhadora e diz que o governo Thatcher representa apenas um governo burguês como qualquer outro, exceto pelo fato de que "a fraqueza da economia britânica limita as manobras

---

1 "Reconhecemos o considerável fortalecimento, a unidade e a militância na força de trabalho enquanto organizada em sindicatos no local de produção. Isso não se tem refletido eleitoralmente na sorte do Partido Trabalhista, com a renovação do governo conservador e o crescimento do Partido Social-Democrata. Revelou a que ponto o Partido Trabalhista perdeu o contato e fracassou em responder ao desenvolvimento no movimento sindical." B. Fine, L. Harris, E. Mayo, A. Weir, E. Wilson, *Class Politics: An Answer to its Critics* (CP), pp. 62-3

potenciais ao alcance da democracia social burguesa". Por certo não é "o foco de uma mudança sem ambiguidade da sociedade britânica em direção à direita".[2] Dois membros importantes e bem antigos do Partido Comunista mencionaram, como "típica da incessante contrapropaganda da *Marxism Today*" contra o que consideram princípios comunistas, a tese de que "o thatcherismo está comprometido com uma *mudança* radical e revolucionária do capitalismo britânico".[3]

Será que os camaradas Rothstein e Arnot, Fine, Harris, Mayo, Weir, Wilson e os outros, que parecem acreditar nisso, vivem no mesmo país — ou no mesmo planeta — que a maioria de nós? Está claro que, num certo sentido, capitalismo é sempre capitalismo, e nos opomos a ele seja navegando sob a bandeira do butskellismo, de Thatcher ou do falecido William Ewart Gladstone. Os conservadores são sempre os conservadores, e a esquerda está contra eles, sejam seus líderes Thatcher, Heath, Macmillan, Baldwin ou o falecido Benjamin Disraeli. E é claro que sempre se consegue achar uma mudança até mais radical e reacionária, que o capitalismo poderia adotar e que o thatcherismo *não* representa. Por exemplo, Thatcher não é Adolf Hitler. De fato, um truque de prestidigitação familiar nos argumentos contra a *Marxism Today* consiste em sugerir que afirmamos que o thatcherismo assemelha-se ao fascismo, e, porque obviamente não o é, isso significa que não há nenhuma diferença qualitativa entre Mrs Thatcher e Harold Macmillan (perdão, Lorde Stockton), que agora é tão hostil a ela que está até querendo a derrota deste governo conservador.[4] Realmente, não consigo me lembrar de nenhum artigo da *Marxism Today* que diga que o thatcherismo seja fascista ou a preparação

---

2 *Id., ibid.,* p. 63.

3 A. Rothstein e R. Page Arnot, *Morning Star*, 4 jan. 1985. O destaque é de Rothstein e Arnot. A citação que fizeram de meu artigo "As perdas do trabalhismo" está errada. Escrevi que "o thatcherismo está comprometido com uma mudança radical e *reacionária* do capitalismo britânico, e de fato com o sistema político britânico" (destaque meu).

4 "A ideia de que o thatcherismo o confunda com um rompimento tão profundo com o passado que reabra o espectro do fascismo." Eles discordam de "que uma aliança defensiva deva ser construída contra os perigos do fascismo, na qual foram abandonados os tradicionais objetivos do socialismo". Fine, Harris *et al.*, CP, pp. 2 e 63.

para o fascismo, enquanto vários, como os de Dave Priscott e os meus,[5] disseram especificamente que não era fascista. Na verdade, a estratégia de ampla aliança na Grã-Bretanha da década de 1930 não se dirigia contra o fascismo britânico, mas contra o governo nacional, que era bastante menos reacionário que o de Thatcher. E os que formavam a Frente Popular por certo não abandonaram os objetivos tradicionais do socialismo. No entanto, a questão não é decidir se o thatcherismo se parece ou não com qualquer coisa da década de 1930, mas se ele está comprometido com mudanças radicais qualitativamente diferentes, porém perigosas e desastrosas — dentro dos limites de um contínuo capitalismo monopolista — do que outros regimes burgueses e conservadores na Grã-Bretanha deste século.

Parece incrível que, depois de seis anos de governo thatcherista, ainda possa existir uma discussão séria a respeito de tal proposta. Em primeiro lugar, os thatcheristas declararam alto e bom som, e com muita persistência, sua intenção de modificar o capitalismo britânico radicalmente, e isso quer dizer, entre outras coisas, romper com a política tradicional da classe dominante britânica quanto a evitar confrontações abertas de classe. É claro que não temos de acreditar que os políticos façam o que pregam, mas a diferença entre este e todos os outros governos conservadores é que os outros afirmavam que eram contra qualquer mudança radical, ou contra qualquer mudança, a não ser em casos excepcionais, e este governo quer um rompimento radical com o passado.

Em segundo lugar, desde 1979 o thatcherismo realizou uma porção de transformações na Grã-Bretanha, e como resultado acabou deixando em ruínas boa parte da economia britânica, da infraestrutura social e do Estado de bem-estar, e do sistema tradicional de governo utilizado pela classe dominante britânica. A partir de 1875, qual outro governo propôs a sério eliminar os sindicatos da cena econômica, e de fato os abalou legalmente mais do que qualquer outro, em mais de um século? (Com certeza mais do que depois da greve geral.) Qual outro governo resolveu fazer, por princípio, uma liquidação por atacado de setores públicos da econo-

---

5 Eric Hobsbawm, "As perdas do trabalhismo", e Dave Priscott, "Popular Front Revisited", *Marxism Today*, out. 1983.

mia, incluindo não apenas os que o trabalhismo e os keynesianos haviam estatizado, mas os setores que foram estatizados por exigência pública de homens de negócios vitorianos e eduardianos (nos quais Mrs Thatcher diz ter-se inspirado), a exemplo do sistema telefônico? Qual outro governo deste século representou um inimigo tão persistente do Estado de bem- -estar e do serviço de saúde, da educação pública em todos os níveis, da pesquisa científica, de qualquer serviço público (fora a polícia e as forças armadas), e dos governos locais independentes? Enquanto governo de direita, o de Thatcher não tem paralelo, pelo menos no que diz respeito à Grã-Bretanha do século XX. Todos os historiadores confirmarão.

Em terceiro lugar, as políticas thatcheristas representam claramente um estilo de política, de ideologia e de demagogia direitista, que constitui uma novidade no governo britânico, embora se encontrassem há muito tempo em certos lordes da imprensa. Representam, com uma franqueza sem precedentes, a vontade de jogar a luta de classes contra os trabalhadores ("o inimigo de dentro"), e o desprezo político por aqueles que precisam de ajuda e pelas considerações humana e social, combinado com um acenar de bandeirolas, que poderíamos chamar de "Tudo bem, Union Jack". Representam os sentimentos dos alpinistas sociais e de caras de pau que se deram bem (ou esperam se dar bem) com a livre iniciativa do tipo "o meu, eu defendo". Embora na década de 1930 a preocupação dos conservadores em relação aos desempregados às vezes tenha sido hipócrita, seria inconcebível para um governo daquela época manter um desemprego em massa por cinco anos, sem antes ao menos se preocupar se 4 milhões de desempregados não seriam um problema pior do que se a inflação fosse de 5 ou 6%, ou nem tanto assim.

Por fim, a natureza sem precedentes do thatcherismo aparece na revolta, também sem precedentes, que o *establishment* tradicional nutre contra o governo, *establishment* esse composto das mesmas pessoas e instituições nas quais a classe dominante britânica costumava se apoiar para manter o sistema funcionando suavemente. Este é o primeiro governo conservador que pode esperar vetos da Câmara Alta com tanta frequência; o primeiro cujos servidores públicos de alto escalão deixam vazar informações para a imprensa; o primeiro, desde o início do século XIX, a ver um júri da

A RETIRADA PARA O EXTREMISMO | 127

"respeitável" classe média (e examinado cuidadosamente para garantir sua "respeitabilidade") votar contra o governo num caso político; o primeiro a ter seu primeiro-ministro humilhado publicamente em Oxford, a universidade mais antiga e conservadora.

Vindo de onde vêm, esses não são gestos de revolução social. Quase com certeza, apenas uma minoria dos mil e tantos catedráticos de Oxford que recusaram, por setecentos votos contra trezentos, um título honorário a Margaret Thatcher, sempre deu seu apoio ao trabalhismo. É bem possível que grande parte fosse de eleitores do Partido Conservador. No entanto, o que devemos entender dessas demonstrações é que elas revelam claramente que vários dos pilares da tradicional estrutura dominante da Grã-Bretanha encaram o thatcherismo não como continuação dos antigos métodos com outros meios, mas como uma inovação surpreendente e preocupante.

Não pode haver qualquer dúvida quanto a isso. A única questão é saber se o thatcherismo está em condições de construir a Grã-Bretanha de seus sonhos — a qual poderia, quase com certeza, *não* ser a Grã-Bretanha que as administrações conservadoras anteriores almejavam, pelo menos em termos dos resultados tão desastrosos do thatcherismo, mesmo vistos pela perspectiva da classe dominante. Por sorte, não parece que Thatcher vá conseguir, embora ela tenha fragmentado bastante a Grã-Bretanha durante a tentativa. Thatcher fracassará, em parte porque seus alvos (na economia, por exemplo) não poderão nunca ser objetivamente atingidos (de forma alguma através da política thatcherista), e em parte porque a força, ativa e passiva, de resistência contra o thatcherismo vai se revelar grande demais. E então, quais são os tipos de forças que podem ser, e estão sendo, mobilizados contra esse governo?

Isso nos leva ao terceiro argumento contra a estratégia de ampla aliança: ela não representaria a "política de classe", constituindo "uma mudança de rumo, ou mesmo um abandono, do papel central das classes e do conflito de classes na análise e na formação da estratégia política".[6] Ao pé da letra, isso não faz sentido. Quem leu pelo menos alguns artigos (ou todos) deste

---

6 Fine, Harris *et al.*, CP, p. 5.

autor na *Marxism Today* consegue enxergar que eles tentam fazer aquilo que mandaram os marxistas fazerem, sem dúvida mais de uma vez, isto é "usar a análise marxista-leninista efetivamente, estudando cuidadosamente a situação concreta e o agrupamento das forças de classe, e fazendo dessa forma seus planos de ação e luta".[7]

Mas não se pode considerar a acusação como literalmente verdadeira. A "política de classe" é apenas um rótulo para se grudar num tipo de política (a boa), a fim de diferenciá-la da marca X (a ruim). No sentido que vem sendo utilizada neste debate, essa não é uma expressão da análise marxista, mas uma blasfêmia.

Contudo, "classe", "análise de classe" e "política de classe" são muito importantes aos marxistas para serem desvalorizadas por rótulos retóricos. Por isso é preciso que se diga com todas as letras que a questão não está em saber se política é "política de classe", mas *qual* tipo particular de política de classe serve melhor aos interesses de classe. É sobre isso que pode haver, e há, opiniões diferentes. Se não ficou muito claro, deixem-me dar mais alguns exemplos.

Primeiro, do outro lado. Os conservadores *wet* e *dry* de hoje, os aplacadores de Chamberlain quanto a Hitler dos anos 1930 e os resistentes de Churchill, estão (ou estavam) igualmente comprometidos com a Grã-Bretanha burguesa e capitalista. Nenhum de nós é tão bobo para argumentar que uma parcela não representava a política de sua classe; por exemplo, que a aliança de Churchill com a União Soviética ou o voto de uma Câmara Alta a favor do Conselho da Grande Londres foram traições de classe. (É claro que existem sectários conservadores que poderiam acusar Heath ou Macmillan de traição de classe, mas não se deve levá-los mais a sério do que seus opostos, os sectários de esquerda.)

---

7 Dimitrov, in *Imprecorr*, 1935, p. 1649. Ele acrescentou, para melhor avaliação: "Temos que nos livrar, de uma vez por todas, de uma situação em que os comunistas, que não têm nem habilidade nem conhecimentos para realizar uma análise marxista-leninista, substituem a análise por frases vagas e slogans genéricos, tais como 'uma solução revolucionária para a crise', sem fazer qualquer tentativa razoavelmente séria para explicar sob quais circunstâncias, com qual relação de forças de classe, e com que grau de maturidade por parte do proletariado e das massas trabalhadoras em geral [...] (isso) seria possível." Amém.

Agora, do nosso lado. A última palavra em termos de rótulo de "classe política" foi a chamada linha "classe contra classe" da Internacional Comunista, no final da década de 1920 e no início da de 1930. Sem dúvida era política de classe, só que infelizmente do tipo errado, pois conduziu o movimento da Internacional Comunista ao desastre, justamente quando a Internacional esperava que a quebra mundial de 1929 (que fora prevista corretamente por ela) colocaria a preparação da revolução socialista na ordem do dia. Não colocou. Trouxe Hitler. No início de 1934, o movimento (fora da URSS) estava com certeza mais fraco do que nunca.

Olhando para trás, até que não foi muito surpreendente. A linha "classe contra classe" exigia "um fim para a construção de uma contradição entre o fascismo e a democracia burguesa, ou entre as formas parlamentaristas da ditadura da burguesia e as formas abertamente fascistas". Estabeleceu-se a tese de que os partidos social-democratas eram "social-fascistas", vendo todo o desenvolvimento da social-democracia como "um processo ininterrupto de evolução na direção do fascismo". Observou-se, além disso, que esse processo para o fascismo estendia-se até os círculos mais longínquos da organização reformista. Dessa forma, para citar o esboço histórico da Internacional Comunista, preparado pelo Instituto de Marxismo-Leninismo do Comitê Central do Partido Comunista da União Soviética:[8]

> as táticas de "classe contra classe" eram, na prática, dirigidas não apenas contra os líderes socialistas de tendência direitista, mas também contra os funcionários comuns das organizações reformistas. Tal recrudescimento das táticas de "classe contra classe" levou a tudo menos ao ganho de influência sobre os trabalhadores reformistas. Ao contrário, levou à crescente tensão entre estes e os comunistas.

Da maneira moderada como é colocado na história soviética do Comintern, tudo isso significava que "o movimento comunista não percebeu

---

8 Berlim, 1970. As citações são da XI Plenária da Internacional Comunista (abril de 1931), como colocadas nessa obra, pp. 377-8. Texto alemão traduzido por mim.

130 | ESTRATÉGIAS PARA UMA ESQUERDA RACIONAL

de imediato a mudança na situação e a consequente necessidade de con centrar todas as forças, em primeira instância, na solução das tarefas de fortalecimento da democracia, em geral, e de oposição ao fascismo". De fato, o slogan radical "estava longe de conquistar o apoio da maioria da classe trabalhadora e de outros engajados no trabalhismo". Em suma, uma política de classe não é necessariamente uma política de classe *boa*.

A linha de ampla unidade antifascista, que substituiu a linha "classe contra classe", significou o abandono da política de classe? A Internacional Comunista não achava isso, nem aqueles entre nós que tiveram sua educação e experiência política nos partidos comunistas durante as décadas de 1930 e 1940. No texto de Dimitrov não vemos um adeus à política de classe, mas um adeus ao "sectarismo, satisfeito com a estreiteza doutrinária, com seu distanciamento da vida real das massas; satisfeito com seus métodos simplificados de resolver os mais complexos problemas do movimento da classe trabalhadora, na base de esquemas estereotipados".

Pensávamos que estávamos aprendendo a conduzir a política de classe com sucesso, ao contrário das políticas malsucedidas. E quem iria dizer que estávamos errados? A estratégia da ampla aliança levou, quase imediatamente, à recuperação e ao crescimento dos partidos comunistas em vários países. Durante e depois da vitória contra o fascismo, muitos deles chegaram à sua maior força e influência. Sem dúvida nenhuma, ela produziu uma radicalização política dos trabalhadores e de outros estratos, dando assim o maior triunfo que o Partido Trabalhista já conseguira. E não podemos esquecer que em muitos lugares essa estratégia trouxe a luta política — pela primeira e única vez em alguns países da Europa ocidental — para o nível da luta armada, e produziu dez novos Estados preparados para construir o socialismo. Citem qualquer outra estratégia com resultados semelhantes.

A linha da ampla aliança daqueles tempos pode ser criticada, até por ter se desviado excessivamente a fim de servir aos interesses de Estado da URSS, na visão de Stalin, às vezes em detrimento dos interesses da classe trabalhadora de certos países, ao favorecer, por exemplo, a manutenção da coalizão conservador-trabalhista na Grã-Bretanha, depois do final da guerra na Europa.[9] Mas não pode ser criticada pela inabilidade de servir à política de classe. A julgar pelos resultados, foi de longe a estratégia mais efetiva que os comunistas descobriram para países como o nosso.

Mas por que alguém imaginaria que a estratégia da "ampla aliança" é incompatível com a política de classe? Praticamente todos os movimentos socialistas desde Marx, em praticamente todos os países, incluindo *todos* onde foram feitas revoluções bem-sucedidas, tinham que pensar em termos de alianças políticas o tempo todo, porque em *nenhum* deles (com a grande exceção da Grã-Bretanha) o proletariado, por si só, formava a maioria do povo. Em alguns países a classe trabalhadora organizada era uma minoria maior do que em outros, mas em nenhum deles se esperaria chegar muito longe, como disse Palme Dutt, um revisionista famoso e já falecido, sem "atrair para o seu lado os estratos intermediários, a pequena burguesia, o campesinato e também os trabalhadores relutantes".[10] Hoje, a Grã-Bretanha também está na mesma posição de outros países, pois não podemos mais confiar numa maioria absoluta da Grã-Bretanha proletária para, sozinha, precipitar um governo trabalhista. Na verdade nunca pudemos, porque os socialistas britânicos, confiando na sólida preponderância proletária, desprezaram o fato de que *mesmo no auge de seu avanço*, em 1951, não conseguiram converter um terço dos trabalhadores britânicos. E desde então vem caindo vertiginosamente o apoio da classe trabalhadora ao Partido Trabalhista. Como mais tarde foi colocado, os partidos da classe trabalhadora no continente, conseguindo 70/80% dos votos da classe, ainda hoje, tiveram melhor desempenho do que o trabalhismo britânico, que falhou em se estruturar tanto como um partido de massa de *todos* os

---

9 Todos, especialmente os camaradas antigos e experientes, sabem muito bem de onde vieram as pressões para tal. Por isso é tão estranha a acusação de Rothstein e Arnot/CP, de que a linha da *Marxism Today* deve-se ao browderismo. É verdade que Earl Browder, então líder do Partido Comunista dos Estados Unidos, propôs que seu partido deveria dissolver-se em 1944, um gesto seguido por alguns partidos latino-americanos nessa época. Muitos de nós não conseguiam entender isso e achavam tudo errado. A dissolução foi revogada em 1945. Mas é absurda a ideia de que, em 1944, qualquer líder de um partido comunista propusesse cumprir, sozinho, a dissolução de um partido sem a aprovação, ou mesmo a ordem, de Moscou. O browderismo refletia uma lealdade exagerada, e não enfraquecida, ao que hoje é chamado de "internacionalismo proletário".

10 *Imprecorr*, 1935, p. 1476.

trabalhadores, quanto no papel de uma frente ampla construída dentro ou à volta do movimento de classe.[11] A Grã-Bretanha era uma nação tão predominantemente proletária que, às vezes, o Partido Trabalhista conseguia ganhar, apesar de sua fraqueza. Mas agora, quando já não consegue, seus problemas e as estratégias dos socialistas (revolucionários ou de outras correntes) não estão muito diferentes do que sempre foram.

Marx e Lênin elaboraram suas estratégias na suposição de que os trabalhadores agiam como líderes de uma frente ampla de classe, sendo "reconhecidos como a única classe capaz de iniciativa social", embora em minoria:[12] De fato, quando imaginou como seria a estratégia de uma Comuna de Paris bem-sucedida (a coisa mais parecida com uma revolução proletária, enquanto ele viveu), Marx o viu em termos do que, hoje, poderíamos chamar de "frente popular", e que ele chamou de "revolução da Comuna, enquanto representativa de todas as classes sociais que não sobrevivem do trabalho das outras".[13] E Lênin, entre fevereiro e outubro de 1917, convencido de que era essencial desligar "as grandes massas da população pequeno-burguesa" do governo provisório, insistia que o programa bolchevique deveria afirmar que "o dever imediato do partido do proletariado é lutar por um sistema de organização de Estado, o qual garantirá melhor o progresso econômico e os direitos do povo em geral".[14] "Todas as classes sociais"? "Progresso econômico e direitos do povo em geral"? Que linguajar é esse? Levante a mão quem pensa que Marx e Lênin traíram a política de classe! Amplas alianças constituem o complemento necessário para a política de classe, não uma alternativa para ela.

O quarto argumento diz que a estratégia da *Marxism Today* abandona o socialismo. Isso está na mente dos medalhões arcaicos de nosso movimento, que murmuram "Bernstein", e dos que acusam aqueles que dão apoio à ampla aliança de se esquecerem "do imediatismo do próprio socialismo".[15]

---

11 Ver dois excelentes artigos de Gareth Stedman Jones e G. Therborn em J. Curran (org.), *The Future of the Left*, Oxford, 1984.

12 Marx, "Civil War in France", esboço I (*Werke*, v. 17, pp. 544-6).

13 *Id.*, *ibid.*, p. 533.

14 *Selected Works*, VI, Londres, 1979, p. 116.

15 Roger Hallam, "Seeing what Divides the Communist Party Itself", *Morning Star*, 7, 1985.

De certo modo, essa acusação está por trás de todos os outros argumentos contra a ampla estratégia antithatcherista.

Primeiro, vamos nos desvencilhar do raciocínio de que qualquer coisa que não seja a lealdade incondicional à União Soviética significa o abandono do socialismo. Obviamente, esse é um problema para discussões dentro do Partido Comunista, porém: a) não tem nada a ver com a ampla aliança — na década de 1930, os comunistas eram, ao mesmo tempo, a favor de uma aliança semelhante e totalmente leais à URSS — e b) não tem grande interesse fora do Partido Comunista. Existem oponentes à ampla aliança que também se opuseram aos tanques em Praga, em 1968, e defensores dela que simpatizam com o general Jaruzelski e conseguem ver o motivo de a União Soviética ter invadido o Afeganistão. Por isso, vamos manter a questão da lealdade à URSS fora dessa discussão. Todos nós, inclusive os não comunistas, podemos concordar que o antissovietismo sistemático, em outras palavras, "a noção da União Soviética como inimiga", enfraquece a causa da paz e a esquerda.[16] Isso foi demonstrado recentemente na França. Todos nós também podemos (ou a maioria de nós pode) concordar "que isso não evita a crítica à URSS".[17] Talvez se esperasse que a maioria de nós visse a União Soviética como um país socialista, embora necessariamente não quiséssemos que nosso socialismo fosse como o dela; que valorizamos o apoio que a URSS deu aos movimentos de libertação no Terceiro Mundo; que reconhecemos a Revolução de Outubro como o grandioso evento histórico que ela foi. Nenhum comunista consegue ser indiferente à URSS, mas o presente estado do movimento internacional comunista é policêntrico. Vamos deixá-lo desse jeito.

Mas existe outra maneira, menos especializada, porém mais vaga, de abandonar o socialismo. Alguns são pelo seu "imediatismo" e outros, supostamente, não. Mas o que significa "o imediatismo do socialismo, em si"? Na prática, ninguém acredita que o socialismo esteja na agenda imediata do movimento, mesmo porque tudo que podemos fazer neste instante é nos perguntar se deveria ou não estar nessa agenda. Até uma

---

16 Fine, Harris *et al.*, CP, p. 47.
17 *Id.*, *ibid.*, p. 62.

teoria infantil, que vê um governo trabalhista — radical e socialista — chegando ao poder e dissolvendo a Câmara Alta, esmagando o aparato do Estado e o poder da mídia, em mais ou menos seis semanas, e que depois parte para a construção de uma Nova Jerusalém, como uma torre dos anos 1960, de fato não imagina que isso possa ser feito até que exista um governo trabalhista. O que não se vislumbra, nem no horizonte mais próximo.

Outros, ligeiramente sofisticados, mas opositores da "ampla aliança", de fato não discordam que o socialismo na Grã-Bretanha, atualmente, pareça muito distante. "O socialismo não é [...] uma 'perspectiva a longo prazo'", diz Roger Hallam, que corajosamente tenta uma luta livre com as palavras no *Morning Star*, porque "como todas as perspectivas ela é imediata": isto é, nos permite ver *agora* que "as alianças de hoje levam na direção de uma possibilidade distante, mas real — se me desculparem por dizer isto — de uma transformação revolucionária de nossa sociedade doente". É claro que o desculpamos. Hallam está dizendo exatamente o que somos, mesmo que ele não goste disso. Nem nós. A verdade é que ninguém discorda a respeito da possibilidade remota de uma Grã-Bretanha socialista, em março de 1985. Todos os socialistas concordam que o objetivo de nossas estratégias, sejam quais forem elas, é trazer o socialismo para mais perto.

Entretanto, não vamos descartar os temores de que o socialismo esteja indo para o brejo, por mais fácil que seja pôr de lado sua expressão mais simplória. Esses temores são reais. Todos os socialistas, inclusive os que apoiam a "ampla aliança", deveriam se preocupar com o fato de que, quando as contradições do capitalismo estão mais do que nunca visíveis e potencialmente catastróficas, na Grã-Bretanha e no mundo, não existe acordo de esquerda sobre o que deve ou poderia ser feito; com o fato de que nossos movimentos são fracos e nos desgastam; com o fato de que mesmo os governos de esquerda que assumiram com grandes maiorias e elevadas esperanças estejam na defensiva. Também é preocupante que não tenhamos uma ideia clara de como seria a futura economia socialista e como deveria se estruturar. Pois, mesmo que pesquisássemos os países do "socialismo realmente existente", da URSS à Iugoslávia, da República Federal Alemã à China, veríamos uma variedade de modelos e políticas passando por mudanças. Quanto às outras instituições de uma futura sociedade socialista, quem consegue discernir seu formato em meio à neblina de argumentos a respeito?

É compreensível, em tais circunstâncias, que muitos socialistas se refugiem em sermões ideológicos. Repetir para nós mesmos e dar testemunho ao mundo de que apoiamos a luta de classes, a revolução e o socialismo, e que não haverá barganhas com ninguém que não apoie, ao menos significa algum consolo e encorajamento, e certa proteção contra a dúvida e a incerteza. E, sem dúvida, ajuda a inspirar os militantes a apostar na luta longa, árdua e frustrante por um objetivo que não parece chegar nunca. Foi sempre assim. Brecht colocou isso no maior poema já escrito sobre os revolucionários comunistas:

> Nossas forças eram fracas. Nosso objetivo
> estava muito distante
> Era claramente visível embora eu mesmo
> provavelmente nunca o alcançaria.
> Assim passou o tempo
> Que me fora dado sobre a terra.[18]

Infelizmente, arcabouços morais não bastam. Nosso problema, em primeira instância, é chegar ao ponto em que possamos fazer algo efetivo quanto a nossa convicção de que apenas o socialismo consegue resolver os problemas da humanidade. Não se chega a isso discutindo sobre quem de nós deseja mais ou em tempo mais breve o socialismo. Precisamos pensar o que realizar em seguida, e *como isso poderá nos fazer avançar no caminho para o socialismo*. É isso que os artigos na *Marxism Today* estão tentando fazer. Pelo menos merecemos alguma atenção enquanto marxistas, pois diagnosticamos, antes dos outros, a estagnação e a reversão no avanço do trabalhismo. Alguns de nós, ao criticarmos as ilusões políticas que surgiram da militância sindical na década de 1970 e as políticas que levaram à guerra civil dentro do Partido Trabalhista, predissemos que elas nos con-

---

18 B. Brecht, "On Those who Come After", *in* J. Willett (org.), *Collected Poems*, Londres, 1976.

duziriam a sérios retrocessos e derrotas para o movimento. Infelizmente estávamos certos. Propomos estratégias concretas. Que se permita que os méritos dessas estratégias sejam discutidos.

Os méritos da linha da "ampla aliança" são tão óbvios que se torna constrangedor precisar discuti-los. Mais uma vez, para citar o famoso revisionista Palme Dutt: "O capital financeiro busca isolar e esmagar a vanguarda da classe trabalhadora [...]. E a resposta da classe trabalhadora a isso é, e deve ser, [...] isolar o capital financeiro."[19] A Frente Popular e de grupos que, por diversas razões, gostariam de ver o thatcherismo derrotado mostra-se extraordinariamente ampla e está se ampliando a cada mês. Não é mais preciso concordar com nossos aliados potenciais em nada, a não ser na oposição a Thatcher, da mesma forma que, de 1941 a 1945, a Grã-Bretanha e a URSS não tinham que concordar em nada, exceto na oposição a Hitler. Depois da guerra, como sabemos, os dois países retomaram suas discórdias, assim como Ken Livingstone e a Câmara Alta, de modo claro, não se comprometeram com uma aliança duradoura.

Será que deveríamos hesitar em fazer tais alianças pelo medo de que, no final, nossos aliados se beneficiariam mais do que nós? Bem, a não ser que o thatcherismo seja derrotado, nenhum de nós obterá benefício algum. Mas, de qualquer forma, por que o nervosismo? São excelentes as chances de o movimento trabalhista se beneficiar de uma ampla aliança, por dois motivos. Primeiro, porque, apesar do que dizem os jornalistas do Partido Social-Democrata, o trabalhismo continua sendo a principal força oposicionista, e parece que vai permanecer assim — a não ser que os sectários tenham vez e o reduzam a outra seita *rump*,* o que, por sorte, não parece muito provável. Portanto, a forma mais plausível de ampla mobilização antithatcherista será aquela que tenha o trabalhismo em suas bases e como componente principal. E o Partido Trabalhista, graças ao desenvolvimento que teve início no final da década de 1970, constitui, apesar de tudo, um partido que se moveu consideravelmente para a

---

19 *Imprecorr*, 1935, p. 1476.

* Referência ao Parlamento *Rump* (remanescente) que resultou, em 1649, do expurgo dos elementos moderados da Revolução Inglesa, ficando apenas os radicais.

esquerda, desde os tempos de Gaitskell, Wilson e Callaghan. E o segundo motivo: a experiência mostrou — por certo o fez na década de 1930 — que a linha de frente ampla faz crescer a força do movimento trabalhista, e da esquerda dentro dele.

Uma vez que, na prática, não existe nenhuma linha alternativa que tenha qualquer chance real de sucesso, ou esteja baseada em algo mais do que declarações de fé e condenações de pecado e apostasia, torna-se difícil avaliar os méritos da competição. E também não vale a pena discutir contra o sectarismo. Compreende-se que antigos camaradas (no momento em que a causa à qual devotaram suas vidas não vai muito bem) resistam a qualquer coisa que pareça ameaçar suas velhas e justificadas convicções. Ah, o mundo não é mais aquele de quando nós e a Grande Revolução de Outubro éramos jovens, e não é correto os marxistas se comportarem como o faziam. É natural que os camaradas jovens, mobilizados pela primeira vez na grande luta contra o capitalismo, expressem, acima de tudo, sua execração por essa sociedade horrível, sua determinação de não fazer nenhum arreglo com os compromissos e as corrupções dessa sociedade. Eles têm razão. Lênin reduziu "o esquerdismo infantil" de Willie Gallacher a frangalhos, no famoso panfleto sobre radicalismo (quem o leu, atualmente?), mas não sem antes render um tributo ao *espírito* que estava por trás do sectarismo dos militantes de esquerda.

A tragédia da situação atual é que esses socialistas revolucionários jovens ou relativamente jovens não encontram mais, em nenhum lugar, uma escola onde possam aprender a mesclar adequadamente a convicção e a ação política não sectária. Tal escola o Partido Comunista ofereceu a gerações de trabalhadores e intelectuais, homens e mulheres. Faz tempo que o partido perdeu sua posição de único centro de uma educação política como essa, mas manteve, até agora, pelo menos uma certa presença como educador político.

A coisa mais esquisita quanto aos debates atuais dentro do Partido Comunista é que (além da questão da lealdade à URSS) não há nada de especificamente comunista neles. Os argumentos da esquerda linha-dura do Partido Comunista parecem, em sua substância, os argumentos de vários trotskistas e trabalhistas da esquerda linha-dura, não ideológicos e não marxistas. Tony Benn distribui suas bênçãos, igual e generosamente, para os stalinistas do Partido Comunista (que não parecem saber quem usou primeiro seus argumentos anti-Frente Popular) e à Tendência Militante. Imagino que também se poderia argumentar que não existe diferença substancial entre as colocações da *Marxism Today* e de outros que defendem uma linha "ampla" fora do Partido Comunista. Mas ao menos podemos afirmar que, com acordo geral, foi *Marxism Today* que lançou esses argumentos. Hoje, de fato, a única contribuição para a teoria e a prática, na Grã-Bretanha, especificamente identificada com o Partido Comunista é a política do *Caminho Britânico para o Socialismo*, na qual se baseia a estratégia da "ampla aliança".

O Partido Comunista é — e sempre foi — um partido pequeno, e serviu ao movimento trabalhista britânico muito bem. Poderia continuar assim, como mostra sua contribuição para o repensar da estratégia e das lutas do movimento nos últimos anos. O movimento trabalhista britânico — qualquer movimento trabalhista — requer uma análise marxista. Mas com isso não me refiro ao conjunto de slogans, prontos e acabados, entoado por partidários da linha-dura de fachada, que tanto se adaptariam a uma facção esquerdista quanto a outra. Os próximos meses decidirão se o Partido Comunista neste país tem algum futuro. Tem que ter algum.

PARTE II
A INTELIGÊNCIA DA HISTÓRIA

9

CINQUENTA ANOS DE FRENTES POPULARES

(1985)

Há cinquenta anos, em 1936, os primeiros governos de frentes populares foram formados na França e na Espanha. Isto é, coalizões de comunistas com social-democratas e certos partidos de classe média que não eram encarados como preliminares imediatas para a revolução e para o poder da classe trabalhadora. Antes disso, esses governos sempre foram condenados pela esquerda revolucionária. Eram vistos como tipicamente social-democratas, passíveis de serem dominados, direta ou indiretamente, pela burguesia e, portanto, passíveis de desviar o movimento de sua tarefa real, que era fazer a revolução. A única e grande exceção a isso ocorria em países coloniais ou semicoloniais, onde — de acordo com o Programa da Internacional Comunista (1928) — a ditadura do proletariado não era o objetivo imediato dos comunistas, mas nos quais deveria acontecer uma transição mais ou menos rápida da burguesia democrática para uma revolução socialista.

Sem entrar na complexa história das primeiras discussões comunistas, deixem-me simplesmente dizer que as frentes populares ou governos de coalizão, do tipo que esbocei, eram bem novos e chocantes na década de 1930, e levantaram sérios debates dentro do movimento revolucionário, debates que não pararam até hoje. Antes da guerra, dois governos de frentes populares fracassaram. Os franceses nunca superaram suas contradições internas e o quase sentimentalismo dos socialistas que lideravam a frente, e ela desapareceu em 1938. Os espanhóis enfrentavam o crescimento de Franco e acabaram derrotados em 1939. Mas os governos de frente popular, enquanto governos de união antifascista na guerra contra Hitler, formaram-se durante e depois da guerra em bases mais amplas do que as que tinham sido previstas na década de 1930. Em 1946 existiam alguns países que não as possuíam. Eram a regra nas democracias populares (que recebiam esse nome justamente porque, então, não eram para ser exclusivamente governos comunistas). E no Ocidente havia ministros comunistas na Áustria, Bélgica, Dinamarca, França, Itália e Noruega, até que foram expulsos ou aposentados com a chegada da Guerra Fria. Nos países coloniais ou semicoloniais, governos de frente ampla anti-imperialista também eram comuns e menos controvertidos.

Depois de 1947, durante vários anos os governos de frente popular — fora das áreas de libertação colonial — não eram viáveis nem encorajados. Mas a partir da década de 1960 houve um retorno a esse tipo de perspectiva, em especial na Itália, na França e na Espanha. Desde meados da década de 1970, a maior controvérsia na política italiana tem sido a entrada do Partido Comunista no governo, tanto como parte de uma maioria dos partidos de esquerda reunidos, quanto como parte de uma grande coalizão, uma espécie de governo nacional, com exclusão dos neofascistas e a extrema-direita. Por isso, as questões levantadas por esses governos não são meramente históricas, mas pertencem à prática política.

PERSPECTIVAS REVOLUCIONÁRIAS DEPOIS DA PRIMEIRA GUERRA MUNDIAL

O movimento comunista internacional foi fundado na suposição de que uma revolução mundial, ou ao menos uma revolução em importantes regiões do mundo, não só era viável, como iminente. E tal revolução não precisaria, necessariamente, ter o formato russo, mas, mesmo assim, a Revolução de Outubro tornou-se, no fundo, o modelo para o que poderia e deveria acontecer, e para as estratégias, táticas e organização a fim de que se concretizasse. É por isso que a nova Internacional Comunista insistia em condições muito rígidas e exclusivas para se ligar à revolução. Exigia um efetivo partido mundial de revolucionários. Obviamente desejava excluir, desse movimento e de suas facções nacionais, a ala direitista dos social-democratas que traíram o internacionalismo proletário em 1914, e se revelaram profundamente comprometidos com a sociedade capitalista ou até — a exemplo da Alemanha — como seus principais redentores. Entretanto, a Internacional também queria excluir qualquer um que estivesse apenas parcialmente comprometido com um caminho não bolchevique e os que não quisessem romper total e publicamente com a tradição e a organização social-democráticas.

Na emoção do momento, havia, depois de 1918, muitos povos e partidos querendo se declarar comunistas, ou, embalados pelo espírito da revolução global e pela radicalização das massas, afiliar-se à Internacional Comunista. Contudo, a Internacional não queria o influxo de uma miscelânea de esquerda, mas um partido internacional bolchevique. Por isso rejeitou deliberadamente a maioria daqueles que queriam se juntar a ela, deixando um grupo bastante importante de partidos socialistas de esquerda — ou pelo menos aqueles refratários a realizar o rompimento total — vagando no espaço entre a social-democracia e o Comintern. Muitos desses partidos tentaram, por pouco tempo, se organizar na chamada "Segunda Internacional e Meia", ou Sindicato de Viena, antes de voltarem para a social-democracia, depois de 1922, pois não tinham mais para onde ir.

Essa abordagem só tinha sentido na suposição de que a Revolução russa logo seria seguida por outras revoluções ou que, em breve, voltaria uma crise internacional que oferecesse perspectivas semelhantes. No período 1918-1920 isso pareceria uma avaliação perfeitamente realista. À luz do que aconteceu posteriormente, é meio a-histórico culpar Lênin por organizar uma Internacional com base na divisão de antigos movimentos internacionais — ou do que restou deles — da maneira mais estreita e mais exclusiva. A situação parecia (e era) revolucionária. E em tal situação, as massas seguiriam os revolucionários mais consistentes. O ponto vital era ver se eles eram revolucionários, de modo consistente e efetivo, mais do que converter uma porcentagem maior de antigos partidos socialistas não bolcheviques para o comunismo, com o sacrifício do compromisso.

CINQUENTA ANOS DE FRENTES POPULARES | 145

Para explorar estratégias alternativas

Mal o Comintern tinha se estabelecido de maneira efetiva, quando ficou claro que suas primeiras esperanças não se realizariam. Desde o início da década de 1920 teve que operar numa situação não revolucionária, pelo menos na maioria da Europa, embora em boa parte do mundo colonial, semicolonial e dependente se pudesse dizer que existia uma situação revolucionária, ou que ela era provável e até iminente. No entanto, nesse ponto, a grande maioria de marxistas não encarava as revoluções coloniais como precursoras imediatas da "ditadura do proletariado" e da construção socialista. Vejamos o que o Programa da Internacional Comunista, em 1928, diz a respeito:

> como regra, a transição para a ditadura do proletariado nesses países apenas será possível através de uma série de estágios preparatórios, a exemplo do resultado de todo um período de transformação da revolução burguês-democrática em revolução socialista.

Aqui não precisamos discutir os debates, mais concentrados na revolução chinesa, que acabariam por conduzir as perspectivas políticas da libertação colonial a uma visão diferente.

Por isso, a partir de 1921, o Comintern encontrou-se numa situação difícil, ao ter que elaborar uma estratégia na suposição de que dificilmente aconteceriam, de fato, outras Revoluções de Outubro. Isso era embaraçoso. Como disse Karl Radek, no IV Congresso (1922): "Num período em que não há revoltas populares, é particularmente difícil dedicar-se a um programa político comunista." Era duplamente embaraçoso, pois os próprios princípios nos quais se baseara a Internacional tornavam agora mais difícil mobilizar (e cooperar com) aqueles amplos setores do movimento que tinham sido designados para a exclusão. O Comintern encontrou-se numa posição bastante parecida com a de um Exército equipado para atacar, dominar e ocupar, e que, de repente e sem esperar, se vê obrigado a assentar-se para enfrentar um cerco prolongado.

146 | Estratégias para uma esquerda racional

Para lhe conferir créditos — e hoje a Internacional Comunista recebe pouquíssimos créditos —, ela quase imediatamente estabeleceu uma reformulação séria em suas estratégias europeias, com o lançamento da política de Frente Unida, em 1921. No entanto, as discussões sobre a nova estratégia e a nova perspectiva eram confusas, em virtude de quatro fatores importantes. Primeiro e mais importante, a esperança de um Outubro europeu — ou, ao menos, alemão — não foi abandonada, mas apenas postergada; de início, por pouco tempo, mas, depois do fracasso da insurreição na Alemanha, em 1923, por períodos mais longos — talvez até a próxima crise capitalista. Por esse motivo, as estratégias alternativas ainda são vistas amplamente como algo destinado a encher o tempo, até que uma nova crise revolucionária torne possível um novo Outubro mais bem preparado.

Segundo, a opinião dentro dos novos partidos comunistas estava dividida e, no conjunto, desentusiasmada. Quem se afiliara a eles o fizera justamente porque queria a revolução e um rompimento total com a velha tradição social-democrata. Estavam prontos para seguir a linha mas, deixada a si própria, a maioria simpatizava com o que estava se tornando de modo cada vez mais claro uma posição sectária. Isso era bem marcante no Partido Comunista Alemão (KPD).

Terceiro, as divisões e discussões dentro dos partidos comunistas mostravam-se, infeliz, mas necessariamente, enredadas nas lutas e nos debates internos do partido soviético, na década de 1920. Essa situação tornou-se bastante evidente no período 1928-34, quando uma política de sectarismo quase suicida foi imposta aos partidos, vinda de Moscou. Não há dúvida de que tal política teve certo apoio dentro dos partidos; mas não penso que se estabeleceria no Partido Comunista Britânico, por exemplo, sem Moscou.

Quarto, e de modo mais defensivo, permanecia a tarefa de transformar os novos partidos comunistas, compostos por grande quantidade de ex-social-democratas, sindicalistas ou pequenas facções de esquerda, em adequados partidos leninistas. Apesar de tudo, o problema do tipo leninista de partido (com ou sem os desenvolvimentos e deformações stalinistas) não era simplesmente o fato de que esse partido fosse necessário para fazer a insurreição. Era necessário para qualquer forma de luta efetiva pelo socialismo e para sua construção.

ESTRATÉGIA DA FRENTE POPULAR

Assim, embora as estratégias alternativas fossem exploradas e surgissem ocasionalmente dentro do Comintern na década de 1920, foi apenas depois da década de 1930 que se desenvolveram de maneira sistemática. O movimento esperava de modo vago pela chegada da crise mundial do capitalismo, como algo que produziria automaticamente uma situação revolucionária. Em vez disso, produziu a derrota mais desconcertante e inegável assistida, sem dúvida, pelo ultrassectarismo da linha do Comintern, depois de 1928.

No começo de 1933, toda a perspectiva europeia da Internacional jazia em ruínas. Hitler estava no poder, em um país para o qual Lênin tivera esperanças de logo transferir os quartéis-generais do socialismo internacional; e o Partido Comunista Alemão estava no exílio, em campos de concentração ou como um bando ilegal e caçado. O fascismo italiano sentia-se realmente bastante forte a ponto de deixar alguns comunistas saírem da cadeia, numa anistia em 1932. Havia apenas mais um partido comunista na Europa ocidental com apoio substancial: o francês (PCF). Mas estava reduzido a 28 mil membros e a 12 cadeiras no Parlamento. Não se podia mais negar que o fracasso da revolução mundial, que ocorreria no período 1917-1920, fora mais do que um recuo temporário. A derrota de 1928-1933 tinha um claro significado de maior permanência, mesmo que por um ano ou mais o Comintern afirmasse oficialmente que tudo estava bem, embora de um jeito cada vez mais forçado. E o mais importante: o movimento não estava sendo apenas derrotado, mas perseguido. O fascismo avançava por todos os lados. Era preciso fazer alguma coisa, mesmo que fosse apenas mobilizar uma defesa eficaz.

Não precisamos repetir a maneira pela qual a Internacional acabou adotando a estratégia da Frente Popular, ou repisar os elementos das primeiras discussões dentro do movimento comunista, que anteciparam a frente e a partir dos quais ela se desenvolveu. Sabemos que, em 1934, a França foi a pioneira, e que, em 1935, a Internacional adotou a frente, de modo oficial, em seu VII Congresso (o primeiro em sete anos), quando se reverteu totalmente a antiga política de encarar a social-democracia como o principal inimigo. A nova linha foi implementada por dois relatórios poderosos e visivelmente sinceros do novo secretário-geral da Internacional, George Dimitrov, e de seu assistente — o novo porta-voz da Internacional — Palmiro Togliatti, ou "Ercoli", como então era chamado.

O que quero ressaltar aqui é que a estratégia da Frente Popular adotada nessa época era mais do que uma tática de defesa temporária, ou mesmo uma estratégia para se transformar uma derrota em ofensiva. Também constituía uma estratégia cuidadosamente elaborada para o avanço do socialismo. Do meu ponto de vista era a primeira e, enquanto tal, ainda a única estratégia desenvolvida para países onde as clássicas situações de insurreição, do tipo da Revolução de Outubro ou de outro tipo, não estavam previstas, mas não eram necessariamente impossíveis. Isso não significava que a estratégia estava destinada ao sucesso. Nenhuma estratégia *está destinada* ao sucesso, pois algumas estão mesmo destinadas ao fracasso. A busca da pílula mágica, garantida por cientistas de avental branco e bandeirolas vermelhas, e as curas garantidas do câncer, do cólera, do reumatismo e do resfriado comum — ou de seus equivalentes políticos — pertencem ao campo da autodesilusão e à publicidade, mais do que à política.

A UNIDADE, A ESSÊNCIA

Vale lembrar: a essência da estratégia da Frente Popular era a *unidade*. Tratava-se de um conjunto de círculos concêntricos de unidade: ao centro, a frente unida do movimento da classe trabalhadora que, por sua vez, formava a base de uma frente popular antifascista ainda mais ampla que, por sua vez, em países importantes, fornecia a base para uma frente nacional composta de todas as pessoas determinadas a resistir ao fascismo representado por Hitler, Mussolini e os japoneses, e, por fim e ainda mais ampla, uma frente internacional de governos e povos (inclusive a URSS) contra o fascismo e a guerra. Cada um desses círculos teve, como tal, um grau diferente de unidade.

O objetivo da frente unida era a reunificação dos movimentos trabalhistas, divididos principalmente entre os social-democratas e os comunistas. Isso ficava bem claro na área sindical, onde se buscava a fusão de sindicatos socialistas e comunistas (ou outros) separados em uma única federação; por vezes isso foi conseguido, como na França. Na prática, não se almejava a fusão de partidos socialistas e comunistas em um único partido da classe trabalhadora, pois as condições para essa unidade, estabelecidas por Dimitrov, pressupunham pedir aos partidos social-democratas que se tornassem comunistas, comprometendo-se com "a ditadura do proletariado de modelo soviético" e com o "centralismo democrático" do tipo bolchevique. Apesar disso, a questão da reunificação política do movimento trabalhista, "de um único partido político de massa da classe trabalhadora", foi formalmente declarada urgente, e sob a forma de uma fusão dos partidos existentes mais do que por fazer com que as massas saíssem da social-democracia e passassem para o comunismo.

As frentes populares e as frentes nacionais mais amplas tinham que ter uma unidade um pouco mais frouxa — de fato, eram alianças — embora, no decorrer da luta antifascista, já se começasse a buscar uma unidade mais permanente, sob a forma das democracias populares ou dos governos ocidentais baseados na unidade de todas as forças de resistência antifascistas. A unidade internacional estava mais imóvel *ad hoc;* embora, mais uma vez, no auge da aliança de guerra (mas isso só depois da abolição do Comintern), os russos buscassem algo parecido com seu prolongamento permanente ou semipermanente em tempo de paz.

Em termos estratégicos, Dimitrov colocava que o princípio básico da nova política era:

> encontrar uma *linguagem comum* com as massas mais amplas para os objetivos de luta contra o inimigo de classe; encontrar maneiras de finalmente superar o *isolamento da vanguarda revolucionária* das massas do proletariado e de todos os outros trabalhadores; assim

como de superar o fatal *isolamento da própria classe trabalhadora* de seus aliados naturais, na luta contra a burguesia e contra o fascismo.

Em suma, a classe trabalhadora vinha sendo derrotada porque se permitira ficar isolada. Venceria, isolando seus principais inimigos.

DEFENSIVA E OFENSIVA

A novidade dessa estratégia estava no uso das mesmas armas para propósitos defensivos e ofensivos. Isso porque, desde o início, as frentes populares não eram encaradas simplesmente como uma desesperada aliança, necessária e de curto prazo, contra um inimigo que ameaçava forças que não tinham nada em comum exceto o medo dessa ameaça. Isso talvez acontecesse, como de fato aconteceu, nos pontos mais afastados da unidade antifascista. Assim, em 1938, o Partido Comunista Britânico chocou seus seguidores, propondo ampliar seu apoio a Churchill, tal como Churchill, sem hesitar, em 1941, chocaria os que o apoiavam, dando força a Stalin. Nos dois casos o motivo era o mesmo, principalmente porque até o diabo seria um bom aliado contra Hitler, caso estivesse preparado para enfrentá-lo. Porém, os governos de frentes populares antifascistas, baseados na unidade da classe trabalhadora, o que era o resultado lógico da estratégia, foram desde o princípio encarados também como elementos possíveis na transição do capitalismo para o socialismo. O Comintern foi extremamente cauteloso e competente em suas formulações sobre o assunto, mas suficientemente claro para afirmar que: "Em inúmeros países o *governo da frente unida* talvez se comprove uma das mais importantes formas de transição." De maneira mais genérica, afirmava com clareza que a luta contra o fascismo era o principal caminho na batalha pelo socialismo. Derrotar o fascismo significava também dar um golpe importante no capitalismo.

Embora nem sempre fossem colocados com grande clareza para o público, os argumentos para isso eram os seguintes. O fascismo constituía a expressão lógica do capitalismo monopolista, que reduzira o controle efetivo da economia a um punhado de grupos ou corporações ultrapoderosas — as "duzentas famílias", como diziam os franceses. Esses importantes grupos do poder capitalista concentrado, num período de revolução, e de intensificação da luta de classes, viam sua grande salvação no fascismo de seus países de origem ou fora deles. Eis o que os franceses reacionários colocaram abertamente, quando tiveram que enfrentar um governo de frente popular em seu país: "Melhor Hitler do que Léon Blum." De fato, o grosso dos grandes negócios franceses escolheu o caminho lógico de colaborar com os alemães, e boa parte das indústrias privadas, depois da guerra, foi desapropriada não pelo fato de elas serem particulares, mas por terem colaborado, a exemplo da Renault. Nesse sentido, o apelo para a luta antifascista também era, de fato, um apelo contra os setores do capital monopolista mais poderosos, perigosos e decisivos. Não se tratava de uma luta contra a burguesia como tal, como argumentou Manuilsky em sua avaliação do Congresso (*Inprecorr*, 17 dez. 1935):

> Enquanto enfraquecemos o poder desses elementos, ao mesmo tempo enfraquecemos o poder da burguesia como um todo, porque [...] [ela] está indissoluvelmente vinculada aos elementos do capital financeiro mais reacionários, mais chauvinistas e mais imperialistas.

Tal posição revelava-se otimista em excesso por duas razões. Primeira, porque *nem todas* as burguesias e nem mesmo todos os grandes grupos de capital monopolista partilhavam dos ideais fascistas e, por conseguinte, seriam vulneráveis ao ataque nesse campo. Os norte-americanos e os britânicos acabaram por combater o fascismo. Segunda (e com um sentido mais sério), porque se supunha que o fascismo seria uma fase duradoura do desenvolvimento capitalista, que a democracia burguesa fora permanentemente abandonada, no sentido de não mais se compatibilizar com o capitalismo e, como resultado, a defesa da democracia liberal tornou-se basicamente anticapitalista. Na década de 1930 isso não era impossível. Muitos de nós acreditávamos nisso. Mas, à medida que se desenvolveu, o fascismo revelou-se uma fase temporária e regional do capitalismo mundial, o qual, depois de 1945, voltou para uma versão modificada e burocratizada da democracia liberal.

Período de unidade antifascista

Entretanto, nas décadas de 1930 e 1940, a linha de separação entre o fascismo e o antifascismo era de fato a luta de classes, e a estratégia das frentes populares fez com que a esquerda enfrentasse o fascismo com grande número de aliados. Assim, acima de tudo, estava evidentemente defendendo a si mesma, seus aliados e suas nações contra um ataque fascista. E mais, na medida em que essa defesa era necessariamente armada — a exemplo da Espanha e, mais tarde, na Segunda Guerra Mundial —, transformou-se numa luta revolucionária, onde os comunistas eram capazes de ampliar sua influência, às vezes de forma decisiva, em virtude da obviedade de sua eficácia e liderança. Não podemos esquecer que o período da estratégia da unidade antifascista acabou levando não apenas a algo dificilmente concebível na Europa Ocidental, a saber, à guerrilha — numa escala muito maior do que qualquer coisa, digamos, na América Latina desde a guerra — mas também (e mais importante) à expansão do poder socialista para grandes áreas da Europa oriental. Boa parte disso, mas não tudo, deveu-se ao Exército Vermelho. Na Iugoslávia, na Albânia, provavelmente em maior escala na Bulgária, e na Grécia (até que foi abafado pela intervenção britânica) havia genuínos movimentos de liberação internos.

Além disso, considerando-se o ponto de vista mais limitado do sucesso dos partidos comunistas, o período da unidade antifascista foi tão brilhante quanto a década de 1920 fora decepcionante. Não existia partido comunista, por mais insignificante que fosse, que não tivesse ganhado um terreno relativamente grande. Já mencionei a situação desastrosa desses partidos em 1933. Doze anos depois, no final da guerra, os partidos europeus estavam no auge, com exceção do KPD (da Alemanha Ocidental), que nunca se recuperou depois de Hitler, e o Partido Comunista Espanhol (PCE), que partilhou da derrota da República infligida por Franco.

Pela primeira vez, na França e na Itália, o partido era (ou estava se encaminhando para tornar-se) o órgão majoritário da classe trabalhadora. Mesmo em países onde nunca conseguira qualquer apoio comparável ao dos socialistas, seu voto cresceu bastante: 13% na Bélgica (ou mais do dobro em seu melhor desempenho anterior), 12,5% na Dinamarca (ou cinco vezes mais que seu melhor desempenho anterior), 23,5% na Finlândia (ou quase o dobro de seu melhor desempenho), 10% na Holanda (ou quase três vezes mais que seu melhor desempenho), 12% na Noruega (ou o dobro de seu melhor desempenho), 10% na Suécia (ou quase o dobro). Mesmo na Grã-Bretanha, devemos lembrar, os dois candidatos comunistas eleitos para o Parlamento em 1945 marcaram o ponto máximo de um modesto desempenho eleitoral.

Em certo sentido, o período da unidade antifascista foi, portanto, um grande sucesso. Ele reverteu a tendência global para o fascismo, derrotou o fascismo e, acima de tudo, tirou os partidos comunistas de seu isolamento sectário. Se o PCF e o PCI substituíram o partido socialista como o maior partido da classe trabalhadora em seus países, isto deveu-se às experiências do período antifascista. Por outro lado, a possível contribuição dos governos de frentes populares para uma transição ao socialismo é muito mais discutível.

DEBATE NO MOVIMENTO INTERNACIONAL

Na verdade, dentro do movimento comunista, havia uma profunda divergência (nem sempre consciente) sobre essa questão. A URSS estava interessada, antes de mais nada, em sua própria segurança — em especial contra a agressão alemã — e em alianças diplomáticas para salvaguardá-la. Acho que é mais seguro dizer que ela estava seriamente interessada nas frentes populares apenas desse ponto de vista, e não da perspectiva de fazer revoluções ou de criar possibilidades de transição para o socialismo em outros países. Uma vez que a derrota e a destruição da URSS representariam um retrocesso fatal para o movimento, no mundo todo, os partidos comunistas também estavam preparados para subordinar tudo à defesa da URSS, embora isso não os impedisse de fazer planos para o avanço do socialismo em seus próprios países.

Mas quais planos? Existia uma perspectiva de esquerda que ainda acreditava que era essencial um retorno à clássica visão revolucionária. Se uma frente ampla fosse absolutamente necessária (e, dentro do Comintern, Bela

Kun, Lozovsky e alguns outros não estavam nem um pouco convencidos disso) ela deveria atirar (como de fato atirou) a bola de golfe da revolução para fora da armadilha (*bunker*, do jogo de golfe) na qual ela havia se enredado, por volta de 1933, depois do que o jogo continuaria como antes. O slogan da Frente Popular conduziu a um enorme fortalecimento e revitalização da esquerda, tanto na França como na Espanha. A vitória dos governos de frentes populares produziu uma radicalização espontânea nas massas, nos dois países, onde (de acordo com certos argumentos) deveria ter sido usada para tentar tomar o poder na França e que, na verdade, produziu uma revolução social na Espanha, quando Franco implantou seu regime. Não quero discutir as críticas das políticas comunistas que foram feitas sobre esses episódios. Mas quero dizer que não acredito que houvesse uma situação revolucionária na França, em 1936, e que, na Espanha, a necessidade de derrotar Franco inevitavelmente dominou a política do governo da frente popular.

POLÍTICA DE LONGO ALCANCE

Mas dentro do Comintern existiam outras perspectivas. Contudo, havia apenas insinuações, porque aqueles que antes haviam estimulado tais perspectivas foram condenados e expulsos como direitistas divergentes, a exemplo de Georg Lukács, que, entre 1928 e 1956, foi afastado da política e levado à crítica literária por essa razão. Antonio Gramsci (cujo amigo Togliatti era agora o principal porta-voz da Internacional) tinha elaborado uma política baseada na suposição de que a oportunidade perdida em 1917-1920 não se repetiria, e que os partidos comunistas deveriam conceber não uma frente ofensiva de curta duração, mas uma guerra de posições prolongada — uma política de longo alcance. De fato, eles precisavam ganhar a liderança de uma ampla aliança de forças sociais e *manter* essa liderança durante um prolongado período de transição, no qual a real transferência de poder fosse apenas um episódio.

No Ocidente, os comunistas não se deparavam com um Estado que teria apenas de entrar em colapso para a classe trabalhadora chegar ao poder. O Estado era somente a primeira linha de defesa da burguesia. Por trás dele havia todo um sistema de defesas e cidadelas — as instituições da sociedade civil que estabeleceram a legitimidade da dominação burguesa. Para citar Karl Radek, num texto de 1922:

> no Ocidente, as massas trabalhadoras não vivem tão amorfas [...] elas pertencem a partidos e se apegam a eles. No Leste, na Rússia, foi mais fácil trazê-las para o lado comunista depois da precipitação da tempestade revolucionária. Nos países de vocês é muito mais difícil.

E também Dimitrov, num texto de 1935:

> É um engano comum um indivíduo de esquerda imaginar que, assim que a crise política (ou revolucionária) emerge, basta que os líderes comunistas lancem um slogan de insurreição revolucionária para que as massas os sigam.

A luta pela hegemonia durante um longo período implica duas coisas. Primeira, mesmo no Ocidente, o slogan de uma transição imediata para a "ditadura do proletariado" só foi correto em circunstâncias excepcionais. Segunda, os comunistas erraram ao recusarem qualquer posto no governo, a menos que realizassem sua própria revolução. Dava-se o inverso: quanto mais recusavam, mais deixavam a hegemonia nas mãos da burguesia, condenando-se a posições subalternas.

Na medida em que os governos de frentes populares eram vistos como possíveis regimes de transição para o socialismo, eles pressupunham que a ditadura do proletariado não constituía o programa imediato dos comunistas, e que poderia haver uma fase intermediária entre o domínio da burguesia e o socialismo. (Cá estou eu, discutindo o sentido do termo "ditadura do proletariado" que agora tem tantas conotações que alguns partidos comunistas ocidentais o estão abandonando.) Porém, como estava tentando mostrar acima, havia uma fraqueza fundamental nessa análise. Fazia sentido supor-se que o capitalismo estivesse fatalmente enfraquecido com a derrota do fascismo. Como vimos, não foi bem assim. Depois da guerra ainda fazia sentido — embora um sentido menor — supor que o capitalismo não se recuperaria. Contudo, como sabemos, ele se recuperou. Fazia sentido supor que um governo de frente popular estivesse de tal forma inclinado para a esquerda que não pudesse retroceder para uma coalizão burguesa, com um apêndice socialista ou comunista. Mas com exceção da Europa oriental do pós-guerra, foi o que aconteceu. Os governos da unidade antifascista da Europa ocidental podiam se livrar dos comunistas quando quisessem, e de qualquer forma os mantinham em posições subordinadas, a exemplo do cargo de ministro do Trabalho, onde poderiam levar a culpa das políticas governamentais impopulares.

Depois da guerra, é bem verdade que na Europa oriental aconteceram genuínas alianças governamentais, que não eram meramente regimes comunistas travestidos, embora a ala esquerdista do movimento comunista — liderada na época pelos iugoslavos — encarasse tal fato como indesejável. Por isso, em 1946, Dimitrov disse: "Nossa tarefa imediata não é a realização do socialismo, mas a consolidação do sistema democrático e parlamentar." A "democracia popular" ainda não se tornara sinônimo de ditadura do Partido Comunista, nem era a única forma de desenvolvimento — padronizada pelo modelo soviético — imposta aos Estados europeus do Leste. Mas, com o surgimento da Guerra Fria, isso acabou. E pouco restou da perspectiva de uma transição gradual para o socialismo, de acordo com as condições de cada país, a ponto de o título "democracia popular" perder o sentido.

A SITUAÇÃO EM QUE AS FRENTES POPULARES EMERGIRAM

As críticas feitas pela ultraesquerda ocidental sobre as frentes populares e as alianças amplas visam um desenvolvimento similar. Tais governos são rejeitados, a não ser que sejam precursores imediatos do poder socialista, ou seja, a menos que desistam de funcionar como frentes populares e tornem-se "ditaduras do proletariado". E aqui ecoam na atual ultraesquerda as opiniões de Leon Trótski, que rejeitava as políticas do

Comintern da maneira mais selvagem e sectária, embora antes de 1934 criticasse seriamente o sectarismo desastroso do Comintern. Na verdade, ele parecia acreditar que as frentes populares "sentenciaram a classe trabalhadora à impotência e *abriram caminho para o fascismo*" (grifo meu). Trótski e outros ultrarradicais da época rejeitavam a própria ideia de uma ampla aliança antifascista e, quando ficou claro que isso estimularia um ressurgimento notável e um crescimento do movimento, rejeitaram-na por não propiciar o surgimento da revolução clássica. Na década de 1970, as atitudes da ultraesquerda em relação ao Chile seguiram mais ou menos essa mesma linha de raciocínio.

Tal posição provocava (e provoca) uma incompreensão a respeito da situação na qual surgem as frentes populares. Alianças amplas de grupos e partidos, incluindo as frentes populares, mostram-se necessárias apenas quando o partido da classe trabalhadora não é bastante forte para vencer sozinho. E raramente o é. Mas quando essas alianças ou frentes mostram-se necessárias, elas formam, justamente por isso, uma variedade de grupos e organizações com opiniões diferentes, algumas das quais nem mesmo são socialistas. Unem-se somente contra um inimigo comum ou por um programa comum, que represente apenas um primeiro passo para alguns participantes, enquanto para outros pode marcar o ponto mais avançado ao qual estejam preparados para ir naquele instante. Isso advém do fato de não serem social e politicamente homogêneos. Em suma, se tais alianças devem ser mais do que breves interlúdios políticos, os socialistas dessas alianças devem convencer e manter seus aliados ou, ao menos, neutralizá-los. Se não conseguirem, eles voltam a ser um grupo minoritário e relativamente impotente. Com efeito, podem até ficar em situação pior, se sua política tiver hostilizado os antigos estratos aliados, neutros ou indiferentes, permitindo que sejam manipulados pelo inimigo de classe.

Algumas críticas

O líder comunista italiano Berlinguer acertou ao apontar que tal situação acontece desse jeito em países como o seu, quer existam ou não frentes populares. Mesmo que o PCI obtivesse 51% dos votos — ou até mais — e implantasse um governo socialista puro, ainda assim teria que levar com ele os outros 49%. A análise italiana sobre a trágica experiência chilena diz que Allende fracassou não só porque sua Unidade Popular foi tecnicamente incapaz de derrotar o militarismo, mas porque alienou grandes setores da população que deveriam tê-la apoiado, ou pelo menos que não deveriam ter sido deixados à vontade ou estimulados a se confrontar com a UP de modo tão encarniçado. Dessa forma, ela isolou-se justamente no momento do perigo e municiou os conspiradores militares, tanto com um álibi para o golpe, quanto com um mínimo de base maciça temporária de apoio social para o tal golpe. Em resumo, os socialistas não se devem permitir esquecer de estratégias e políticas — isolar o adversário, ganhar amigos e influenciar pessoas — para cair em armadilhas aritméticas, seja à maneira da social-democracia, contando votos, seja à maneira ultrarradical, contando armas. Isso não quer dizer que qualquer dessas alternativas deva ser negligenciada.

Além do mais, o problema de conseguir apoio político não desaparece, nem mesmo quando os revolucionários já estão no efetivo controle do poder. Portugal é um triste exemplo de um país em que eles perderam uma oportunidade histórica, em parte por confiarem quase exclusivamente no apoio do poder de um Estado militar, cuja maturidade e homogeneidade revolucionária eles superestimaram, e em parte pelo velho erro da esquerda de supor que, mesmo numa situação revolucionária, *todas* as massas iriam aglutinar-se automaticamente em torno dos slogans revolucionários. Os revolucionários negligenciaram a verdadeira distribuição de forças políticas do país — o fato de que os trabalhadores e os camponeses sem-terra formavam apenas uma minoria, a influência da Igreja e a facilidade com que os pequenos e médios camponeses do Norte poderiam ser mobilizados pelos slogans anticomunistas.

Com isso não quero dizer que os governos de frentes populares não devam ser criticados. Eles talvez não tentem um avanço na direção do socialismo e portanto não consigam passar de coalizões comuns e temporárias. Acho que a Frente Popular francesa de 1936 abre-se a essas críticas. Tais governos talvez tenham confiado demais, pensando que estavam sendo levados na direção correta por inevitáveis forças históricas. Como deixei sugerido acima, essa foi a fraqueza do argumento de que a derrota do fascismo deveria provocar o declínio do capitalismo, ou de que o capitalismo, depois da guerra, não conseguiria recobrar sua iniciativa e seu dinamismo. Isso significou que os comunistas participantes desses governos não realizaram o bastante para mudar as estruturas políticas de seus países. Por exemplo: pode-se argumentar que o PCI, em 1945 (quando tinha por trás o peso de uma insurreição antifascista), vacilou em destruir a estrutura da velha burocracia fascista e o poder político da Igreja, confiando demais numa Constituição nova e evidentemente muito progressista, que ele ajudou a redigir. As frentes populares também podem ser criticadas por falharem ao avaliar os grandes e sérios problemas de se transformarem coalizões ou alianças eleitorais heterogêneas, e que se suspeitavam mutuamente, em governos que implantassem reformas efetivas. Essa crítica certamente pode ser feita à Unidade Popular chilena. Por fim, as frentes populares às vezes podem ser criticadas por não avaliarem direito o fato básico de que o governo, em si, não é o poder; que os governos reformistas que se afastam muito das classes dominantes podem ser destruídos por elas, por seus aliados ou por seus apoios estrangeiros.

A ESTRATÉGIA QUE A REAÇÃO TEME

Mesmo com todas essas críticas, as frentes populares continuam sendo, até hoje, a estratégia socialista que mais assusta os inimigos. Eles não temem as barricadas instaladas em Milão ou em Paris, mas sempre se apavoram com a unidade, fato que consideram um perigo enorme. Por que os norte-americanos gastaram tanto dinheiro e energia, na década de 1950, rachando os movimentos sindicais nacionais e internacionais, e também qualquer partido progressista ou socialista (a exemplo do italiano) disposto a cooperar com os comunistas? Por que os ideólogos inventaram o mito de que ninguém poderia cooperar com os comunistas sem ser engolido por eles, a não ser para desencorajar tal cooperação? (De fato, essas alianças têm tanto beneficiado quanto prejudicado os não comunistas, que se livraram dos comunistas depois que estes serviram a seus propósitos. Os comunistas nunca consideraram esses fatos como razões para condenar, em princípio, todas as alianças.) Qual o motivo daquele outro mito, segundo o qual nenhum povo jamais elegeu livremente um governo vermelho?

Por que, durante a década de 1970, o governo norte-americano, através de seus embaixadores, avisou aos partidos socialistas europeus para se manterem afastados de qualquer contato com os comunistas? Porque ele repetia (e repete) todos os dias que é intolerável a entrada de comunistas em qualquer governo, seja italiano ou nicaraguense? Por que a reação italiana, como sabemos agora, conspirou em segredo para fomentar golpes contra governos que desejassem incluir o Partido Comunista, e para aplaudir — e talvez até apoiar — o assassinato ultraesquerdista do estadista democrata-cristão mais favorável a essa política? Porque ela temia a estratégia de ampla aliança. Essa reação prefere que os revolucionários se isolem; quanto mais sectário o espírito, melhor. Os reacionários sabem que, na maioria dos países em que o socialismo teve êxito, isso foi ocasionado pelas amplas frentes lideradas pelos comunistas — fossem ou não frutos de frentes populares — mais do que através da ação isolada de revolucionários marxistas. Nenhuma guerra de liberação teria sido ganha em outros termos.

Às vezes, vale a pena lembrar qual o maior medo do inimigo. Hoje, apesar de duas gerações de críticas de esquerda, o que o inimigo mais teme — em especial nos países europeus desenvolvidos — ainda é o tipo de estratégia adotado pela primeira vez de modo sistemático pelo movimento comunista internacional na década de 1930.

CINQUENTA ANOS DE FRENTES POPULARES | 161

10

SOCIALISMO E NACIONALISMO: ALGUMAS REFLEXÕES SOBRE *O ESFACELAMENTO DA GRÃ-BRETANHA*

(1977)

O nacionalismo tem funcionado como um grande quebra-cabeça para políticos e teóricos (não nacionalistas) desde sua invenção, não apenas porque é tão poderoso quanto desprovido de qualquer preceito racional discernível, mas também porque sua forma e sua função estão em mudança constante. A exemplo da nuvem com a qual Hamlet escarneceu de Polônio, o nacionalismo pode ser interpretado como um camelo, uma doninha ou uma baleia, de acordo com o gosto, embora não seja nada disso. Talvez o erro esteja em aplicar critérios zoológicos em vez de uma análise meteorológica. Para continuar a metáfora, estamos vivendo, hoje, sob algumas mudanças climáticas que afetam visivelmente esse tipo de fenômeno meteorológico. Vamos começar traçando essa mudança, ao contrário de Tom Nairn, cujo recente livro *O esfacelamento da Grã-Bretanha* sugere tais reflexões.[1] O nó górdio político do moderno nacionalismo é a exigência de "autodeterminação" a fim de constituir algo semelhante a um "Estado-Nação" como é entendido hoje: uma unidade territorial soberana e idealmente homogênea, habitada por "cidadãos" membros da "nação", definidos de várias maneiras convencionais (étnicas, linguísticas, culturais, históricas etc.). No lado oposto, acredita-se que os cidadãos dos Estados territoriais modernos normalmente constituem essa "nação", e aqueles que não se enquadram são classificados

---

1 Tom Nairn, *The Break-up of Britain* (BB), Londres, Verso, 1977.

de "minorias" ou de outras "nações", que, pela lógica, deveriam ter seu próprio Estado. Chegou-se ao ponto em que os termos "Estado" e "nação" mostram-se intercambiáveis ("Nações Unidas"). Quaisquer que sejam nossas definições de povos, nações, nacionalidades etc., é óbvio que essa identificação é historicamente bastante recente, especialmente sob a forma padronizada, que se tornou moda e que engana observadores desavisados, inclusive Nairn.[2] Em primeiro lugar, os Estados territoriais modernos, do tipo que hoje são considerados normais, eram bastante raros até meados do século XIX, reivindicando ou não serem nacionais. Em segundo lugar, as enormes dificuldades e crueldades provocadas pela tentativa de dividir a Europa em Estados-Nações homogêneos neste século (incluindo o separatismo, as divisões, a expulsão em massa e o genocídio) demonstram sua história recente.

O ESTADO-NAÇÃO NO SÉCULO XIX

Contudo, pode-se defender — e isso ocorreu no século XIX — um certo tipo de "Estado-Nação", mesmo que tenha pouco a ver com o nacionalismo no sentido atual, exceto quanto ao fato de que também funcionou como uma forma conveniente de cimento emocional ou de religião cívica para unir os cidadãos desses Estados, divididos por classes e de outras maneiras ("patriotismo"). Tais Estados-Nações constituíram os principais sustentáculos do capitalismo mundial durante um longo período de seu desenvolvimento, assim como da sociedade burguesa do mundo "desenvolvido"; como Marx reconheceu, quando descreveu essa sociedade no *Manifesto Comunista* como sendo, a um só tempo, uma unidade global e uma "interdependência das nações". Eles representavam esse elemento crucial — a criação de condições internas (*i.e.*, um "mercado nacional") e as condições externas para

---

2 A Inglaterra não deixa de ser uma nação, comparada à Escócia, porque Nairn não acha que ela ainda é "uma nação como as outras" (*ibid.*, p. 301), isto é, que tenha um partido e uma ideologia nacionalista do atual modelo padrão, como os escoceses.

o desenvolvimento da "economia nacional" através de organizações e ações do Estado. Provavelmente, a existência de um complexo internacional de Estados separados também era essencial para o crescimento global do capitalismo, como argumentam os marxistas atuais, a exemplo de Perry Anderson e Immanuel Wallerstein. O capitalismo mundial consistia, basicamente, em uma série de fluxos econômicos que se movimentavam de dentro para fora, de fora para dentro e entre essas economias nacionais desenvolvidas. Embora sob outros aspectos não fosse um nacionalista, Marx aceitava o papel histórico de um certo número dessas economias de Estado-Nação, o qual era, com efeito, geralmente aceito no século XIX.

A defesa de tais Estados-Nações não era nacionalista, no sentido atual, uma vez que não visava a um mundo de Estados-Nações, independentemente de tamanhos e recursos, mas apenas de Estados "viáveis" de médio para grande porte, que consequentemente a) excluía um grande número de grupos "nacionais" da categoria de Estado, e b) abandonava de fato a homogeneidade da maioria dos Estados-Nações aceitos. A exposição clássica desse programa foi delineada em "Europa das Nações", elaborada em 1858, por Mazzini, que casualmente (como Cavour) encontrava dificuldades para encaixar em seu plano um dos mais inegáveis movimentos de massa da época, o irlandês. Mazzini imaginava a Europa composta por onze Estados ou federações, onde *todos* (com a sugestiva, mas aparente exceção da Itália) eram multinacionais, não somente pelos padrões atuais, mas também pelos padrões essencialmente wilsonianos do século XIX, depois dos acordos de paz de 1918.[3] Há provas substanciais de que, nesse estágio, o ponto crucial dos movimentos nacionalistas não era tanto a independência de Estado em si, mas a construção de Estados viáveis; em suma: mais "unificação" do que "separatismo" — embora isso ficasse camuflado pelo fato de a maioria dos movimentos nacionais também apresentar a tendência para esfacelar um ou mais dos impérios

---

3 Mesmo com a suposição (improvável naquela época) de que os italianos formavam uma única nação homogênea, a reintegração pós-1945 reconheceu corretamente a necessidade de um status especial para a Sicília, a Sardenha, o Sul do Tirol bi ou trinacional e o vale d'Aosta.

obsoletos que ainda restavam, como a Áustria, a Turquia e a Rússia. Não eram apenas os movimentos alemão e italiano que queriam a unificação; também a almejavam os poloneses, os romenos, os iugoslavos (para quem o Estado composto final não tinha precedente histórico), os búlgaros (com a Macedônia), de forma notável os gregos, e mesmo os tchecos, em sua aspiração (não histórica) de se unirem aos eslovacos. Por outro lado, os movimentos por um verdadeiro Estado independente das pequenas nações foram bastante raros, diferente das aspirações a vários níveis de autonomia ou a um reconhecimento de que eram pequenas nações dentro de Estados maiores. Nairn engana-se redondamente quando considera os escoceses do século XIX uma notável anomalia ("a falta de nacionalidade do país, no século XIX, sua quase total ausência do grande e variado estágio do nacionalismo europeu").[4] Eles constituíam uma bela nação e sabiam disso, mas, ao contrário de algumas outras pequenas nações da Europa, não necessitavam reivindicar aquilo que já usufruíam — ou melhor, que sua classe dominante usufruía. É puro anacronismo imaginar que eles iriam lutar por um Estado independente naquela época.

Pela mesma razão, estava profundamente enraizado o preconceito (mesmo entre os nacionalistas) contra os Estados pulverizados (*i.e.*, contra as mininações e os miniestados), ao menos na Europa. Os insignificantes principados alemães ou as repúblicas centroamericanas eram piadas; "balcanização", um termo depreciativo. Depois de 1918, os austríacos não podiam ser convencidos da viabilidade de seu pequeno Estado, embora isso tenha sido demonstrado desde 1945. Dantzig era considerado um aborto, ao contrário da atual Cingapura. O principal significado de tal reconhecimento internacional, como foi concedido à maioria dos miniestados pré-burgueses que sobreviveram, teve propósitos filatélicos e de registro empresarial. E, de fato, pelos padrões contemporâneos, foram quando muito caprichos tolerados.

---

4 BB, p. 144.

Os nacionalismos separatistas atuais

A situação atual é completamente diferente. Primeiro, o movimento nacionalista característico do nosso tempo é separatista, e quer o esfacelamento dos Estados existentes, inclusive — o fato é recente — os mais velhos Estados-Nações estabelecidos, a exemplo da Grã-Bretanha, da França, da Espanha e até mesmo (o caso do separatismo Jura é significativo) da Suíça.[5] É perfeitamente possível achar explicações *ad hoc* para cada um desses casos de divisão, como Nairn o faz para o possível esfacelamento da Grã-Bretanha; mas, como ele concorda, tudo isso está fora de questão, uma vez que a *generalidade* do fenômeno não é reconhecida e explicada. O problema, em si, não é britânico; apenas suas circunstâncias específicas e implicações políticas.

Segundo, houve uma completa transformação do conceito de viabilidade do Estado, como fica evidente no fato de que a maioria dos membros das Nações Unidas logo parecerá equivalentes (republicanos), do final do século XX, dos Saxe-Coburgo-Gotha e Schwarzburg-Sondershausen. Não há dúvida de que isso se deve, em primeira instância, principalmente ao processo de descolonização, que deixou metade do mundo cheio de pequenos territórios (ou grandes territórios com poucos habitantes), que não poderiam ou não deveriam se unir, a fim de formar unidades ou federações maiores. Tal situação também adveio, em segunda instância, de uma situação internacional que, com algumas exceções, protege até os miniestados muito frágeis (assim que seu *status* independente é ratificado) da dominação dos maiores, apenas pelo medo da guerra entre as potências. A situação internacional, embora em menor extensão, também protege os grandes Estados contra a desintegração, uma vez que poucos Estados

---

5 As grandes exceções a essa tendência na Europa, a República Federal Alemã e a Itália, quase com certeza repudiaram as tendências separatistas até agora — por exemplo, por parte da Baviera, da Sicília e da Sardenha — em virtude de terem adotado ou por terem sido forçados a adotar uma reintegração mais extensa depois da guerra, como parte da reação contra o fascismo, o qual conduziu as tendências de unificação nacional do século XIX a sua conclusão lógica.

novos gostariam de encorajar um tipo de movimento que poderia ameaçar sua própria unidade frágil.[6]

Contudo, essa balcanização do mundo dos Estados (ou melhor, essa transformação das Nações Unidas em algo parecido com os últimos momentos do Sacro Império Romano) também reflete uma mudança no capitalismo mundial que, até agora, os marxistas não colocaram numa discussão séria do nacionalismo: o relativo declínio da "economia nacional" e do Estado-Nação médio-para-grande como principais sustentáculos da economia mundial. Independentemente do fato de que, na era das superpotências nucleares, mesmo um razoavelmente alto potencial de produção, de recursos humanos e outros não é mais suficiente para o *status* militar, que antes servia como critério de "grande potência",[7] o surgimento das empresas transnacionais e do gerenciamento econômico internacional transformou tanto a divisão internacional do trabalho, quanto seus mecanismos, e alterou o critério de "viabilidade econômica" de um Estado. Não se acredita que exista mais uma economia suficientemente ampla, que consiga prover um "mercado nacional" adequado (e variado o bastante) a fim de produzir a maioria da vasta gama de produtos, que vão desde alimentos até equipamentos pesados. O que existe é uma posição estratégica, em meio às complexas conexões de uma economia mundial integrada, que pode ser explorada para assegurar uma adequada receita nacional. Enquanto, para o antigo critério, o essencial era o tamanho, para o novo, tal medida não tem a menor importância. Exemplo disso vem do estágio pré-industrial do desenvolvimento capitalista, quando Gênova ou Hamburgo não viam razão

---

6 Paradoxalmente, isso significa que os movimentos separatistas com um genuíno apoio "nacional" ou étnico de massa, hoje, tendem a ser desencorajados pela maior parte de outros Estados, independentemente da ideologia; compare-se a atitude da maioria dos governos africanos em relação à secessão de Biafra e Catanga. A maneira mais segura de conseguir apoio à independência é ser dependente de uma potência descolonizadora, isto é, já estar marcado no mapa como um território separado — o equivalente atual de ser uma "nação histórica".

7 Provavelmente esse é o primeiro período do moderno sistema de Estado em que dois Estados, que admitiram genericamente ser "grandes potências" *econômicas* no sentido antigo — Alemanha e Japão — têm feito apenas tentativas bem insignificantes, até o momento, para adquirir o correspondente *status* militar.

para se compararem à Espanha ou à Grã-Bretanha a fim de se avaliarem como Estados viáveis. Por esses novos padrões, Cingapura é tão viável e muito mais próspera do que a Indonésia; Abu Ohabi revela-se superior ao Egito; e qualquer pontinho do Pacífico pode pensar em independência e num bom período de governo para seu presidente, se acaso possuir um local para uma base naval (pela qual vão competir os Estados mais ricos), um abençoado presente da natureza (como o manganês), ou apenas um montão de praias e lindas garotas para transformar-se num paraíso turístico. Em termos militares, é claro que a maioria dos miniestados é insignificante; mas, hoje, também o é a maioria dos grandes. Nesse sentido, a diferença entre a Grã-Bretanha e Barbados não é mais de qualidade, mas de grau.

Essa combinação de uma nova fase na economia internacional com o equilíbrio internacional do medo nuclear, típico da geração anterior, não *criou* os nacionalismos divididos da nossa época, mas tirou os freios de seus sonhos. Se as ilhas Seychelles podem ter um voto tão bom quanto o do Japão nas Nações Unidas, e os kuaitianos, por força do poder do petróleo, podem ser tratados como os milordes ingleses de antigamente, então certamente ninguém segura a ilha de Man, as ilhas do Canal (para citar duas candidatas, cujas pretensões à independência são mais bem fundadas que as da maioria, pelos padrões atuais) ou as Canárias e a Córsega (cujos movimentos separatistas, sem dúvida, estão se apoiando, de alguma forma, na teoria marxista). E, naturalmente, a nova situação transformará as perspectivas de mini-independência, daqui para a frente. Sem discutir seus méritos, propostas como a de transformar uma parte da Irlanda do Norte em Estado ou de transformar uma vasta área do Saara numa república de 60 mil nômades não podem mais ser excluídas *a priori* de discussões sérias por motivos práticos. Além disso, hoje, o pequeno Estado "desenvolvido" é de fato muito mais próspero e viável, e é levado mais a sério do que há séculos. Se a Islândia e o Luxemburgo existem, por que não a Bretanha e Biscaia? Para os nacionalistas, que, por definição, não se preocupam com nada a não ser com sua privacidade coletiva e são dados a altos voos otimistas, esses argumentos são absolutamente positivos.[8] Quando muito terão suas noites de sono meio perturbadas por uma coisa que podemos chamar de "efeitos de Shetland": a consideração de que não se precisa ser um Estado antigo ou grande para ser atingido por divisões. Outros já necessitam ver a emergência do novo nacionalismo separatista num contexto mais amplo.

SOBERANIA COMO DEPENDÊNCIA

A primeira observação desses últimos será a de que a multiplicação de Estados soberanos independentes mudou de modo substancial o sentido do termo "independência", e para a maioria deles transformou-se num sinônimo de "dependência" — como foi antecipado por aquela antepassada histórica do moderno neocolonialismo: a América Latina do século XIX. Podemos deixar de lado o fato óbvio de muitos desses Estados existirem como Estados independentes apenas por tolerância ou sob proteções. (Chipre, o Timor liberto de Portugal e o Líbano demonstram o que pode acontecer quando não existe nem tolerância nem proteção.) Tais Estados são economicamente dependentes, de maneira geral, de uma economia internacional, onde quase nunca podem influenciar enquanto isolados,[9] e das maiores potências e de empresas transnacionais, de maneira específica — na proporção inversa de seu tamanho. O fato de que, hoje, esses Estados prefiram (ou achem indispensável) um relacionamento neocolonialista a algo semelhante a uma dependência formal não deveria nos iludir. Ao contrário. A melhor estratégia para uma economia transnacional neocolonialista é precisamente aquela na qual o número de Estados oficialmente

---

8 Entretanto, alguns Estados e povos pequenos provavelmente aprenderam, depois de longa experiência, a escalonar suas esperanças em dimensões mais modestas, a exemplo talvez dos galeses (diferenciando-se dos escoceses) e dos eslovenos (diferenciando-se dos croatas). Vale a pena investigar os motivos de tais diferenças.

9 O estrangulamento temporário que certos Estados produtores de petróleo infligiram ao mercado mundial de energia foi excepcional. Nenhum outro produto primário, por mais irregular que seja sua distribuição geográfica, tem oferecido aos pequenos Estados que o possuem tamanhos recursos ou meios para conseguirem seus objetivos.

soberanos é maximizado, e minimizado seu tamanho e força médios —
isto é, seu efetivo poder de impor as condições sob as quais as potências
estrangeiras e o capital estrangeiro deverão operar. Mesmo na década de
1920, as verdadeiras repúblicas das bananas eram pequenas (digamos, a
Nicarágua, e não a Colômbia). Hoje, é mais que evidente que os Estados
Unidos ou o Japão e suas empresas achariam melhor tratar com Alberta
do que com o Canadá, com a Austrália ocidental do que com a Commonwealth Australiana, quando o assunto é economia. (De fato existem
aspirações de autonomia em ambas as províncias.) Esse aspecto do novo
sistema de Estado não deve ser desprezado, embora não possa, é claro, ser
usado como justificativa *a priori* para que os grandes Estados atuem contra
os menores, e menos ainda para que Estados unitários atuem contra os
Estados em transição ou os federados.

Independentemente dos méritos de qualquer causa nacional isolada,
também é preciso observar que a presente situação encoraja (não apenas
entre os nacionalistas) a suposição de que a independência de Estado, ou o
que ela acarreta, é a maneira normal de satisfazer as demandas de qualquer
grupo que reivindique uma base territorial (um "país"), isto é, uma nação
potencial.[10] Isso leva à confusão em três aspectos. Em primeiro lugar, não
há justificativas para tal suposição na teoria, na história ou mesmo na prática. Em segundo lugar, implícita e explicitamente ela rejeita as numerosas
e impraticáveis (com todos os problemas) fórmulas para mesclar unidade
nacional com transição, descentralização ou federação. Para citar apenas
alguns: Estados Unidos, Canadá, Austrália, Alemanha Federal, Itália, Iugoslávia, Suíça e Áustria. Em outras palavras, tende-se a subestimar aqueles
problemas da "revolta contra os grandes Estados" e das "demandas por um
autogoverno regional",[11] que não podem ser assimilados pelos problemas
nacionalistas, os quais, por sua vez, podem expressar-se como separatismo:
isso é visível na Bretanha, mas não na Normandia. Em terceiro lugar, e

---

10 Cf. a observação de Nairn de que "autogoverno" constitui "normalmente a enfadonha resposta aos conflitos de nacionalidade" (BB, p. 241). Com frequência, a tendência
de empregar epítetos ("enfadonho") transforma-se num alerta aos leitores e deveria ter
o mesmo efeito no autor.
11 BB, p. 253.

talvez de modo mais sério, evita-se o problema de como organizar a real coexistência de diferentes grupos étnicos, raciais, linguísticos e outros em áreas praticamente indivisíveis. Está claro que essa é a norma.[12] Não se trata de uma crítica aos méritos do nacionalismo, digamos, flamengo, afirmar que (a não ser para os flamengos passionais) é mais fácil de lidar com os descontentes daquela nação do que, por exemplo, com o problema dos negros dos Estados Unidos ou dos trabalhadores imigrantes estabelecidos em qualquer lugar na Europa.

MARXISMO E NACIONALISMO

Será que a atual fase do nacionalismo requer alguma mudança na atitude dos marxistas em relação a esse fenômeno? Se o livro de Nairn é passável, por certo requer (mais que o recente *mea culpa* ritual sobre as deficiências teóricas nesse campo) um lembrete a respeito do fato fundamental de que os marxistas, enquanto tais, não são nacionalistas. Eles não o podem ser como teóricos, dada a natureza daquilo que passa por teoria nacionalista. (Eles certamente não o podem ser como historiadores, dada a antiga e ainda verdadeira observação de Ernest Renan de que escrever sua história do jeito errado é uma característica essencial das nações.) Eles não o podem ser na prática, uma vez que nacionalismo, por definição, subordina todos os outros interesses àqueles de sua "nação" específica. Não precisamos assumir a posição dos seguidores de Rosa Luxemburg e afirmar categoricamente que qualquer marxista que não esteja, pelo menos em teoria, preparado para enxergar os "interesses" de seu próprio país ou povo subordinados a interesses mais amplos deve avaliar melhor suas lealdades ideológicas. Isso não se aplica apenas aos marxistas. Os israelenses e palestinos podem pensar (ou agir como se pensassem) que a manutenção ou estabelecimento de seus respectivos Estados valha uma guerra global, porém os mais de 4

---

12 O nacionalismo de Quebec, sendo essencialmente linguístico, é um ótimo exemplo de como resolver uma questão de linguagem, colocando minorias substanciais — de pessoas de fala inglesa, emigrantes, esquimós e indígenas — exatamente na mesma situação a partir da qual se quer a emancipação das pessoas de fala francesa.

bilhões de habitantes do resto do mundo dificilmente concordariam com eles. O critério, naturalmente, deve ser o *próprio* país ou povo do marxista, por óbvias razões psicológicas, entre outras. O critério de um judeu marxista, mesmo um que deseje preservar o que agora constitui-se como um povo judeu estabelecido em Israel, é que ele *não* seja um sionista. Isso também se aplica aos escoceses.

Na prática, naturalmente, o critério não é nítido como na teoria. Não tanto porque a maioria dos marxistas, a começar por Marx e Engels, tinha e ainda tem orgulho de suas nações e de suas comunidades étnicas, culturais e outras, mas porque, por motivos óbvios (que Nairn ressalta), a maioria dos verdadeiros movimentos marxistas opera dentro dos limites de algum Estado ou povo — de fato, na maioria de casos bem-sucedidos, enquanto mobilizadores e representativos de nações, tanto quanto de seus oprimidos — e os interesses de tais entidades nacionais muitas vezes não são nem congruentes nem convergentes. Isso deixa bastante espaço para as racionalizações e justificativas de políticas nacionais para os marxistas. A questão é distinguir o que não passa de racionalização. De novo, é mais fácil para quem está de fora. Alguns marxistas não chineses ficam impressionados com a defesa chinesa de uma política externa em termos marxistas, a qual, em anos recentes, não parecia disposta a ajudar a causa do socialismo não chinês. Neste momento, a Eritreia e a República da Somália (esta última declarando-se marxista) estão, sem dúvida, justificando a dissolução do Estado etíope com citações de Lênin, enquanto o governo (marxista) da Etiópia está justificando a manutenção da unidade de seu país. Quem está de fora logo vê que suas ações (mas não seus argumentos) poderiam ser quase iguais se nenhuma se declarasse marxista.

Se os marxistas não são nacionalistas, embora acreditem no desenvolvimento nacional e sejam muito devotados a suas nações, eles ainda precisam entrar em acordo sobre o fato político do nacionalismo e definir suas atitudes em relação às manifestações específicas. Desde os tempos de Marx, essa tem sido em grande parte, e necessariamente, uma questão não de princípio teórico, mas de julgamento pragmático em diferentes circunstâncias (exceto talvez para a minoria luxemburguista que tende a suspeitar das nações *en bloc*). Em princípio, os marxistas não são nem contra nem a

SOCIALISMO E NACIONALISMO | 173

favor da condição de Estado independente para qualquer nação (o que não é a mesma coisa que o "direito à autodeterminação" de Lênin), mesmo pressupondo que possa haver mais do que um acordo pragmático sobre o significado de "nação", em qualquer caso específico. Naturalmente, essa posição não é apenas dos marxistas: é, inclusive, a dos nacionalistas — exceto em relação a sua própria nação. Se os marxistas têm alguma imagem histórica do ordenamento internacional de um futuro socialismo mundial, com certeza ela não é um mosaico de Estados-Nações soberanos e homogêneos, grandes ou — como podemos ver agora — principalmente pequenos. Seria mais como algum tipo de associação ou união organizacional de nações, que possivelmente acabaria transformando a cultura nacional em algo global e genérico, embora essa observação raramente tenha sido debatida com ousadia desde o *Manifesto*. Uma vez que, corretamente, eles encaram as nações, no sentido moderno, como fenômenos históricos, mais do que eternos dados apriorísticos da sociedade humana, sua política não pode ver tais fenômenos como absolutos. De fato, como poderia sê-lo, digamos, no Oriente Médio? Lá, onde a questão da guerra e da paz depende de duas "nações", as quais, enquanto Estados-Nações territoriais, dificilmente seriam imaginadas em 1918. Em resumo, a atitude marxista em relação ao nacionalismo, como um programa, assemelha-se em vários aspectos à atitude de Marx em relação a outras abstrações apriorísticas daquilo que, na sua época, seria radicalismo pequeno-burguês, a exemplo da "república democrática". Não se trata de antipatia, mas de contingência e de nada ser absoluto. O critério fundamental do julgamento marxista pragmático sempre foi saber se o nacionalismo, enquanto tal, ou qualquer tipo específico de nacionalismo, aceleraria a causa do socialismo; ou, ao contrário, como evitar que o nacionalismo iniba seu progresso; ou, ainda, de que maneira mobilizá-lo como uma força para auxiliar seu progresso. Poucos marxistas argumentam que não se pode apoiar *nenhum* movimento nacionalista; nenhum deles diz que *todos* servem automaticamente a esse propósito e que, por isso, sempre precisam de apoio. Nenhum marxista (fora da nação interessada) olharia sem suspeita para os partidos marxistas que colocam a independência de suas nações acima de todos os outros objetivos, sem se importarem com o contexto global.

174 | Estratégias para uma esquerda racional

Lênin e a libertação nacional

Contudo, a partir de Lênin, os marxistas desenvolveram uma política nacional bastante forte para associar o marxismo e movimentos de libertação nacional em grandes áreas do mundo, e às vezes para fomentar movimentos nacionalistas sob liderança marxista. Tal política apoiava-se basicamente em três pilares.

Primeiro, ampliava a categoria de "movimentos nacionais", considerados em essência como "progressistas" por seu impacto, para muito além do que Marx e Engels haviam proposto. Agora poderia incluir a grande maioria dos movimentos nacionalistas do século XX, em especial quando se expandiam (a exemplo do que aconteceu durante o período antifascista) para abranger qualquer resistência aos mais perigosos poderes reacionários. Embora, ao que tudo indica, Nairn não se tenha apercebido disso, o nacionalismo "progressista" não se limitava apenas à categoria de movimentos dirigidos contra a exploração imperialista e que representasse algo como a "fase democrático-burguesa" no desenvolvimento dos países atrasados. Segundo, dessa forma, os movimentos revolucionários marxistas tornaram-se possíveis e desejáveis, atuando não só como movimentos de classe dos explorados e oprimidos, mas também como lideranças na luta por emancipação de nações inteiras. Em suma: foram movimentos como os dos chineses, vietnamitas, iugoslavos etc. — e também do comunismo gramsciano. Terceiro, reconhecia as forças sociais que tornaram os movimentos nacionalistas uma realidade, e a força política de tais movimentos, por aceitarem como uma questão de princípio o direito à autodeterminação, inclusive a secessão — embora, de fato, Lênin não tivesse recomendado aos socialistas desses países que favorecessem a secessão, a não ser em circunstâncias específicas e identificáveis de maneira pragmática.

Apesar de seus sucessos ponderáveis, tal política leninista não poderia passar sem críticas. Assim, não se pode negar que apenas em alguns casos os marxistas conseguiram se estabelecer e manter-se como uma força de liderança de movimentos nacionalistas. Na maioria das vezes, especialmente quando tais movimentos já existiam enquanto forças

SOCIALISMO E NACIONALISMO | 175

políticas sérias ou sob os auspícios de governos de Estado, ou eles se tornaram subordinados ou foram absorvidos ou deslocados por um nacionalismo não marxista ou antimarxista. Nesse sentido, a posição luxemburguista não é de todo irrealista. Rememorando o movimento irlandês, por exemplo, pode-se muito bem colocar que um partido dos trabalhadores irlandeses seria hoje mais significativo e promissor politicamente, se Connolly não tivesse, com sua rebelião e morte, identificado a causa de tal partido com o fenianismo católico-nacionalista, o que tornou impossível um movimento trabalhista unido de Norte e Sul. Longe de transformá-lo, o elemento marxista no nacionalismo irlandês não produziu mais que outro santo ou mártir nacionalista, e um colorido social-revolucionário nas áreas radicais do IRA, o qual não foi forte o bastante, como o Ulster vem demonstrando desde 1968, para superar a tradição tão prontamente mobilizada por e para os *provos*.* O comunismo irlandês é insignificante e o Partido Trabalhista irlandês, mais fraco do que em qualquer parte das Ilhas Britânicas. Mesmo que fosse possível um tal exercício de história contrafactual (*i.e.*, ficcional), não estou discutindo o fato de que o movimento socialista irlandês teria se saído melhor concentrando-se nos interesses de classe de seus distritos eleitorais proletários e agrários, e deixando a insurreição nacionalista para outros. Estou simplesmente mostrando que, dentro de seus próprios princípios marxistas, a política marxista-nacionalista de Connolly deve ser encarada como um fracasso. Não há razão para supor, *a priori*, que os marxistas revolucionários escoceses e galeses tenham uma boa chance de transformar o SNP ou o Plaid Cymru em alguma espécie de vietcongue, simplesmente oferecendo seus serviços e lideranças à causa nacionalista.

Quaisquer que sejam, em abstrato, os prós ou contras da política nacional de Lênin, a situação atual difere daquela concebida na época em quatro pontos principais. Primeiro, como vimos, a relação entre os Estados nacionais e o desenvolvimento capitalista global, interna ou

---

* Uma das alas do IRA, Exército Republicano Irlandês. [N. T.]

internacionalmente, não permanece a mesma. Segundo, o desaparecimento virtual de impérios formais ("colonialismo") rompeu o principal elo entre o anti-imperialismo e o *slogan* de autodeterminação nacional; embora a dependência do neocolonialismo seja verdadeira, a luta contra ele simplesmente não pode mais ser cristalizada em torno do *slogan* da implantação de um Estado político independente, pois a maioria dos territórios interessados já o implantou. Terceiro, a emergência de um amplo setor mundial socialista introduziu problemas de atrito nacional e separatismo potencial que simplesmente não podem ter a mesma relação com a derrota do capitalismo que em colônias e metrópoles capitalistas, e isso também pode ser verdade para os problemas nacionais de países não socialistas do Terceiro Mundo. Finalmente, como vimos, o problema visível do nacionalismo atual refere-se em grande parte à desintegração dos Estados capitalistas "desenvolvidos". Em resumo, a relação entre o nacionalismo, de um lado, e o capitalismo e o socialismo (presente e futuro), do outro, encontra-se profundamente alterada.

Isso não quer dizer nada para os nacionalistas, que não se importam com o significado dessa relação, desde que a Ruritânia (ou seja lá quem for) adquira a qualidade de Estado soberano, enquanto nação, ou com o que de fato aconteça depois. A utopia deles — agora, pelo menos, tão destroçada pela prática quanto algumas outras — consiste exatamente em conquistar o domínio e a independência da Ruritânia (e se possível da Grã-Ruritânia), e, se necessário, subjugar os não partidários da Ruritânia em seu próprio meio. Por outro lado, surgem obstáculos intelectuais consideráveis para os nacionalistas que querem se fantasiar de marxistas, para os marxistas que desejam estar do lado vencedor (para variar um pouco) ou para quem queira fazer a partitura do clarim nacionalista ser seguida por toda a orquestra do materialismo histórico. Porque o problema não está em admitir o fato — embora vários marxistas relutem em admiti-lo — de que, para a maioria dos propósitos, ou na maior parte do tempo, a classe existe efetivamente dentro dos limites de uma comunidade, de um território, de uma cultura ou de um grupo ou Estado racial ou linguístico — *i.e.*, dentro dos limites de uma "nação" real ou potencial. Em resumo, e embora Nairn sugira o contrário,[13] o principal debate entre os marxistas sobre a "questão nacional" não tem sido entre leninistas e luxemburguistas.[14]

AS CONTRADIÇÕES DO "MARXISMO NACIONALISTA"

O verdadeiro problema para os marxistas nacionalistas tem dois lados. O primeiro diz respeito ao fato de que não há como transformar a formação das "comunidades nacionais" (i.e., a multiplicação dos Estados-Nações *enquanto tais*) em máquinas históricas de gerar socialismo, seja para substituir, seja para suplementar o mecanismo histórico de Marx. (Como vimos, isso inclui a formação de *alguns* Estados-Nações como parte essencial do desenvolvimento capitalista e como um importante papel estratégico para *alguns* movimentos nacionais; mas não o que o nacionalismo requer, ou seja, um alvará para *qualquer* Estado ou movimento desse tipo.) Por certo a própria teoria do nacionalismo de Nairn,[15] reconhecidamente improvisada, não consegue prover tal mecanismo, mas apenas estabelecer que a contínua

---

13 BB, p. 82.
14 Na época de Lênin havia um debate quadripartido entre: a) aqueles que colocavam o fato "nacional" em primeiro lugar (como o Partido Socialista Polonês e Nairn; cf. pp. 350-2); b) aqueles que nem o colocavam (como Luxemburg e o SDKPL); e aqueles que reconheciam sua realidade política, mas queriam impedi-la de enfraquecer o movimento socialista; c) sob as condições da Rússia czarista; d) sob as condições do Império Habsburgo. Assim, por razões históricas, aconteceu de (c) e (d) tenderem a envolver diferentes teorias sobre o que seria uma nação — i.e., enfatizando respectivamente (para simplificar problemas) seu caráter *territorial* e sua natureza enquanto "comunidade cultural". Acontece que os bolcheviques, partidários da autodeterminação (inclusive ao direito de secessão), eram revolucionários, ao passo que os líderes da social-democracia austríaca não eram. E que o partido russo, que não tinha uma base de massa, manteve a unidade da Rússia inteira, enquanto o partido austríaco não conseguiu. Por fim, os austríacos não prestaram atenção às discussões russas, ao passo que os russos sentiram-se obrigados a refutar a solução austríaca — apenas porque era partidária pelo *Bund* judeu (não territorial) e poderia encorajar outras tendências para enfraquecer a unidade do RSDLP, pela ruptura nacional. Cf. Perez Merhav, "Klassenkampf und Nationale Frage zur Zeit der II Internationale", *in Annali Fondazione G. Feltrinelli*, 1976, pp. 165-87.
15 BB, pp. 334-50.

178 | ESTRATÉGIAS PARA UMA ESQUERDA RACIONAL

multiplicação de Estados independentes ("fragmentação sociopolítica") até uma indefinida conclusão[16] é uma consequência do desenvolvimento desigual do capitalismo, e por isso deve ser aceita como a composição de aspirações socialistas "estabelecida e inescapável". Isso pode ou não ser dessa forma, mas só vai se tornar uma força que os socialistas aprovem, enquanto socialista, no caso de se supor, sem discussões, que o separatismo, em si, é um passo para a revolução.

Segundo (e, aqui, um ponto crucial para os nacionalistas, mas não para os marxistas), não há como empregar o argumento genérico do crescimento da balcanização como um argumento específico para a independência de qualquer suposta "nação". Presumir que a multiplicação de Estados independentes tenha um fim significa presumir que o mundo possa ser subdividido num número finito de possíveis "Estados-Nações" homogêneos, imunes a subdivisões posteriores, e que tais "Estados" podem ser especificados com antecedência. É claro que isso não acontece, e mesmo que acontecesse, o resultado não seria necessariamente um mundo de Estados-Nações. O imperialismo britânico revelou-se tendencioso ao utilizar a multiplicidade de grupos linguísticos do subcontinente indiano como um argumento contra o nacionalismo da Índia; porém — se não negarmos de fato seu "direito à autodeterminação" — não fica nada óbvio que a divisão da região de fronteira indo-birmano-chinesa em vinte "Estados-Nações" separados fosse praticável ou desejável.[17] Aqui, não precisamos discutir a suposição de que todas as "nações" devem (ou destinam-se a) formar Estados soberanos separados, mas apenas apontar que qualquer número finito de tais Estados deve excluir certos candidatos potenciais à qualidade de Estado. Em resumo, seja qual for a avaliação da tendência histórica geral, o argumento para a formação de qualquer Estado-Nação independente deve ser sempre um argumento *ad hoc*, que debilita a questão da autodeterminação *universal* por meio do separatismo.

---

16 *Id., ibid*, p. 356.

17 Utilizo dados do falecido R. P. Dutt, em *Moder India* (ed. 1940), pp. 264-5, omitindo as línguas (ou, como Dutt afirmava, "os dialetos muito restritos") faladas por menos de 50 mil pessoas. Seis delas eram faladas por mais de 200 mil. O argumento independe da validade dos dados.

A ironia do nacionalismo é que o argumento a favor de se separar a Escócia da Inglaterra é absolutamente análogo ao argumento a favor de se separar as Shetland da Escócia; e acontece a mesma coisa com os argumentos contra as duas separações.

Por certo seria absurdo negar que a relação entre o nacionalismo e o socialismo também cria dificuldades enormes para os nacionalistas não socialistas. Existe o dilema subjetivo dos marxistas norte-americanos, por exemplo, cujo país é o sustentáculo-mor do capitalismo (e do reacionarismo) internacional, o qual não pode, em termos realistas, fomentar sua transformação socialista num futuro previsível, e cujo nacionalismo define-se, em boa parte, pela exclusão de pessoas iguais a eles, taxando-as de "não americanas". A exemplo dos alemães antifascistas, no domínio nazista, eles poderiam consolar-se (mas com menos convicção) com o pensamento de que representam a "verdadeira" e não a falsa "nação"; mas na realidade eles não conseguem evitar e se afogam na onda do "patriotismo" local. Existe o fato mais geral, e infelizmente objetivo, de que os Estados e movimentos marxistas não conseguiram descobrir uma solução para a "questão nacional". Nem o marxismo austríaco nem o marxismo leninista (sem o poder de Estado) foram capazes de evitar a pulverização de partidos abrangentes em seções nacionais, quando a pressão nacionalista foi bastante grande; e o leninismo com certeza não foi capaz de evitar o rompimento de seu movimento internacional em amplas linhas nacionalistas. Os Estados socialistas multinacionais apresentam, à primeira vista, o que parecem ser quase os mesmos problemas de nacionalismos locais dos não socialistas. Por outro lado, os Estados e os movimentos marxistas tendem a se tornar nacionais, não apenas em forma, mas em substância, *i.e.*, nacionalistas. Nada sugere que essa tendência não continuará.

Se for assim, aumentará muito a distância já evidente entre o marxismo enquanto análise do que representa ou do que pode vir a representar, e o marxismo enquanto formulação daquilo que queremos que aconteça. Teremos que desmantelar um pouco mais de utopia, ou a empacotaremos para abrir num futuro dificilmente previsível. O mundo socialista não será o mundo de paz, fraternidade e amizade

180 | ESTRATÉGIAS PARA UMA ESQUERDA RACIONAL

internacionais que os filósofos e revolucionários sonharam, se vier à luz na atual constelação histórica — mas quem apostaria pesado nisso? Nem todos teriam a rapidez de Nairn para apagar essa "grandiosa tradição universal" (a qual, como ele diz, remonta a bem antes de Marx) como se fosse uma simples aberração do eurocentrismo, uma "fantasia metropolitana"; por sorte, sua teoria de nacionalismo é inconvincente demais para nos tentar a fazê-lo.[18] No entanto, tivemos bastante tempo, desde 1914, para nos acostumarmos com um socialismo internacional — enquanto movimentos ou Estados — que aninha esperanças e sonhos antigos. O verdadeiro perigo para os marxistas é a tentação de aceitar o nacionalismo como ideologia e programa mais do que aceitá-lo como um fato, uma condição de sua luta enquanto socialistas. (Afinal de contas, não aceitamos bem o fato de que o capitalismo tenha se mostrado bem mais resistente e economicamente viável do que Marx e Lênin esperavam, embora sejamos obrigados a reconhecê-lo.) Tal conversão, além de implicar o abandono dos valores do Iluminismo, da razão e da ciência, também implica a retirada de uma análise realista da situação mundial, marxista ou não. É por isso que livros como o de Nairn devem ser criticados, apesar (ou talvez por causa) do talento e das frequentes intuições do autor. Uma frase de Karl Kraus sobre psicanálise (não importa se estiver certa ou errada a respeito de Freud) também se aplica a eles: pelo menos são um sintoma da doença da qual pretendem ser a cura.

---

18 BB, pp. 336-7. O argumento de que esse socialismo deriva essencialmente da reação das elites "periféricas" contra o progresso e a penetração metropolitanos despreza sua origem e papel históricos nos países fundamentais ao desenvolvimento capitalista, os quais forneceram o modelo conceitual para o nacionalismo dos restantes: Inglaterra, França, Estados Unidos e Alemanha. De fato, o argumento de Nairn pode ser facilmente revirado e o mundo moderno dos Estados-Nações, entidades territoriais "relativamente uniculturais, homogêneas e unilinguísticas que se tornaram o padrão médio da ONU" (*ibid.*, p. 317), pode ser apresentado, em essência, como (temporariamente, espera-se) produto de feitio eurocêntrico. É claro que isso não seria melhor, enquanto política retórica, do que a versão de Nairn.

Sobre O esfacelamento da Grã-Bretanha

Não é meu objetivo discutir aqui o livro de Nairn em detalhes. Ele consiste, em essência, de dois blocos: um trata da questão específica do "esfacelamento da Grã-Bretanha" e outro, mais geral, volta-se para a impropriedade do marxismo, baseado (o autor talvez perdoe uma pequena simplificação polêmica) em que ele não reconhece que o desmembramento de grandes Estados em outros menores seja uma espécie de lei histórica. O primeiro contém observações interessantes, profundas e às vezes notáveis sobre a história de ingleses e irlandeses, embora não traga quase nada sobre a dos escoceses e dos galeses, porém sofre de uma tendência à invectiva anti-inglesa. O segundo sofre da corriqueira desvantagem de ser um arrazoado especial, disfarçado de grande teoria. Enquanto interpretação do marxismo, é passível de debates. Enquanto teoria do nacionalismo, apesar da terminologia neomarxista ("desenvolvimento desigual", referências a Anderson e Wallerstein), não difere muito de outras que agora circulam entre os acadêmicos.[19]

Tenta-nos discutir a prolongada, desapaixonada e muitas vezes brilhante proposta de Nairn sobre a "crise da Inglaterra", pois é realmente importante para remontar às peculiaridades e compromissos da revolução inglesa, ao triunfo da sociedade burguesa britânica, em certos aspectos insolitamente completa, e em outros bastante incompleta. Além do mais, Nairn abre um novo campo de genuíno marxismo, particularmente ao vincular a falta de adaptação do capitalismo britânico às condições da segunda metade deste século às estruturas estatais e político-culturais que são o resultado dessas peculiaridades da "revolução burguesa". Precisamos

---

19 Cf. pp. 96-105 e capítulo 9. Talvez com exceção da argumentação duvidosa de que o nacionalismo do século XIX foi, em essência, uma reação contra "formas de Estado sem dúvida arcaicas", a exemplo dos antigos impérios multinacionais ou mais multicomunitários (*ibid*, pp. 86-7, 317-8). Isso aconteceu de modo evidente e necessário, mas daí não se deduz que formas arcaicas de Estado "estavam destinadas a se *desintegrarem* em Estados-Nações do tipo ocidental [...] pela natureza do capitalismo" (grifo acrescentado). Como foi discutido acima, tais Estados ao menos tinham probabilidade (e, de fato, nas áreas fundamentais ao desenvolvimento capitalista, *mais* probabilidade) de afogar o "particularismo" em grandes Estados-Nações mais unificados, tais como o Reino Unido, a França, a Alemanha e a Itália.

tirar o chapéu para as contribuições de Nairn. No entanto, seus argumentos são facas de dois gumes. Há um século, teriam sido usados para explicar os triunfos e sucessos do capitalismo britânico, da mesma forma que outros, análogos, hoje podem ser empregados para explicar o sucesso incomum do capitalismo alemão e do japonês e, o que não é inconcebível, o sucesso econômico do socialismo alemão. Ademais, de qualquer maneira tais considerações aplicam-se a qualquer país burguês, sem excluir (de acordo com a formulação do próprio Nairn) a Escócia dos séculos XVIII e XIX. Isso acontece porque, pela própria argumentação de Nairn, o "desenvolvimento desigual" exclui a realidade de uma versão "padronizada" de uma sociedade burguesa totalmente "pura". De todo modo, uma vez que até agora nenhum "país desenvolvido" produziu uma revolução socialista, podem-se usar algumas variantes do argumento da história para explicar sua não ocorrência em qualquer lugar. E, ao contrário, uma vez que um crescente número de antigos "Estados-Nações" mostra tendências para rompimentos internos, a análise britânica de que isso se deve ao naufrágio econômico torna-se inconvincente para servir de explicação ao fenômeno mais geral.

O livro de Nairn não constitui de forma alguma a única tentativa de remendar as diferenças entre os marxistas e o nacionalismo. O que faz livros como o dele serem um sintoma tão melancólico de nossa época é justamente o fato de que ele não é *nem* o tipo de nacionalista que hoje exibe uma insígnia marxista, mas antes da guerra pode ter namorado a ultradireita, *nem* o tipo de marxista que, no meio do caminho, descobre que é mais judeu ou árabe do que marxista. Sua força sempre foi enxergar as automistificações daqueles que falam de "desmistificação", o enchimento intelectual por trás de frases políticas fantasiadas de análise política, a recusa em reconhecer as verdades porque elas são desagradáveis. Onde nem as emoções dele nem as da maioria do mundo estão muito comprometidas, a exemplo do Ulster (com o qual quase ninguém realmente *se importa*, fora da Irlanda do Norte, como ele observa corretamente). Isso empresta à sua análise uma admirável crueldade muscular. Até o nacionalismo escocês de Nairn — diferente de seu "escocisismo" — parece menos uma base e um objetivo de sua política do que um último refúgio.

Qualquer um pode ser realista quando as perspectivas são boas. As dificuldades têm início quando (como agora) as análises sugerem aos observadores realistas como Nairn conclusões de profundo pessimismo. Apesar de seu repúdio, a atitude desse autor tem claras marcas da imagem que Walter Benjamin (que ele cita) faz de "progresso" como uma pilha de entulho, que nós, ao avançarmos de ré para o futuro, vemos se acumular nos temporais da história, pelo receio de que talvez o futuro não seja como gostaríamos ou mesmo como acharíamos suportável. Os diferentes mecanismos sobre os quais os marxistas se apoiaram (empregando as análises de Marx de forma mais ou menos imprecisa) para a substituição do capitalismo pelo socialismo não estão funcionando: nem nos países desenvolvidos, nem na maior parte do Terceiro Mundo — este, em si, um conceito cuja imprecisão agora fica óbvia. Quanto aos verdadeiros Estados socialistas, não se pode negar seus problemas internos e as incertezas quanto a seus próprios futuros. Além disso, mesmo para aqueles de nós que recusam diminuir as extraordinárias conquistas históricas desses Estados, sua atual forma os impede de serem aceitos como modelos de um futuro socialista desejável. Hoje, a sociedade capitalista está em crise global, mas poucos conseguem acreditar que dela resultará o socialismo em qualquer país, talvez mesmo a curto prazo. Então, em que vamos basear nossas esperanças, senão na vontade cega ou num ato de fé na inexorabilidade da história? No entanto, os marxistas nunca foram voluntaristas cegos, nem nunca se basearam na inexorabilidade histórica ou em abstratas generalizações filosóficas. Sempre buscaram identificar as forças sociais e políticas específicas, conjunturas e situações específicas, que cavariam a sepultura do capitalismo.

TENTAÇÕES DO SEPARATISMO

Nisso está a tentação do nacionalismo separatista, uma força sociopolítica inquestionavelmente ativa, crescente e potente, capaz de impor termos em seu próprio campo limitado, não apenas para os trabalhadores, mas também para a burguesia e os Estados capitalistas. Além do mais, está crescendo a olhos vistos com a crise dos dois. Nairn salienta de maneira correta que os separatismos nacionais escocês e galês, como forças ponderáveis, surgem de crises do capitalismo britânico; ele os vê como uma "fuga dos estágios finais de um naufrágio". É igual e mais concretamente verdadeiro, embora Nairn não diga isso, que tais separatismos adquiriram o apoio que têm, em especial entre os trabalhadores, como resultado direto do fracasso do Partido Trabalhista Britânico na década de 1960. Uma vez que os escoceses e galeses colocaram suas esperanças naquilo que pudesse ser um partido "do progresso e do povo" totalmente nacional — de início liberal, depois trabalhista —, a base maciça para o nacionalismo separatista era negligenciável (ao contrário da Irlanda); e, por outro lado, como acontecia em alguns outros Estados burgueses desenvolvidos — notadamente nos Estados Unidos — o "partido do povo" poderia conseguir uma força extra (e a capacidade para servir a quem o apoiava) ampliando-se numa aliança com trabalhadores, intelectuais, e minorias nacionais, raciais e religiosas, além de regiões carentes.[20] Não há motivo para imaginar que a descoberta da mina de ouro do petróleo pela classe média escocesa — fato que de qualquer modo postergou o surgimento de uma base de massa nacionalista — tenha feito com que a massa de trabalhadores escoceses se dispusesse automaticamente a seguir o SNP; ou que o argumento de que uma economia escocesa florescente e dinâmica estava sufocada pela conexão com a Inglaterra retrógrada soaria mais convincente em Strathclyde do que em qualquer lugar fora dos círculos nacionalistas escoceses.

Será que essa força indubitável, inseparável do "desenvolvimento" capitalista (ou talvez de qualquer "desenvolvimento"), que ele gerava sem parar, e que cresce e se torna mais universal com suas desigualdades, tensões e contradições, não seria, de alguma forma, a coveira do capitalismo?

---

20 Num ensaio escrito em 1965, usei esse argumento para o Reino Unido, mas questionei: "Se, com a erosão do movimento trabalhista tradicional, os *slogans* nacionalistas no futuro vão significar um maior apelo para a classe trabalhadora ou galesa, apenas esse futuro poderá responder." Na época em que o ensaio estava nas provas (1968) já era possível dizer: "Desde 1966, a desilusão com um governo trabalhista transformou os nacionalismos escocês e galês numa força eleitoral, pela primeira vez na história" (*Mouvements Nationaux d'Indépendance et Classes Populaires aux XIXe et XXᵉ Siècles*, Paris, 1971, vol. 1, p. 42). Nairn cita o ensaio, mas não o argumento.

Com sua ambiguidade declarada ("o Jano moderno"), será que ela não seria inevitável e também desejável — por exemplo, ao auxiliar na restauração dos "verdadeiros valores de comunidades menores e mais reconhecíveis"? Será que, como Sherlock Holmes fazia, a eliminação de todas as outras hipóteses não deveria produzir a verdadeira solução, mesmo que ela seja implausível? Talvez só possa produzir "um desvio na rota da revolução", mas ali, onde a estrada principal tem sido bloqueada ou destruída, temos alguma outra opção? É grande a tentação para descobrir se pode ou deve, mas também é grande o perigo de que o desvio se transforme no caminho principal. Se o nacionalismo separatista (na forma do "esfacelamento da Grã-Bretanha" ou em qualquer país) resulta em *não* ser "uma ação progressista — um passo adiante não apenas para seus próprios povos, mas para a Inglaterra e também a ordem de Estado mais ampla", "então o neonacionalismo não precisa de mais nenhuma justificativa". "Nesse caso, quem pode negar (os escoceses, galeses etc.) a autodeterminação efetiva, não enquanto uma moral piedosa, mas como um passo prático e urgentemente necessário?"[21] Insensíveis, atingimos um ponto em que criar outro Estado-Nação torna-se um propósito, e os argumentos de esquerda não se distinguem daqueles de todas as Ruritânias do passado, cujos porta-vozes estavam ansiosos em nos assegurar, e em nos fazer acreditar, que aquilo que era bom para a Ruritânia era bom para o mundo. E se não fosse, eles continuariam assim mesmo.

NACIONALISMO E SOCIALISMO NA GRÃ-BRETANHA

Contudo, qualquer que seja o argumento teórico ou histórico genérico, a questão crucial deve ser: a que ponto o "esfacelamento da Grã-Bretanha" ou de outros grandes Estados-Nações ajudaria o socialismo, e, de fato, a que ponto isso é tão inevitável quanto Nairn afirma ou sugere? No entanto, essas questões não são de teoria geral, mas de realidades e probabilidades concretas. Para um observador sem compromissos, os efeitos socialistas

---

21 BB, pp. 89-91.

positivos do esfacelamento do Reino Unido, mesmo que inevitável, não estão visíveis no momento. Pode ser verdade que "apareçam finalmente as forças capazes de desequilibrar o Estado [...] como arautos de uma nova era", se, de acordo com Nairn, encararmos a anterior destruição do antigo Estado como uma precondição necessária, ou mesmo "o fator principal na construção de algum tipo de revolução política". Imaginar que isso vai ajudar a esquerda é uma questão de pura fé. Nairn faz esta pergunta retórica: "Por que isso não seria verdadeiro também no caso da Grã-Bretanha?" E para isso só existe uma resposta: "Por favor, dê os motivos para que seja verdade." Mesmo que deixemos de lado (como demais "eleitoreira") a probabilidade de que o Partido Trabalhista numa Inglaterra-*rump* seria um partido minoritário quase permanente, de longe o efeito mais parecido com uma secessão da Escócia ou Gales seria um enorme reforço do nacionalismo inglês, isto é (nas atuais circunstâncias): de uma direita radical — precisamos utilizar esse termo apesar do desvio da ultraesquerda irracional — semifascista, xenófoba e corrupta. É fácil fazer piadas com o fato de que o nacionalismo inglês não se assemelha a tantos outros, e prever que, depois de muita pancada, a Inglaterra "se tornará uma nação como outra qualquer" (!).[22] Nairn, cuja geração teve a sorte de não viver na época em que a Alemanha perpetrava tal processo, pode muito bem deplorar patacoadas políticas como: "Com o tempo, o restante de nós vai aprender a viver com o resultado, que terá algumas compensações tanto quanto suas amarguras e maluquices ultranacionalistas."[23] Mais fácil é dissecar o excêntrico Enoch Powell, que *não* se tornou o líder do nacionalismo inglês, do que o primeiro movimento nacionalista inglês "como todo o resto" que na verdade conquistou um nível de apoio de massa até entre os trabalhadores. Será de fato possível discutir o futuro do nacionalismo inglês em 1977 sem fazer, pelo que me lembro, uma referência ao menos à Frente Nacional ou a movimentos desse tipo?

A não ser que sejamos galeses ou escoceses, a expectativa de que o esfacelamento do Reino Unido tenha probabilidade de precipitar 46 dos seus 54 milhões, numa reação, não é contrabalançada pelo possível avanço do

---

22 *Id., ibid.*, pp. 291-305.
23 *Id., ibid.*, p. 301.

socialismo entre os 8 milhões restantes (o 1,5 milhão do Ulster pode ficar de lado, como *sui generis*). De fato, porém, não há nenhuma razão muito convincente para que se espere tal avanço. O melhor que se pode dizer a respeito de Gales independente é que é provável que não será tão diferente do que é hoje, em termos de política. Estaria bem *menos* próximo da revolução socialista do que nos dias gloriosos da Federação dos Mineiros de Gales do Sul; mas não é impossível que, enfrentando alguma real competição com o Plaid Cymru (felizmente também impregnado das básicas tradições políticas do país, que são aquelas da esquerda histórica), o trabalhismo tente recuperar parte de seu antigo espírito. O SNP — um clássico partido nacionalista pequeno-burguês da direita provinciana, de repente levado ao governo — só poderá conquistar seu triunfo nas ruínas do Partido Trabalhista, das quais (infelizmente) o Partido Comunista (cuja ficha de paladino do *povo* da Escócia é muito melhor) não parece se beneficiar muito. Quem pensa que o SNP se transformaria rapidamente em algo semelhante a um partido socialista está sonhando. Ele poderia ou não se dissolver. O trabalhismo poderia ou não se recuperar. Todo mundo imagina o que os conservadores e os liberais escoceses poderiam ou não fazer. A profecia mais segura é que a política escocesa seria complexa e imprevisível, e até poderia ser mais selvagem, no caso de se provar irreal sua esperança de prosperidade universal, como no Norte do Kuwait, ou como numa economia industrial cujos problemas desaparecerão por milagre com a independência (diferente daqueles, por exemplo, do Nordeste da Inglaterra). Só podemos ter certeza de uma coisa: não será nem um pouco semelhante a outra Noruega.

A SEPARAÇÃO É INEVITÁVEL?

Portanto, mesmo nos cálculos de curto prazo, o esfacelamento do Reino Unido é uma perspectiva à qual a esquerda pode ter que se resignar, mas que exige um certo presságio e nenhum entusiasmo. Aqui, não se trata de argumentar a favor da manutenção da unidade deste ou daquele Estado, em princípio. Mas será que tais esfacelamentos de Estados multinacionais e de outros grandes são inevitáveis? Obviamente interessa ao separatismo argumentar que nada pode impedir sua causa, mas a experiência não sugere que sejam inevitáveis. Deixemos de lado as contratendências que, nos últimos cinquenta anos, tornaram, por exemplo, as federações do Brasil, do México e dos Estados Unidos provavelmente mais unitárias e centralmente controladas do que nunca. Vamos omitir exemplos (até hoje) bem-sucedidos de reintegração que se contrapuseram ao esfacelamento da Alemanha Ocidental e da Itália. Tendo consciência deles, Nairn sugere que pode ser tarde demais para outros, mas que isso é uma questão de opinião. De fato, a grande maioria de novos Estados, a partir de 1945, não surgiu pela divisão de Estados existentes, mas pela separação formal de territórios dependentes já separados de suas metrópoles, dentro de fronteiras preestabelecidas.[24] Existem exemplos de secessões bem-sucedidas — em especial a de Bangladesh do Paquistão — mas talvez haja mais exemplos de fracassos (Biafra, Catanga, Azerbaijão, Curdistão etc.). Concretamente, trata-se de uma questão de poder, inclusive de poder militar; de determinação de governos; de ajuda ou oposição por parte de Estados estrangeiros; da situação internacional em geral — e não é possível fazer generalizações apriorísticas sobre tal questão. Concretamente, o argumento de que a independência de Estado para a Escócia e Gales é "inevitável" presume que, se a pressão local para isso se mostrasse esmagadora, a Inglaterra se comportaria como a Suécia em relação à Noruega, em 1905, ou como a Dinamarca em relação à Islândia, depois de 1944 — o que pode ser uma pressuposição razoável, mas não tem nada a ver com inevitabilidade histórica.

Mas será que a pressão para a separação é esmagadora? Neonacionalismo implica o desejo de independência de Estado? A atual e inegável reação contra a burocracia centralizada é sentida como tal pelo indivíduo, e contra entidades (não apenas Estados) numa escala além das relações humanas, necessariamente "nacionalista" em sua origem ou caráter? Mais uma vez, é de interesse do nacionalismo que se diga sim — pelo menos no que diz respeito à maneira como se concebe Estado, sendo ele a única

---

24 Estou omitindo: a) os casos de ficção constitucional, em que os territórios de além-mar foram classificados oficialmente como províncias metropolitanas (França, Portugal); b) as divisões de Estados como um resultado de conflitos de poder (Alemanha, Coreia, China/Taiwan e, temporariamente, Vietnã).

SOCIALISMO E NACIONALISMO | 189

entidade que os nacionalistas consideram. No entanto, aceitar tal suposição significa formular questões não apenas de análise, mas também de política, de uma maneira que os marxistas não podem fazer. Significa aceitar o nacionalismo em sua própria avaliação, ou à maneira dos ideólogos e políticos que se dizem seus porta-vozes; reconhecer apenas manifestos e não problemas e fatos. Significa reconhecer problemas do declínio de áreas industriais (ou mesmo negá-los) quando são formulados em termos "nacionais" (nacionalismo da Valônia, para os belgas, e nacionalismo escocês, para Strathclyde), mas não quando são formulados de outra maneira (Nordeste da Inglaterra); ver a crise da vida rural quando o influxo de *second-homers* (pessoas que têm duas casas, uma na cidade e outra no campo) ou de *commuter* (pessoas que moram nos subúrbios e trabalham em grandes cidades) é de "estrangeiros", como no norte de Gales, mas não quando tal influxo é "nativo", como em Suffolk. É reconhecer como "nações" aqueles que clamam e não aqueles que se calam; é correr o risco de identificar os problemas dos judeus, enquanto povo, com os problemas do Estado que abriga um quinto deles (a maioria dos quais continua a viver na diáspora, inclusive 10% da população de Israel, e parece que vão continuar a fazê-lo). É esquecer — como Nairn o faz — a distinção entre "nações" e movimentos inquestionáveis com peso político indiscutível, tais como a Escócia, o País de Gales, os catalães, os bascos e os flamengos, e aquilo que — pelo menos hoje — não passa de construções ideológicas duvidosas e vagas, como a "Occitânia".[25]

---

25 O "occitanismo" é a tentativa de discutir a "nacionalidade" de uma área de tamanho incerto, cobrindo, em versões extremas, a maioria ou todo o Sul da França, unificada pelo fato de falar ou ter falado dialetos ou línguas — duvidosamente classificáveis como tal — que não se transformaram na base do moderno francês (mais ou menos parecido com o "baixo alemão" das planícies setentrionais, que não se transformaram na língua-padrão alemã). "Exceção feita ao verdadeiro mundo pan-occitânico dos trovadores, nunca houve, historicamente, uma consciência occitânica unificada. A consciência sempre esteve no nível de Auvergne, Languedoc, Limousin, Guyenne etc." (E. Le Roy Ladurie, "Occitania in Historical Perspective", *Review* I, 1, 1977, p. 23). Não há motivo para supor que as características comuns superassem sua heterogeneidade interna; não há evidência alguma de que se tenha considerado como "nação" ou mesmo visado à independência como "Occitânia" antes do atual movimento occitanista — que, até agora, carece por completo de algo semelhante a um apoio de massa regional dos bascos e catalães (aos quais, casualmente, sobrepõem-se em parte ao território reivindicado por alguns occitanistas).

Mesmo que não se queira questionar a existência do nacionalismo ou (mais insensatamente) a reivindicação deste ou daquele partido político ou grupo ideológico de nos dar sua única versão verdadeira, é imenso o número de questões que essa suposição levanta. Na verdade, o que mudou nas aspirações dos galeses de língua galesa em Merioneth e Caernarfon quando eles finalmente decidiram eleger para o Parlamento um candidato do Plaid Cymru em vez de um candidato liberal ou trabalhista? Certamente não foi porque, de repente, tinham adquirido um nacionalismo que antes lhes faltava. (Ao contrário, por que mais da metade das pessoas que falam ladino no Sul do Tirol votou para fazer parte da Alemanha de Hitler, no plebiscito de 1939? Dificilmente porque se considerasse de etnia alemã ou como nacionalista alemã.) Por acaso os irlandeses católicos foram menos nacionalistas quando esmagadoramente apoiaram Parnell e seus sucessores, que não reivindicavam nada parecido com independência, do que quando eles, mais tarde, votaram em Sinn Fein, que reivindicava? Os galeses são menos nacionalistas do que os escoceses porque o Plaid Cymru é eleitoralmente mais fraco do que o SNP? Um observador não comprometido poderia concluir o oposto, tanto pela história quanto pela verificação. O Plaid Cymru provaria ser menos nacionalista do que o SNP se mostrasse, como não é impossível, ser menos rigidamente comprometido em romper todos os laços de Estado com a Inglaterra? Basta afirmar o óbvio, isto é, que os fortes votos pró-catalão e pró-basco naquelas partes da Espanha sejam evidência de predominância nacionalista, sem investigar até que ponto eles são considerados votos pela secessão, por alguma outra forma de associação autônoma? E se for assim, qual?

NAÇÕES E MUDANÇA HISTÓRICA

Para os marxistas e outros, existe, porém, uma série muito mais ampla de questões que tais suposições sugerem. É óbvio (ou deveria sê-lo) que o caráter específico de regiões ou grupos não aponta invariavelmente para uma direção, seja por razões de avaliação política, seja porque eles mesmos não permanecem historicamente imutáveis. Nairn admite uma primeira consideração, quando insiste que interesses específicos dos habitantes protestantes do Ulster os levaram, com bastante lógica, a persistir na união com a Grã-Bretanha, e que, mesmo hoje, "a independência é vista aqui como uma última passagem bíblica estreita [...] a terrível ameaça no fim da linha".[26] A independência política é apenas uma opção entre muitas. Durante o século XX, o Tirol tentou manter sua "identidade" bastante forte e seus interesses especiais pela superlealdade ao império multinacional Habsburgo, por meio da procura de vários níveis de autonomia na Áustria, por meio da integração dentro de um Reich pangermânico, e certa vez, embora apenas por um momento, por meio de um jogo com a ideia de uma república tirolesa separada.

A segunda consideração tem relevância igual. Em termos econômicos, é inegável a tendência para transformar e integrar os interesses regionais em unidades maiores. Nos Estados Unidos, "onde a influência do antigo setorialismo sulino era manter-se separado do restante do país, hoje os interesses setoriais do Sul o impelem na direção da onda nacional".[27] Pelas razões discutidas antes, pode ser que hoje seja mais fácil mesclar a integração com a independência de Estados pequenos, desde que as atividades dos Estados multinacionais não se tornem inconvenientes a ponto de impossibilitar tal integração. Mesmo assim, a questão não é se a Frísia poderia proclamar sua independência dos Países Baixos e da Alemanha Ocidental, ou Salzburgo, da Áustria (mais uma vez), mas se os "séculos de história mundial" estão de fato conduzindo a situação nessa ou em outra direção.

Não faço estas colocações para questionar a realidade e a força do nacionalismo atual, ou mesmo para inquirir a observação empírica de Nairn que, desde que o movimento nacionalista participe da política de um país, como uma força maciça, é provável que continue aí permanentemente, de

---

26 BB, p. 241. Ele se engana, vendo isso como "absurdo" e o autogoverno como "normalmente a enfadonha resposta aos conflitos de nacionalidade: um padrão atual, produto de séculos de história mundial" (*ibid.*). Nas situações infelizmente comuns, como o Ulster, onde uma nítida separação territorial de comunidades é impossível, o "autogoverno", em si, torna-se irrelevante para os conflitos nacionalistas. A divisão dá (ou não) certo apenas com a expulsão em massa ou com a subjugação pela força daqueles grupos ou minorias mais fracos.

27 Lubell, *The Future of American Politics*, Nova York, 1956, p. 135.

qualquer jeito. Tais colocações também não implicam qualquer atitude, em princípio, tendente para Estados grandes ou pequenos, unitários ou federais (de qualquer variedade), separatismo em geral ou em qualquer caso particular, na Grã-Bretanha ou em qualquer outro lugar. Minhas colocações querem dizer que os marxistas não deveriam engolir a história de que o processo da "fragmentação sociopolítica" ou o desenvolvimento do nacionalismo em "um tipo de norma mundial", mesmo se tivermos que aceitá-la sem maiores análises (o que não deveríamos), permite-nos fazer alguma previsão de momento sobre o futuro de determinado Estado, região, povo, grupo linguístico ou qualquer outro, ou organização nacionalista; e menos ainda que a história tenha trabalhado exclusivamente para uma série de negociações políticas defendidas, por exemplo, pelo SNP. Elas implicam reconhecer o caráter do nacionalismo, seja como uma variável dependente ou independente da mudança histórica. Em suma, elas implicam uma análise marxista do fenômeno em geral, quer decidamos ou não aplaudir ou nos opor ao nacionalismo, sob quaisquer de suas versões ou instâncias. Autoevidencia-se que isto implica um constante repensar e um desenvolvimento da *análise* marxista. Tal autoevidência não se dá apenas porque — a despeito do grande e valioso volume de trabalhos anteriores, que os críticos não estão preparados para reconhecer — os pontos de vista marxistas sobre "a questão nacional" não são satisfatórios: mas, acima de tudo, porque o próprio desenvolvimento da história mundial muda o contexto, a natureza e as implicações de "nações" e "nacionalismo". Entretanto, não consigo ver como Nairn tenha contribuído de maneira util e convincente para tal.

OS MARXISTAS E O NACIONALISMO ATUAIS

Nesse meio-tempo, a *atitude* prática dos marxistas em relação aos problemas políticos concretos levantados pela "questão nacional" quase não requer modificações sérias. Sem dúvida os marxistas continuarão a ser tão conscientes da nacionalidade e do nacionalismo quanto o foram durante a maior parte do século XX (dificilmente não o seriam). Sujeitos apenas às imprecisões e inconsistências embutidas no conceito, continuarão a defender o desenvolvimento total de qualquer nação, seus direitos à auto-determinação (inclusive à secessão — o que, como sempre, não significará que vão considerá-la desejável em todos os casos). Sem dúvida, na maioria das vezes, vão continuar tanto a se ligar a suas próprias nações, quanto a defendê-las: sua história nos movimentos de resistência europeus, na época de Hitler, comprova isso. No entanto, ao contrário dos nacionalistas, também continuarão a reconhecer — em geral antes dos outros — a multinacionalidade por trás da fachada de Estados, grandes ou pequenos. Seu próprio não nacionalismo e sua recusa em identificar "as nações", seus "interesses", "seu destino" etc. com este ou aquele programa nacionalista, em qualquer momento dado, continuarão a fazer deles os efetivos paladinos das nações, de grupos raciais etc., além de si próprios (a exemplo dos comunistas ingleses, que o foram das nacionalidades escocesa e galesa), querendo ou não, de verdade, a separação de Estado. Por isso, os marxistas continuarão a ser não apenas inimigos do "chauvinismo da grande nação", mas também do "chauvinismo da pequena nação", que não é uma força desprezível num mundo composto em grande parte de pequenas nações. Nem sempre acertarão, embora se possa imaginar que eles tenham mais probabilidade de errar quando se perceberem engolindo toda uma suposição nacionalista, a exemplo do que muitos marxistas fizeram na questão do Ulster, por tanto tempo. Às vezes, especialmente quando estiverem no governo, não conseguirão viver de acordo com seus princípios. E, se viverem, espera-se que alguns tenham a coragem de dizê-lo, como Lênin o fez quando, em seu *Testamento*, criticou os comportamentos "chauvinistas" de Stalin, Dzerzhinsky e Ordzhonikidze.

Ninguém apresentou boas razões para explicar por que essa atitude (que em sua essência é compartilhada pela maioria dos marxistas, apesar das pelejas de Nairn com o fantasma de Luxemburgo) não poderia fornecer um guia adequado, em princípio, para os problemas políticos que os marxistas provavelmente enfrentarão nesse campo. Inclusive o "esfacelamento do Reino Unido", o qual, sob a forma de secessão escocesa e galesa, a maioria deles não encararia hoje como uma solução desejável, ao contrário da secessão de um Ulster independente, que muitos deles aprovariam. Mas isso não quer dizer que os marxistas não aceitariam uma secessão como um fato ou até a aprovassem, sob outras circunstâncias. Tal atitude dos marxistas não oferece garantias de sucesso, mas Nairn também não. A diferença entre os dois é que um se ilude menos que o outro. Na medida em que Nairn permanece dentro do âmbito do debate marxista sobre a atitude em relação ao nacionalismo — dentro do estabelecido e longe, histórica e politicamente, do irrealista —, suas avaliações podem ser discutidas, embora alguns de nós possamos considerá-las erradas. Na medida em que ele tenta mudar os termos desse debate, a principal direção de seus argumentos parece não ser, como ele insiste, transformar o marxismo, "pela primeira vez, numa teoria mundial autêntica" ou "separar o permanente — o 'científico' [...] da ideologia da nossa *Weltanschauung*", mas mudar a ideologia e solapar a "ciência".

Tal situação coloca o marxismo à mercê do nacionalismo. Aqui, infelizmente, Nairn não está sozinho atualmente, em especial no que diz respeito a países nos quais as questões nacionais dominam o debate político. Como Maxime Rodinson colocou, ao escrever sobre o mundo árabe do Oriente Médio:

> De um lado, o nacionalismo puro empregou justificativas do tipo marxista e recrutou defensores formados no marxismo [...] De outro, a esquerda internacional [...] denunciou violentamente os regimes nacionalistas puros [...] Mas não conferiu menor prioridade à luta nacional. O dispositivo sofista para justificar isso consistia na tese de que "as massas" é que demonstravam lealdade sem qualificação à causa nacionalista em sua forma mais extremista [...] Portanto, a revolução social foi vista, em última análise, sob uma perspectiva nacionalista. Por isso corre o risco de subordinar-se ao nacionalismo.[28]

Não é necessário ser luxemburguista para perceber o perigo de um marxismo que se perde no nacionalismo. Lênin não se referia aos flamengos

---

28 *Marxisme et Monde Musulman*, Paris, 1972, pp. 564-5.

ou aos bretões, mas ao que ele via como o caso mais claro de nacionalismo anti-imperialista "progressista" e "revolucionário", quando preveniu Zinoviev e seus companheiros que queriam pregar a "guerra santa" no Congresso de Baku, em 1920, dizendo: "Não pintem o nacionalismo de vermelho."[29] Tal recomendação ainda é válida.

---

29 M. N. Roy, *Memoirs*, Bombaim, 1964, p. 395.

11

O TRABALHISMO NAS GRANDES CIDADES

(1987)

As cidades gigantescas foram um fenômeno novo dentro do capitalismo ocidental e um tipo de assentamento humano sem precedentes no mundo não oriental, antes do século XVIII, ou seja, cidades cuja população seria medida em muitos milhares e, logo, em milhões de habitantes. Até o século XIX, as cidades com mais de 100 mil pessoas, na Europa, eram consideradas extremamente grandes; e, com exceção de alguns portos internacionais, nenhuma cidade teria mais de quinhentos a 600 mil, pois a região que lhe fornecia suprimentos não teria tal capacidade de abastecimento. Sabe-se de fato que no Ocidente não existiu nenhuma cidade com 1 milhão de pessoas desde o final do Império Romano até o século XVII, quando Londres alcançou esse número, e provavelmente nenhuma cidade mesmo com a metade dessa população, exceto Paris e Nápoles. Contudo, ao estourar a Primeira Guerra Mundial, a Europa contava com *sete* cidades cujas populações iam de 1 a 8 milhões de habitantes, e outras 22 que variavam de 0,5 milhão a 1 milhão de pessoas. Além disso, esperava-se que tais cidades crescessem e se expandissem sem limites previsíveis, fato que também era novidade. Este artigo trata dos problemas dos movimentos trabalhistas nessas gigantescas áreas urbanas. Quando os historiadores sociais do trabalhismo estudaram localidades específicas, fixaram-se naturalmente sobre os assentamentos característicos das classes trabalhadoras industriais, os centros de indústrias, de forjas, de usinas e de minas. No entanto, essas localidades, no século XIX, eram muito pequenas pelos padrões atuais, embora, é claro, crescessem com bastante rapidez. Em 1849, o sindicato dos Operative Stonemasons reconhecia apenas quatro cidades na Grã-Bretanha onde se permitia que os trabalhadores por jornada passassem mais de um dia para procurar emprego: Londres, Birmingham, Liverpool e Manchester. Em 1887 já existiam 48 dessas cidades. Mesmo assim, o assentamento médio da classe trabalhadora não era grande. Em 1870, Paterson e Nova Jersey tinham 33 mil habitantes, numa época em que os maiores cotonifícios da Grã-Bretanha, a oficina do mundo no auge de sua glória, empregavam de 30 mil a 80 mil trabalhadores. Notoriamente, os assentamentos mineiros eram mais parecidos com vilas do que com cidades. Mesmo os centros de indústrias pesadas não eram enormes. A cidade de Clydebank, que abrigava os maiores estaleiros, indústrias químicas, destilarias e a fábrica da indústria de máquinas de costura Singer, contava com 22 mil habitantes, em 1901; Barrow-in-Furness, uma cidade especialmente construída para a fabricação de motores e navios, tinha 58 mil. Enfim, estamos falando de comunidades ao pé da letra: de *Gemeinschaft* mais do que *Gesellschaft*; de lugares onde as pessoas podiam ir a pé para o trabalho e às vezes até se alimentar em casa; de lugares onde estavam profundamente mesclados o trabalho, o lar, o lazer, as relações industriais, o governo local e a consciência de cidade natal.

Foi exatamente nesse tipo de localidade que os movimentos trabalhistas implantaram suas cidadelas. Em 1906, ano em que houve o primeiro grande rompimento das barreiras parlamentares, quando, dos trinta membros eleitos pelo Comitê de Representação do Trabalhismo Britânico, cinco provinham de cidades com mais de meio milhão de habitantes, quatro eram de cidades com duzentos a 500 mil, e o restante, de localidades menores, inclusive distritos cujas principais comunidades tinham entre 20 e 25 mil ou mesmo de 10 mil a 15 mil pessoas. Ou, para tomar outro índice da consciência proletária, localidades cujos times de futebol figuravam na primeira divisão da Liga Britânica, no início da década de 1890 — época em que as finais de campeonatos já eram assistidas por 65 mil espectadores (Manchester, 1893). Do total de dezesseis times da Inglaterra, onze eram de cidades que tinham de sessenta a 200 mil habitantes, outros dois vinham de cidades com 200 a 300 mil (Nottingham e Sheffield), e apenas três advinham de grandes cidades (Manchester, Liverpool e Birmingham). Revelando bem o caráter da época, esses três times receberam não o nome da cidade de onde eram, mas de bairros ou burgos dentro dela (Aston, Everton e Newton Heath) Nesse tempo, Londres ainda não tinha grandes times de futebol.

Esse fenômeno não era apenas britânico. As primeiras municipalidades conquistadas pelo Partido Trabalhista na França, nas décadas de 1880 e 1890, não tinham grandes dimensões, seja pelos padrões europeus, seja pelos franceses. Eram localidades como Commentry, Montluçon, Roanne, Roubaix, Calais e Narbonne. As primeiras cidadelas do SPD alemão, na década de 1870, instalaram-se em zonas rurais industrializadas do centro da Alemanha, onde nunca apareceu mais de uma cidade que hoje se pudesse considerar de tamanho médio (Chemnitz, hoje Karl Marx Stadt). Pode-se supor que tal situação devia-se aos motivos apontados pelo admirável Herbert Gutman, historiador do trabalhismo norte-americano, já falecido. Ele escreveu: "O tamanho da cidade industrial e a composição particular de sua população tornaram as inovações industriais mais visíveis, e sua força mais vulnerável ali do que em metrópoles maiores e mais complexas."

A ORGANIZAÇÃO DO TRABALHISMO

Mas qual era a situação do trabalhismo nas grandes metrópoles? Pois, como se sabe, justamente nelas estavam ausentes as condições que favoreciam sua organização. As populações eram grandes demais para tornar virtualmente inevitável (para citar Gutman, de novo) aquele "contato estreito com a grande fábrica, a empresa e os trabalhadores que não tinham propriedades e eram assalariados por tarefas", o que dificultava ou impossibilitava "a avaliação da mobilidade social na cidade industrial a partir da experiência pessoal". Mais que isso, chegava a dificultar a tarefa básica de organizar e mobilizar a classe trabalhadora. Pois a cidade gigantesca apresentava dimensões físicas enormes e sem precedentes, e continuava a se expandir. Na década de 1860, Paris incorporou um cinturão suburbano, o mesmo acontecendo com Berlim. Em 1892, Viena tinha triplicado sua área e, em 1902, já sofrerá um aumento de mais 20%. Nova York triplicara-se na década de 1890. Não se pode exagerar muito na leitura desses números que se traduziam em centenas de quilômetros quadrados, pois tal área poderia conter muito terreno vazio, embora para todas as cidades do século XIX admita-se que houvesse, muito mais do que antes, espaços não ocupados com a construção de casas: para ruas e praças mais largas, amplos cinturões para transporte, espaços abertos, parques assim como para edifícios públicos e construções comerciais e industriais. A Paris de Haussmann abrigava trezentos habitantes por hectare, comparados aos quinhentos a setecentos no século XVIII, e aos novecentos da Gênova pré-industrial. As cidades de Nova York e Londres do século XX eram até mais esparsamente espalhadas (com exceção de manchas isoladas). Portanto, à medida que o século avançava, a área da cidade teria aumentado de qualquer maneira, para um determinado volume populacional.

Contudo, mesmo que não se tome a área oficial das cidades como parâmetro, a verdadeira área ocupada de Londres no início do século XX alcançava quase 35 quilômetros de leste a oeste, e a mesma distância de norte a sul. Chicago se alongava por cerca de 42 quilômetros à beira do lago. E, até a construção dos sistemas de transportes urbanos rápidos (que em Londres e Nova York começou no terceiro quartel do século XIX, mas em outros locais, somente no final do século, como, por exemplo, o metrô de Paris, de 1898), as pessoas tinham que caminhar para trabalhar. De acordo com os registros de sindicatos de trabalhadores, esperava-se que eles caminhassem a uma velocidade de 5 quilômetros por hora. Mas, se os operários trabalhassem a uma distância maior que 6,5 quilômetros, a partir de suas casas, queriam receber uma ajuda de custo, a fim de pagarem alojamento para o pernoite. De fato, 6,5 quilômetros parece ter sido o limite do que poderia ser chamado de "coesão urbana espontânea". Em 1834, os alfaiates londrinos definiram seu "Distrito de Londres" utilizando um raio de 6,5 quilômetros, a partir de Charing Cross; e, em 1893, os pedreiros de Newcastle e Gateshead fizeram o mesmo, com um raio de 7,5 quilômetros, a partir da Central Station.

Por certo, essa área era muito grande para visitas nos bairros — em 1860, uma Associação de Amigos de Londres considerou que o limite para isso seria de 5 quilômetros. Mas não seria grande demais para grandes mobilizações se a cidade fosse bastante compacta, embora mesmo na Londres da década de 1840 — uma Londres cartista e radical — deva ter sido ampliada, como foi, dentro dos próprios limites da locomoção a pé, para cerca de 11 quilômetros de leste a oeste e 7,5 quilômetros de norte a sul, além do que, os principais locais para as concentrações de massa tendiam a ser as orlas da cidade, onde se podiam encontrar amplos espaços abertos (Spa Fields, Stepney Green, Kennington Common). Tal distância não seria grande demais para uma fácil mobilização na era do trânsito de massa; no entanto, naquela época, a área urbana já havia crescido enormemente.

Por mais importantes que sejam, meros números e áreas não são os únicos fatores a afetar os destinos do trabalhismo numa cidade gigantesca. Só seriam os únicos se pudéssemos encarar as megalópoles simplesmente como uma "conurbação", uma zona de ocupação contínua, de grande tamanho e muito populosa, estruturada de outro modo. No entanto, tal conurbação, que surgiria da agregação gradual e fusão final de comunidades, cidades e subúrbios que se expandiam, pode ser um mero mosaico de áreas urbanas, sem nenhuma das características institucionais e políticas das cidades. Uma conurbação assim deu-se no Sudeste do Lancashire e no Tyneside, embora ambos possuíssem cidades centrais e dominantes. Mas nenhum dos dois pode ser visto simplesmente como uma expansão de Manchester ou de New Castle. Nesse sentido, hoje, o triângulo de três Estados, com Nova York no ápice, não é visto por seus habitantes como um todo. Ninguém pensa em Newark (Nova Jersey) como parte de Nova York, embora ali esteja situado um dos aeroportos da metrópole.

Tais zonas precisam ser diferenciadas das verdadeiras cidades gigantescas. Estas envolveram a fusão de cidades vizinhas ou de cidades em expansão com aqueles "subúrbios", que, desde o século XVIII, começaram a ser vistos formando um todo urbano com suas cidades. Às vezes, esses componentes mantiveram uma existência institucional separada, cada vez mais irreal, ao passo que fisicamente formavam uma única cidade: Hamburgo e Altona, Manchester e Salford, Berlim e diversos de seus componentes comportaram-se desse modo. Foi mais comum a grande cidade absorver seus subúrbios e imediações à medida que se expandia, como Nova York absorveu o Brooklyn. Porém tais fusões não constituíram desenvolvimentos espontâneos e automáticos, mas *atos políticos*. Elas determinaram se os protestos sociais numa determinada área ocupada seriam vistos como movimentos dentro de uma cidade ou não. Os movimentos trabalhistas nas megalópoles eram (e são) funções não apenas da geografia e de desenvolvimentos econômicos, mas de política. Assim, em 1860, Paris deteve sua expansão administrativa de tal forma que ainda permanece confinada aos vinte *arrondissements* estabelecidos nessa época. O chamado "cinturão vermelho" que circunda a cidade nunca fez parte dela, mas permaneceu como uma coleção de municipalidades separadas — Ivry, Aubervilliers, Villejuif, Saint-Denis e o restante. Por outro lado, Viena absorveu, entre 1892 e 1905, os subúrbios que a circundavam. Por isso foi possível a "Viena vermelha", ao passo que a "Paris vermelha" mostrou-se impossível, pelo menos no período dos movimentos socialistas e comunistas. As fronteiras administrativas nas cidades, assim como os limites nacionais nos Estados, determinam os alvos da mobilização trabalhista.

Em geral, a maioria das cidades gigantescas cresceu à volta de núcleos urbanos relativamente antigos, embora mais de um terço das maiores cidades do mundo, que em 1910 tinham mais de 100 mil habitantes, não existissem (nem mesmo como vilas) em meados do século XVIII. Foram quase sempre assentamentos com instituições e tradições urbanas estabelecidas e, às vezes (enquanto capitais), com instituições nacionais, o que facilitava a mobilização política de seus habitantes. Com algumas exceções (a exemplo de Berlim e São Petersburgo), foram centros administrativos, políticos e de atividades comerciais e de transportes, mais do que de indústrias. Entretanto, a tendência geral da urbanização do século XIX aumentou a proporção de atividades secundárias dentro delas, em relação às atividades terciárias ou de serviços, de forma que, mesmo sem uma específica propensão para a indústria, no início do século XX, tais cidades abrigavam cerca de 50% a 60% de operários — provavelmente uma proporção nunca tão alta, nem antes nem depois. A cidade gigantesca foi, entre outras coisas, uma gigantesca concentração de operários.

Tudo isso forneceu aos movimentos trabalhistas um certo potencial de coesão. Mesmo dentro de Londres, que não possuía nenhuma identidade institucional até 1888, à parte de sua "milha quadrada" medieval, as pessoas conseguiam se enxergar como londrinos ou *cockneys*, e eram vistas como tais, porque a cidade gigantesca dos séculos XVIII e XIX constituía a extensão linear da cidade medieval, e porque ela era a capital do reino e do império. Os sindicatos trabalhistas conceberam Londres inteira como um único distrito, mas não fizeram o mesmo, digamos, com o Tyneside, que não era maior do que a metrópole e tinha uma economia muito mais homogênea.

Não quero insistir no fato de que algumas cidades gigantescas também eram capitais, o que tornou os governos um pouco mais sensíveis às demonstrações trabalhistas, feitas debaixo de seus narizes, do que seriam se a situação fosse outra. No entanto, saber se isso fortaleceu ou enfraqueceu tais movimentos metropolitanos ainda é uma questão aberta. É claro que, em casos extremos, o protesto social na capital poderia provocar revoluções, e o protesto social que não conseguisse atingi-la não provocaria. Mas o problema dos movimentos trabalhistas nas cidades gigantescas não pode ser confinado — na melhor das hipóteses — a suas raras oportunidades de insurreição bem-sucedida. De qualquer modo, nas nações mais desenvolvidas, o papel das capitais na política nacional, com insurreição ou paz, tendeu a diminuir bem substancialmente desde a clássica era da revolução europeia ocidental (*i.e.*, 1789-1848).

UM AMBIENTE INÓSPITO

Assim, enquanto o trabalhismo obtinha algumas vantagens potenciais na megalópole, a cidade gigantesca era tão vasta e desarticulada que, de resto, deve ter sido um ambiente inóspito para os movimentos trabalhistas. Exceto nas cidades portuárias (que tenderam a alcançar grandes proporções no século XIX), as gigantescas eram industrialmente muito heterogêneas para ter uma unidade baseada no trabalho, como as vilas mineiras e as cidades-estaleiros ou usineiras o tinham. Mesmo as indústrias isoladas, dentro dela, muitas vezes eram desintegradas demais: os lados sul e norte do porto de Londres tinham sindicatos diferentes, enquanto o terminal meridional das docas de Liverpool estava organizado, numa época em que o restante do porto estava sem sindicatos. Quase todos em "Londres de Kentish" — a área sudeste da metrópole — trabalhavam sistematicamente em horários diferentes e recebiam menos, nos pagamentos por tarefa, do que as pessoas que estavam em locais próximos. Exemplos como esses poderiam continuar indefinidamente.

A cidade grande era ampla demais para formar uma verdadeira comunidade. No *Pigmalião* de Shaw, o professor Higgins afirmava que podia dizer de que parte de Londres era uma pessoa, só por sua maneira de falar, e mesmo que isso não fosse verdade, os londrinos eduardianos devem ter achado tal afirmação bem plausível. Afinal de contas, os cidadãos das megalópoles não passavam a maior parte do tempo na cidade como um todo, mas em alguma parte dela — onde poderia haver uma verdadeira comunidade. Mesmo em 1960, algumas áreas de Londres não ofereciam trabalho para cerca de 50% da população que morava dentro de seus limites, e a maioria abrigava por volta de 20 a 30% de uma população que estava lá durante a noite, e que de dia se deslocava para outra área, a fim de trabalhar.

Aqui, podemos falar de dois exemplos londrinos do potencial comunitário de tais cidades-internas. O primeiro refere-se aos teatros, ou melhor, aos *vaudevilles* e aos *music halls*. Embora tenha havido um inquestionável desenvolvimento de uma área de *show business* no West End e em Holborn que, em 1900, contavam com onze teatros, cuja capacidade total era de 15 mil assentos, pode-se constatar que o entretenimento mais regular encontrava-se nos 33 teatros de bairro, com capacidade total de 37 mil assentos. Estes teatros distribuíam-se por 24 distritos, oito ao sul do Tâmisa, seis a noroeste e oito no leste. É óbvio que, enquanto os habitantes de Hackney podiam pensar ocasionalmente em ir ao Hipódromo ou ao Alhambra, no West End, não dariam preferência ao Duchess, em Balham, ou ao Shepherd's Bush Empire, em vez de ir a uma apresentação em Middlesbrough. O segundo exemplo, como já ficou sugerido antes, refere-se ao futebol. Não existe e nunca existiu, acho, um time de futebol com o nome de Londres. *Todos* os famosos times da capital levam o nome de bairros, com exceção do Arsenal, que era um time de fábrica em Woolwich e mudou para o norte de Londres, saindo de seu local de origem. Pertenciam ao Queens Park, às colinas ao redor do Crystal Palace, a Charlton, Leyton e Tottenham, ou a West Ham — outro time que começou como agremiação fabril.

Essa maneira de definir comunidades é bastante relevante para os movimentos trabalhistas. Na década de 1870, das 23 ramificações metropolitanas do Amalgamated Carpenters and Joiners, dezoito tinham o mesmo nome de sua localidade, da mesma forma que cada *music hall* ou time de futebol (ou ambos). E, se tomamos uma área como Woolwich, vemos que era, por consenso, uma cidade dentro de outra, uma comunidade definida, cuja classe trabalhadora estava instalada no grande Arsenal, gerando o clube de futebol e a Royal Arsenal Cooperative Society, a qual acabou colonizando outras partes de Londres. (Outra importante sociedade cooperativa metropolitana, a London, originalmente instalou-se nas oficinas da estrada de ferro de Stratford.) E se tomamos West Ham, cujo Thames Ironworks gerou o famoso time Hammers, vemos que seu caráter de comunidade proletária separada era tão marcante que foi o primeiro distrito da Grande Londres a eleger uma maioria trabalhista para seu Conselho e, em 1892, já tinha eleito o socialista Keir Hardie para o Parlamento, por meio de uma coalizão de irlandeses com a esquerda local.

Por isso, seria tentador argumentar que a verdadeira força do trabalhismo nas megalópoles repousava inteiramente naquelas vilas urbanas que, de fato, constituíram muitas das cidades gigantescas, e em torno das quais Abercrombie tentou estruturar seu plano de desenvolvimento londrino, de 1944: localidades como Poplar ou Clerkenwell. Por certo o famoso "cinturão vermelho" de Paris era inteiramente composto de tais comunidades, que poderiam ter um tamanho bem modesto. Em 1912, Bobigny tornou-se uma cidadela comunista, época em que seus habitantes não passavam de 4 mil, e tinha menos de 20 mil durante o período em que se tornou e permaneceu uma legendária cidadela do Partido Comunista. Qualquer historiador dos movimentos trabalhistas das grandes cidades cruza com essas comunidades dentro das cidades: Floridsdorf em Viena, Sans em Barcelona, Wedding em Berlim, Sesto San Giovanni em Milão etc. — por vezes, mas não sempre, incrustadas à volta de algum grande complexo industrial ou fábrica. E, por motivos óbvios, as grandes instalações tendiam a atrair e a gerar uma força de trabalho, em sua maior parte, local. Por isso, logo após a Segunda Guerra Mundial, uma grande fábrica (com mais de 5 mil trabalhadores), situada nos limites meridionais de Paris, atraiu 50% de sua força de trabalho dos *arrondissements* e comunas que ficavam em suas imediações (o 14º *arrondissement*, Malakoff e Montrouge), apenas 7 a 8% de seus trabalhadores braçais e de escritório do norte do Sena, e praticamente nenhum trabalhador dos subúrbios setentrionais de Paris. Apesar da força de tais círculos de comunidades proletárias, como o "cinturão vermelho", não devemos esquecer suas fraquezas. Embora tivessem garantido, durante gerações, a eleição de parlamentares comunistas e admiráveis municipalidades "progressistas" que, ocasionalmente, fundaram teatros municipais nos quais repousa a reputação do teatro parisiense atual, seu significado político foi pequeno.

Contudo, seria um erro pensar que as cidades gigantescas constituíam-se, no seu todo, de um agregado de vilas urbanas. Para algumas coisas, tais cidades tendiam a ser desproporcionalmente proletárias, e, para outras, desproporcionalmente vermelhas. No período pré-1914, as cidades alemãs com mais de 100 mil habitantes eram 60% proletárias, comparadas a uma média urbana nacional de 41%, e a situação de Estocolmo, na Suécia, mostrava-se semelhante. As grandes cidades alemãs abrigavam 18% de todos os eleitores e apenas 45% dos membros dos sindicatos livres (socialistas). Berlim e Hamburgo, com cerca de 60% cada, tinham o maior número de votos do país para o SPD. Até Londres tornou-se e manteve-se uma cidadela trabalhista, depois de 1923, quando elegeu 20% do total nacional de parlamentares trabalhistas, ou duas vezes seu percentual na população britânica. Além do mais, tais cidades conseguiam resistir de maneira notável a suas vizinhanças políticas em função de sua própria singularidade: a exemplo do que a Viena vermelha fez em relação à Áustria rural, do que a Nova York democrata fez em relação ao Estado de Nova York há muito tempo republicano, do que Berlim fez em relação aos amplos espaços abertos do Nordeste da Alemanha e do que Londres fez em relação à Inglaterra meridional. Na medida em que o trabalhismo e a esquerda adquiriram hegemonia em tais gigantes solitários, pode-se até argumentar que, neles, se tornaram mais fundamentados e que atraíram apoio político muito maior do que conseguiram de outro modo, tornando-se uma espécie de símbolo da identidade metropolitana. Isso pode ter contribuído para o fracasso dos conservadores britânicos, desde a década de 1890 até a década de 1980, ao romperem a dominação política da esquerda dentro de Londres, pela criação de autoridades metropolitanas rivais ou pela construção e posterior destruição da Grande Londres. Também pode explicar, mesmo nas áreas milionárias de Manhattan, por que em 1984 e 1986 os republicanos não conseguiram uma real maioria dos votos. Entretanto, ainda são necessárias mais pesquisas quanto a essas hipóteses especulativas.

TRANSPORTES E HABITAÇÃO

Uma segunda questão a ser observada diz respeito ao fato de que as megalópoles desenvolveram certos tipos de problemas que, se não lhes forem absolutamente específicos, revelaram-se muito mais explosivos ali. O primeiro e mais óbvio foi (e ainda é) o transporte. As cidades gigantescas dependem do trânsito de massa. Talvez o jeito mais seguro de provocar um problema político em tais cidades tenha sido (e seja) tripudiar com ônibus, bonde, metrô ou trens de subúrbio, a exemplo do que o Brasil revela a intervalos regulares. De fato, nesse país, o trânsito de massa foi um dos poucos problemas capazes de incitar tumultos e revoltas urbanas, mesmo durante o regime militar e que, de tempos em tempos, produziu tumultos e greves gerais em cidades tão díspares quanto Barcelona e Calcutá; auxiliado pelo auspicioso fato de que é muito mais difícil deslocar um bonde incendiado do que veículos automotores. Não foi por acaso que, na década de 1980, os serviços e as tarifas dos transportes urbanos foram aproveitados pelos líderes de esquerda do Conselho da Grande Londres como questões importantes, utilizadas para enfrentar o governo conservador. Por outro lado, o transporte urbano tende a ser uma cidadela do sindicalismo porque é predominantemente controlado, administrado pelas autoridades

O TRABALHISMO NAS GRANDES CIDADES | 207

públicas, ou mesmo pertence a elas, e porque a sensibilidade pública em relação às interrupções funciona como uma alavanca considerável para os sindicatos. A RATP (o transporte municipal de Paris) constitui uma das cidadelas da CGT entre os manufatureiros daquela cidade, enquanto os motoristas de ônibus de Londres, entre as guerras, formaram na capital um dos dois pilares da força e da militância do Transport and General Workers Union, que se tornou o maior sindicato do país.

O segundo problema refere-se à locação de habitações, que é politicamente radical em dois sentidos: porque o controle dos acordos de locação e do inquilinato constitui uma flagrante intervenção no livre mercado, e porque implica o desenvolvimento das construções de casas pelo poder público numa escala substancial. A cidade gigantesca destacou-se nesses dois sentidos. Durante a Primeira Guerra Mundial, os movimentos dos inquilinos, que, por meio de greves, levaram à legislação de controle da locação, desenvolveram-se na segunda cidade da Grã-Bretanha: Glasgow. As outras agitações mais importantes naquela época, quanto à locação, deram-se, com uma exceção, também em cidades de tamanho maior: Londres, Birmingham, Merseyside, Belfast. Nova York, conclui-se, foi a única cidade norte-americana na qual os inquilinos conseguiram assumir o controle, em 1920. Quanto às habitações públicas e municipais, talvez baste dizer que, das relativamente poucas unidades construídas pelas municipalidades na Grã-Bretanha, antes de 1914, metade estava nas duas cidades gigantescas de Londres e Glasgow, e que, quando as construções municipais tornaram-se maciças (1,3 milhão de unidades entre 1920 e 1940), as administrações das grandes cidades faziam o gerenciamento, e Londres as liderava.

Os motivos dessa situação não são muito complicados. Até que a municipalidade assumisse, na cidade gigante não existia — ao contrário dos assentamentos menores — nenhuma alternativa real quanto às habitações para pessoas de baixa renda, dentro do mercado privado de locação. No século XIX, o mercado de locações funcionava bastante bem em prédios de apartamentos, mas fornecia acomodações muito ruins para os pobres, o que gerava constantes atritos e tensões entre proprietários e inquilinos. Para os trabalhadores das cidades gigantescas, possuir uma casa não era uma opção realista, e, por outro lado, habitações comunitárias ou quase comunitárias, comuns em centros industriais que se desenvolveram a partir de localidades rurais, não foram — e não tinham que ser — significativas. O aluguel e o salário por tarefa constituíam, portanto, os dois parâmetros básicos na vida dos trabalhadores das cidades grandes. Quando eu era menino, meu primeiro contato com a consciência política da Viena vermelha foi ter aprendido com meus colegas de escola que os proprietários apoiavam o Partido Social Cristão e os inquilinos eram social-democratas. É claro que, enquanto isso constituía uma experiência genérica em todas as cidades gigantescas, os verdadeiros movimentos sociais, de modo particular, tendiam a pegar fogo nas cidades dentro das cidades, onde o salário por tarefas, o aluguel, o sentimento comunitário e a organização de classe equiparavam-se. Govan, uma área de construção naval anexada a Glasgow em 1912, era o centro do movimento de greve por locação de Glasgow, como Woolwich o foi do movimento londrino. Ambas tinham tradições locais de política e cooperação trabalhista independente.

Os movimentos dos inquilinos oscilavam muito. Mas o aspecto da habitação na cidade grande, que provou ser permanentemente relevante para o trabalhismo, constituiu o potencial, para as construções da comunidade, dos grandes projetos habitacionais, públicos ou privados. Isso aconteceu em virtude não apenas de seu tamanho, mas também (no caso da construção de casas pelo poder público) do investimento político que representavam. De fato, qualquer complexo vasto poderia fornecer excelentes oportunidades para se organizarem movimentos trabalhistas. Assim, em 1912-13, um distrito de Berlim, Neukölln, tinha uma população de cerca de 250 mil, um eleitorado composto por volta de 65 mil homens adultos, dos quais 83% votavam no SPD que, por sua vez, era dirigido por quase mil funcionários, cada um responsável por cerca de quatro blocos de apartamentos. Vê-se claramente que, sem a existência de concentrações residenciais específicas de classe, tais triunfos de organização teriam sido mais difíceis, senão impossíveis.

Ao mesmo tempo, projetos habitacionais especiais destinados a trabalhadores — na prática, principalmente o tipo de trabalhador regular, confiável no pagamento do aluguel — geraram automaticamente as concentrações de ativistas. Charles Booth observa que a vila Shaftesbury, em Battersea (Londres), era o centro da atividade socialista naquele burgo operário, que foi o primeiro a eleger um parlamentar trabalhista (John Burns) no Condado de Londres. Entre as guerras, uma ala garantida para o trabalhismo, no bairro de Paddington, situava-se na vila Queens Park, construída em 1875-81, pela Artisans and General Dwellings Company para artesãos respeitáveis. (O tio do autor, que se tornaria o primeiro prefeito trabalhista de seu burgo, foi seu conselheiro por vários anos.) Quando, por fim, as municipalidades trabalhistas ou de alguma outra forma progressistas construíram seus próprios complexos de vilas ou apartamentos, estes se tornaram, deliberadamente ou não, cidadelas trabalhistas. A Viena vermelha é um caso típico. A força do partido, inclusive sua força armada, repousava na rede de grandes projetos públicos para habitações que ele construiu na década de 1920, batizados em homenagem a Marx e Goethe, Jaurès e Washington. E, finalmente, as habitações construídas pelo poder público tendiam a unificar a política da municipalidade, que a organizava pela criação de um bloco de eleitores cujas escolhas eram, em grande parte, determinadas por seu status de inquilino do poder público. Isso, mais os empregos municipais em geral se transformariam no maior cabedal de clientelismo das máquinas políticas trabalhistas das cidades.

Entretanto, neste ponto é preciso observar uma grande mudança na natureza dos ocupantes das habitações construídas pelo poder público. Com a suburbanização, o êxodo da indústria e dos trabalhadores e a crise da região central das cidades, os projetos de construções públicas em tais áreas seriam transformados, passando de assentamentos onde viviam os trabalhadores habilitados e com emprego regular, para locais onde moravam as pessoas economicamente carentes. E, como consequência, modificaram-se os caracteres social e político de tais construções e assentamentos.

A MUDANÇA NA APARÊNCIA DA MEGALÓPOLE

Essa situação nos leva às transformações fundamentais que afetaram a cidade gigantesca nas últimas duas ou três gerações, em especial no Ocidente. Primeiro, ela foi sendo descentralizada pela migração, rumando para os subúrbios e comunidades-satélites. Segundo, foi sendo desindustrializada, não apenas pelo declínio geral das ocupações secundárias, mas pela emigração específica de classe da antiga indústria manufatureira situada na cidade e da força de trabalho mais especializada. Muitas vezes tal fato resultou da política da cidade progressista, a exemplo de quando o Conselho do Condado de Londres, entre as guerras, transferiu 100 mil trabalhadores para uma nova vila semirrural em Becontree, onde eles se tornaram a força do trabalho para as fábricas da Ford Motor Company, que se estabeleceram em Dagenham por esse motivo.

Podem-se apontar mais dois subprodutos desse movimento. Para um crescente número de trabalhadores ele rompeu os laços entre dia e noite, ou entre os locais onde as pessoas moram e aqueles onde trabalham, com efeitos substanciais sobre o potencial da organização trabalhista, que sempre é mais forte onde a moradia e o local de trabalho ficam próximos. Também pode acontecer de a mudança na economia urbana da classe trabalhadora conduzir aqueles mercados trabalhistas altamente segmentados a um colapso, sendo que, de modo paradoxal, tal colapso torna mais fácil conquistar a solidariedade trabalhista. Desde que diferentes grupos e estratos do trabalhismo, especialmente grupos étnicos, na prática muitas vezes não competiam pelos *mesmos* empregos, mas preenchiam seus próprios nichos ou nicho, os ciúmes e rivalidades intraproletários poderiam ser mais facilmente controlados.

Terceiro, em geral a expansão administrativa da cidade gigantesca cessou ou tem sido barrada, enquanto subúrbios prósperos (ou, como no Reino Unido, os governos reacionários) travavam batalhas contra a dominação política, por parte dos pobres, da região central da cidade e contra os impostos locais mais altos. Quarto, parece que a região central vem sendo, de forma crescente, dominada por uma população específica que hoje associamos a ela: uma miscelânea de pobres, os sem-especialização, os socialmente marginais e problemáticos, as minorias étnicas e outras de qualquer tipo. Isso não acontece porque todos os antigos tipos de trabalhadores desapareceram, mas porque agora os outros dominam a imagem que temos da região central das cidades. Tais populações novas, típicas das zonas centrais, não são apenas aquelas deixadas para trás, mas às vezes consistem naquelas atraídas para a cidade gigantesca justamente porque ela contém e sempre conteve, como foi revelado sociologicamente, espaços abertos destinados aos socialmente indeterminados. Sempre foram, por excelência, locais de indivíduos em trânsito, visitantes, turistas e residentes temporários e, de certa forma, foram designadas como terra de ninguém, ou melhor, como terra de qualquer um. Sua "anomia" e seu anonimato não são mitos.

Finalmente, enquanto sua estrutura e população estavam mudando dessa forma, o desenvolvimento urbano, público e privado, estava destruindo as próprias bases que haviam permitido a formação das "vilas urbanas", sobre as quais repousara boa parte da força do trabalhismo. Essa situação era notável na década de 1960, a década mais desastrosa na longa e ilustre história da vida urbana neste globo. A cena urbana, naquelas que costumavam ser as áreas da classe trabalhadora, hoje muitas vezes mostra um dos arranha-céus descaracterizados circundado por espaços vazios, e as estruturas de antigos armazéns e fábricas estão esperando para serem transformadas em complexos de lazer ou superapartamentos de luxo. A simples desmoralização de gente pobre, nesses desertos cheios de cicatrizes e de pichações, não é um fator para se negligenciar. Em oposição a isso existe a "gentrificação", em geral um fenômeno minoritário, exceto em Paris, onde a cidade foi mantida na área que possuía em 1860. A "gentrificação", de fato, transforma os trabalhadores numa população diurna, que se retira para seus recantos fora da cidade, como em Paris, onde os bistrôs da esquina fecham depois do expediente. É claro que pode haver certa construção comunitária entre novas etnias emigrantes, mas provavelmente não será na antiga proporção. E pode haver populações novas e potencialmente radicais nas regiões centrais das cidades, a exemplo de estudantes, mas não serão do tipo da antiga classe trabalhadora.

O efeito de tudo isso nos movimentos trabalhistas na cidade grande tem sido privá-los de sua antiga coesão — exceto para o que continua a ser provido pelo foco, pela estrutura e pelo clientelismo da política urbana. Se a cidade, em si, é extinta em termos de política ou não existe (como em Londres), nada resta exceto a argamassa da política *nacional*, desde que a área urbana retenha suficiente coesão social. Em suma, os movimentos trabalhistas na cidade grande estão vivendo do capital acumulado no passado. Eles são trabalhistas, socialistas, comunistas ou até (como nos Estados Unidos) democratas, porque essa era a base da mobilização dos homens pobres no passado, e os partidos em questão ainda são identificados pelos pobres como "os partidos para nós". Porém, se essas cidades cresceram tendo por base populações novas — talvez como em Miami ou Los Angeles — esses movimentos necessariamente não teriam afinidade pelos partidos que, antes, eram automaticamente identificados com a mobilização política em tais ambientes.

O que os movimentos trabalhistas estão perdendo, ou já perderam, é muito daquela identificação de classe do povo trabalhador, que costumava lhes dar força e um sentido de poder coletivo. Se a conurbação total formasse a unidade da política urbana, os trabalhadores ou os pobres não poderiam mais nem mesmo ter o sentido de serem, de alguma forma, a norma ou a maioria dos habitantes da cidade. Entretanto, dentro da zona central da cidade muitas vezes ainda têm. Pois, paradoxalmente, a desintegração da megalópole tendeu a deixar a zona central como um centro natural de descontentes concentrados. Mas quais descontentes? De que tipo? Num certo sentido, a população trabalhadora da cidade grande está retornando do *status* e da consciência de um "proletariado" para aquela miscelânea dos "trabalhadores pobres" pré-industriais, ou apenas "pobres"; ou, o que é pior, dos trabalhadores ou "gente comum" para "subclasse". E na maioria das cidades gigantescas da Europa esses "trabalhadores pobres" estão, pelo menos em termos étnicos, muito mais desunidos e fragmentados internamente do que antes, sem terem conseguido, como nos Estados Unidos, cidades para se adaptarem àquele mosaico nacional, linguístico e racial que agora é comum em qualquer lugar.

O TRABALHISMO NAS GRANDES CIDADES | 213

O tipo de ação característico desses novos "pobres" ou "trabalhadores pobres" não é mais a greve, a demonstração gigantesca ou as concentrações, porém, mais uma vez, como no passado, a violência. De novo, a cidade grande tornou-se tumultuada, para não dizer perigosa, de uma maneira que já não era mais, desde meados do século XIX. Contudo, em outro sentido, não valem mais as suposições políticas que emprestaram realidade à "economia moral" de Edward Thompson e eficácia política à "multidão" de George Rudé. E também não valem mais as antigas estruturas sociais emanadas do povo para mobilizar essa gente. As divisões dentro de uma população heterogênea e muitas vezes socialmente desorganizada, composta por novos "trabalhadores pobres", significam que suas ações são dirigidas muito mais para dentro e para os lados, do que para cima. Os tumultos e explosões típicos de hoje não são políticos em qualquer sentido realista, nem tão desfocalizados — muitas vezes são apenas dirigidos de modo claro contra algum outro contingente racial, territorial ou de estilo — como se lhes faltasse objetivo e propósito. Não têm reivindicações que possam ser satisfeitas. E não têm organização estruturada ou, de fato, fundamentada no sentido dos antigos movimentos trabalhistas. A política de gueto não é política da classe trabalhadora.

Tudo isso constitui uma séria desvantagem para os movimentos trabalhistas. Pois, na cidade grande, o "trabalhismo" nunca foi tão coeso, nos bons tempos, quanto nas comunidades industriais menores, mesmo quando estas não passavam de assentamentos à volta de uma indústria isolada. Tratava-se sempre de um estrato variado e heterogêneo, que se mantinha unido por um estilo comum de vida de trabalho — a vida do trabalho manual — e por uma consciência de classe comum, de relativa pobreza e baixo *status*. Foi isso que permitiu que os partidos trabalhistas se tornassem o receptáculo simultâneo de interesses de classe e de outras minorias. Tais partidos, como o Partido Democrata nos Estados Unidos, foram alianças de interesses minoritários, mas não eram *apenas* essas alianças, uma vez que o conceito de "classe trabalhadora" fornecia um denominador comum para grupos de alguma maneira diferentes ou mesmo divergentes. Isso acontecia dessa forma mesmo quando os movimentos trabalhistas não salientavam seu apelo especial a minorias tais como, digamos, os irlandeses ou judeus. Em Glasgow, os protestantes e católicos, cujas rivalidades se evidenciam nos campos de futebol, conseguiam unir-se num campo único para finalidades ligadas à política urbana.

DIVISÕES DENTRO DA CIDADE GRANDE

Contudo, hoje, os pobres trabalhadores ou não trabalhadores da cidade grande estão divididos: etnicamente, pelo *status* socioeconômico, entre aqueles que trabalham e aqueles que vivem de aposentadoria, entre os residentes e os que precisam se deslocar muito para trabalhar, entre proletários e lumpens ou marginais e, não menos, entre grupos etários que não se compreendem e se hostilizam. Os idosos afastam-se dos jovens, aos quais temem. Uma população assim é (ou pode parecer) *apenas* um conjunto de minorias ou um agregado de pessoas sem qualquer denominador comum político efetivo. O risco dessa situação é a política trabalhista na grande cidade adaptar-se para funcionar somente como uma coalizão de minorias ou grupos estranhos. Isto é bem visível na Londres da década de 1980.

Existem dois problemas quanto a essa estratégia. O primeiro é que, somando apenas minorias, especialmente de grupos estranhos (rebatizados, para propósitos publicitários, de "novos movimentos sociais"), não se produzem maiorias, em termos políticos. Mesmo o Partido Liberal britânico na década de 1890, quando venceu justamente por mobilizar as nacionalidades menores e as minorias religioso-ideológicas, não esperaria voltar aos triunfos de 1906 se não tivesse se apoiado numa ampla base, como um "partido do povo" aceito pela maioria. Além disso, a estratégia das minorias tende muito mais a alienar do que mobilizar. Suas vitórias podem ser ilusórias. Na maioria das cidades grandes norte-americanas, hoje os negros elegem prefeitos, mas conseguem isso porque seus votos estão concentrados nessas localidades, e não porque eles tenham deixado de ser uma minoria em termos nacionais ou mesmo dentro das cidades grandes. E mais: apelar para uma minoria ou mesmo para uma "coalizão multicolorida" de minorias leva ao risco de deixar o restante suscetível aos apelos da direita demagógica, que se utiliza da antiga linguagem de comunidade e moralidade, a base do apelo trabalhista, porém com um vocabulário racista e policialesco. Afinal de contas, isso é que está destruindo os antigos cinturões vermelhos das cidades grandes na França, e a maioria de nós sabe (embora só alguns consigam admitir) que as principais perdas trabalhistas entre os trabalhadores não se deveram ao apelo thatcherista para o egoísmo próspero, mas ao apelo thatcherista à família, "à lei e à ordem".

Parece claro que o velho apelo de classe, que representava a força do trabalhismo, não funciona mais em cidades grandes profundamente divididas. Agora que de certa forma estamos retrocedendo para uma versão da política de "multidão urbana", dos tempos pré-industriais das "leis ordinárias" e do "trabalhador pobre", não seria lógico retroceder também à política populista daquela época? Ainda existe campo para uma ideologia e um princípio mobilizador, baseados naquilo que todos os habitantes de uma cidade têm em comum: pelo menos o orgulho em relação à cidade e em relação a sua superioridade — que pode ser um sentimento muito forte nas grandes cidades — e à preocupação com seus problemas sem dúvida com uma especial ponta de interesse por seus pobres e explorados? Isso está completamente dentro da série de movimentos trabalhistas fortes e apropriadamente embasados. Na década de 1970, por exemplo, tais implausíveis centros de consciência e organização proletários, como Roma e Nápoles, viram-se administrados por prefeitos comunistas. Pela primeira vez, na Grã-Bretanha, o orgulho londrino constituiu um forte elemento na política trabalhista metropolitana, durante os anos de luta contra a dissolução do Conselho da Grande Londres. Considerando-se a força potencial do trabalhismo no que resta das megalópoles ocidentais, e dada a tradição de liderança municipal, por parte dos partidos de esquerda em tais cidades, por que não?

Obviamente tal estratégia é possível. Na verdade, é essencial que os movimentos trabalhistas a adotem, se quiserem escapar do erro fatal de se transformarem em grupos de pressão setorial em defesa de interesses especiais que não coincidam — e muitas vezes se defrontem — com os interesses do restante dos cidadãos, inclusive do restante da classe trabalhadora urbana. Além disso, nas circunstâncias atuais, pelo menos na Grã-Bretanha, a defesa dos interesses e da autonomia da cidade contra um governo que procura destruí-los se adapta até mesmo aos interesses de curto prazo da esquerda. Apenas uma coisa está errada com tal perspectiva de "política popular urbana". Ela pode ser aplicada pelos movimentos trabalhistas, mas não é específica para eles. Outros conseguem praticá-la com a mesma eficiência e para propósitos menos desejáveis. Não precisamos procurar muito longe para achar exemplos de políticos, com bases urbanas, munidos de um agudo senso de realidade política e financeira, mas sem nenhuma preocupação com justiça social.

12

ADEUS AO MOVIMENTO TRABALHISTA CLÁSSICO?

Cento e vinte e cinco anos depois de Lassalle e cem anos depois da fundação da Segunda Internacional, os partidos socialistas e trabalhistas estão tão perdidos que não sabem para onde ir. Quando os socialistas se encontram, perguntam-se, com ares sombrios, sobre o futuro de nossos movimentos. Penso que seja perfeitamente justificável formular tais questões, mas — e acho que isto deveria ser enfatizado — elas não dizem respeito apenas aos partidos socialistas. Todos os outros partidos estão na mesma situação.

Quem realmente sabe o que o futuro nos reserva? Tem gente pensando que sabe, sem falar nos maometanos, cristãos e judeus e outros fanáticos irracionais, cujos números estão crescendo de novo, justamente porque apenas a fé cega parece confiável num mundo em que tudo está perdido. Os Estados Unidos sabem seu futuro, lá onde as pessoas estão assustadas com o fantasma do declínio econômico e político? E Roma, sabe? Onde, apesar dos esforços, a Igreja Católica está se desmoronando? Sabe-se, em Jerusalém, onde o sonho de libertação nacional do judaísmo está entrando em colapso sob os bastões dos soldados israelenses? É óbvio que não se sabe em Moscou, nem mesmo as pessoas dizem que sabem. Mas o que está acontecendo na era Gorbatchev — os desenvolvimentos que *a priori* tinham sido declarados impossíveis por gerações de gélidos guerreiros, baseados nas teorias do totalitarismo — prova que mesmo os intelectuais e os ideólogos da Guerra Fria chegaram ao fundo de seu *cul-de-sac*. E os economistas — teólogos dos nossos tempos, disfarçados de técnicos — sabem? Evidentemente não sabem. Fala-se muito pouco de monetarismo nestes tempos, considerando-se que até a década de 1980 ele ainda prevalecia no pensamento dos governos conservadores. Quando foi a última vez que Mrs Thatcher mencionou os nomes de Friedman ou Hayek, embora há apenas dez anos eles exibissem seus novos prêmios Nobel? E os homens de negócios sabem? Quem acredita, mesmo, nisso? Por certo nós, do movimento socialista, somos os únicos a coçar a cabeça ao olharmos o futuro, pois parecemos entrar numa terra para a qual nossos animais nos equiparam pessimamente. Mas os outros também não têm mais manuais relevantes.

Mas é claro que isso não surpreende, mesmo sem considerar o fato de que tais movimentos, nascidos no século passado, trazem consigo muitas coisas do seu período de origem, as quais só podem ser transpostas muito indiretamente desde a era dos obuses da Krupp para a moderna idade da tecnologia laser. Contudo, o ponto principal é o seguinte: nos trinta anos que se seguiram à Segunda Guerra Mundial, o mundo transformou-se total, fundamental e radicalmente, e a uma velocidade tão sem precedentes que todas as análises anteriores, mesmo que a princípio se mantivessem corretas, simplesmente precisam ser modificadas e modernizadas, na prática. Não é necessário demonstrar essa afirmação em maiores detalhes. Para simplificar, pode-se dizer que, tomando o mundo como um todo, a Idade Média acabou entre 1950 e 1970. E eu avançaria mais, afirmando, no que diz respeito à Europa, que esses vinte anos também viram o fim da era moderna. Consideremos apenas o que aconteceu aos trabalhadores rurais nessas duas décadas, não apenas da Europa central e ocidental, mas também em boa parte do Terceiro Mundo. Apenas essa aceleração singular do desenvolvimento histórico já seria suficiente para requerer uma revisão fundamental de interpretações anteriores. Na minha opinião, tal situação constituirá o principal problema para os historiadores do final do século XX e início do século XXI.

No entanto, por uma geração depois de 1950 foi possível, ou pelo menos atraente, tentar conceber essa revolução macro-histórica de um modo linear, ou tentar descomplicá-la, por exemplo, descrevendo-a como um "crescimento econômico-tecnológico" ou algo nessa linha. Porém, essa época de *boom* global — não apenas nas economias capitalistas, mas também nas socialistas, numa colocação diferente —, esses "trinta anos dourados", como um crítico francês os descreveu, produziram uma crise mundial de longo prazo, que já dura pelo menos quinze anos. Não penso que possamos esperar, antes da década de 1990, por uma nova era de economia *Sturm und Drang* de longo prazo, como Parvus chegou a chamá-la. Não conheço mais nenhuma previsão otimista que pudéssemos levar realmente a sério.

Mas foi nesse tempo de crise (que, de modo curioso, começou justamente cem anos depois do início da Grande Depressão análoga da era Bismarck) que as contradições internas e externas do período pós-guerra assumiram o papel principal no palco do mundo. Ficou claro como as antigas análises ou os remédios políticos são frágeis e insustentáveis, e como está sendo difícil substituí-los por novos. Por exemplo, a desindustrialização das velhas economias industriais emergiu, de modo claro e pela primeira vez, como um futuro possível para nossos países. Quer dizer, *não* uma transformação das velhas indústrias em outras, tecnicamente superiores, ou a transferência da indústria do Ruhr para o Neckar, mas o movimento industrial em seu conjunto para fora do Ocidente. Pois as assim chamadas "novas nações industriais" do Terceiro Mundo constituem um fenômeno da atual era de crise. Permitam-me rememorar com vocês que, no início da década de 1970, a Coreia do Sul ainda era classificada como um "país em desenvolvimento", e sua produção industrial foi descrita assim: "substâncias alimentares, têxteis, madeira compensada, borracha e peças de aço para construção." A verdadeira crise da esquerda de hoje não se reduz ao fato de não compreendermos a nova situação mundial tão bem quanto os outros, mas que parecemos não ter muito a dizer sobre o assunto. O capitalismo não precisa dizer muita coisa, desde que seja evitado um colapso súbito, do tipo ocorrido em 1931 — afinal, tudo isso foi aprendido na década de 1930. O capitalismo pode se refugiar na lógica do mercado, pois, como um milionário de Nova York me explicou, alguns dias depois da queda da bolsa: "Cedo ou tarde o mercado encontra de novo um nível apropriado, desde que, nesse meio-tempo, a gente evite a revolução." No entanto, espera-se que nós tenhamos muito mais para falar.

A crise das velhas ideias e a necessidade de pensar coisas novas foram impostas aos socialistas pela própria realidade e pelos efeitos na práxis política. O mundo mudou, e nós precisamos nos modificar com ele.

Eu quase me arriscaria a dizer: nós, mais do que os outros, uma vez que, enquanto partidos e movimentos, estamos muito amarrados à história. Há cem anos, de repente, nos tornamos movimentos de massa. Em 1880, não havia nenhum partido socialista ou outro partido dos trabalhadores com apoio de massa, com exceção parcial da Alemanha. Vinte e cinco anos depois, Sombart considerava tão natural o surgimento de tais partidos de massa no mundo todo, que tentava explicar por que os Estados Unidos, que não tinham socialismo, eram uma exceção.

Gostaria de assinalar cinco questões sobre esses novos movimentos que, agora, cresceram e vão se tornar movimentos muito velhos. Primeira, eles se formaram na base de uma consciência de classe operária de trabalhadores braçais, com salários por tarefa, apesar da marcante heterogeneidade — a fragmentação interior e exterior — dos trabalhadores. Não se pode nem dizer que aqueles trabalhadores que ingressaram nos novos partidos formavam um grupo particularmente homogêneo. De qualquer forma, fica claro que aquilo que os trabalhadores dessa época tinham em comum ganhava de longe de quaisquer diferenças que houvesse, com exceção, às vezes (mas não sempre), das diferenças religiosas e nacionais. Sem essa consciência, os partidos de massa nunca teriam emergido, pois seu único programa, na prática, era seu nome. Seus apelos — "Vocês são trabalhadores. Vocês são uma classe. Como tais, vocês precisam entrar para o partido dos trabalhadores" — nem seriam ouvidos. Hoje, o que acontece não é que a classe trabalhadora tenha se extinguido, mas a consciência de classe não revela mais tal poder de união.

Segunda, apesar do fato de sua teoria e sua prática terem sido elaboradas especificamente para o proletariado, esses partidos não foram meramente partidos de trabalhadores. É provável que isso não seja tão aparente no SPD, altamente proletário, mas pode ser visto com clareza na Escandinávia. Considerando-se o nível de desenvolvimento da economia finlandesa na época, apenas uma proporção insignificante de 47% dos finlandeses que votaram na social-democracia, nas eleições livres de 1916, poderia ser proletária. A exemplo de outros partidos social-democratas, o partido finlandês era um partido do povo, construído à volta de um núcleo proletário. É claro que ninguém discute isso, em termos normais. Os partidos social-democratas

222 | ESTRATÉGIAS PARA UMA ESQUERDA RACIONAL

dificilmente esperariam ganhar mais do que uma minoria de eleitores das outras classes sociais.

Terceira, a organização de massa do proletariado com consciência de classe parecia vinculada, orgânica ou logicamente, à ideologia específica do socialismo, e era tipicamente uma marca do socialismo de Marx. Os partidos organizados ao longo de linhas de classe, mas sem ideias socialistas, podiam ser vistos tanto como formas em transição no caminho para o partido socialista trabalhista, quanto como fenômenos periféricos sem importância.

Quarta, o súbito florescimento de partidos socialistas de massa fortaleceu a visão preconcebida dos marxistas de que apenas o proletariado industrial, organizado e consciente de si enquanto uma classe, poderia atuar como o orientador do Estado futuro. Pois, ao contrário da época em que Marx viveu, o proletariado parecia se encaminhar, em toda parte, para formar a maioria da população. O crescimento trabalhista-intensivo da economia, típico da época, reforçou a confiança na democracia, da qual os socialistas se transformaram em porta-estandartes em toda a parte. Parecia que estava respondida a questão de quem levaria o socialismo a efeito.

Quinta, em sua origem, esses movimentos criaram forças puramente oposicionistas que apenas entraram na área de governo potencial ou verdadeiro depois da Primeira Guerra Mundial — como fundadores de novos sistemas revolucionários, no caso dos comunistas, ou como pilares de sustentação do Estado capitalista reformista, no caso dos social-democratas. Para os movimentos trabalhistas socialistas, qualquer das duas alternativas significava uma mudança fundamental em seu papel anterior.

Agora fica claro que todas essas características foram determinadas historicamente, em especial sua contribuição para o fenômeno internacional do movimento trabalhista socialista. Eu iria até mais além. Todos os partidos socialistas e comunistas significativos, sem exceção, emergiram antes da Segunda Guerra Mundial e, com algumas poucas ressalvas — China, Vietnã e Bengala ocidental, por exemplo —, o fizeram mesmo antes da Primeira Guerra Mundial. Desde a Segunda Guerra, em dezenas de novos Estados de um mundo transformado economicamente não surgiu nenhum movimento comparável aos partidos socialistas de massa. Mesmo onde apareceram novos movimentos proletários de massa, com estrutura comparável àquelas do início do século XX, na prática, revelaram-se bem diferentes, em termos políticos e ideológicos, como no Brasil e na Polônia. Foi rompido o cordão umbilical que antes ligava o movimento trabalhista e a revolução social com a ideologia do socialismo. A maior revolução social na atual crise mundial é a do Irã. Torna-se mais fácil explicar por que os partidos trabalhistas europeus emergiram originalmente antes de 1917 — e também, por casualidade, sua difusão pelo Terceiro Mundo que, graças à Revolução de Outubro e ao movimento comunista, aconteceu principalmente entre as duas guerras mundiais — do que explicar a não emergência de tais partidos e hegemonias a partir de então. Pode-se até observar um declínio em certos partidos existentes, que, num determinado momento, foram bastante influentes, a exemplo do Oriente Médio. Estou mencionando essa série de problemas só porque, enquanto historiador, passei muito tempo perplexo com essas questões, como, por exemplo: por que um movimento trabalhista de massa, na Argentina, acabou sendo possível não em bases socialistas, mas peronistas? Tal caso serve para realçar o fato de que nossos movimentos, os clássicos partidos trabalhistas socialistas ou comunistas, nasceram numa época histórica específica que agora já passou.

De modo patente, isso não significa que esses movimentos não sejam mais viáveis dentro dos locais que lhes deram origem. Muito pelo contrário. Tais partidos ainda são o que eram no passado: partidos de trabalhadores, mas não exclusivamente isso. Na parte não socialista da Europa, esses partidos formam tanto os partidos governistas, quanto os principais partidos de oposição em *todos* os Estados, exceto — se não me engano — na Irlanda e na Turquia. Na Europa socialista são os partidos que constituem o sistema, mas isso não tem comparação. No decorrer do século passado, os partidos trabalhistas socialistas exibiram uma significativa capacidade de renovação e de adaptação, embora provavelmente mais sob a forma social-democrata do que sob a forma comunista. Repetidas vezes eles se ergueram das cinzas de seus predecessores arruinados ou destruídos para se tornarem importantes centros políticos de poder, como o SPD, na Alemanha, depois do fascismo, ou, há mais ou menos

224 | ESTRATÉGIAS PARA UMA ESQUERDA RACIONAL

uma década, o SPDE, na Espanha, ou o Partido Socialista Francês, com Mitterrand. A pergunta "adeus ao clássico movimento trabalhista?" não significa "o PSD ou o Partido Trabalhista têm futuro?", mas "que tipo de futuro eles terão?". Entretanto, não podemos esquecer que não se deve mais simplesmente *confiar* na continuidade histórica. Outros movimentos não são obrigados a seguir o mesmo destino do PCF, que recentemente parecia estar desaparecendo enquanto partido de massa eficiente: mesmo os deuses perdem seus poderes em face da estupidez política. Porém, hoje em dia, esse caso comprova quanto é condicional a lealdade dos membros.

Das cinco características originais dos movimentos, ressaltadas acima, apenas duas ainda se aplicam de modo cabal: o partido clássico ainda permanece um partido do povo, e ainda é um potencial partido governista. A velha suposição de que a transição para o socialismo resultaria do desenvolvimento do proletariado industrial não é mais defensável. Por sorte, a conexão entre partido, ideologia socialista e uma visão do futuro ainda parece estar viva, apesar de todos os líderes partidários, da década de 1950 em diante, mesmo os de alguns partidos comunistas ocidentais, abanarem a mão num adeus ao socialismo. E se esses líderes, de alguma forma, continuam a se referir ao socialismo, fica parecendo que socialismo significa simplesmente ter um pouco mais de simpatia que outros movimentos. Não obstante, se hoje ainda há um lugar para o socialismo na política ocidental, esse lugar é dentro dos antigos partidos de massa, apesar de as novas escolas de esquerda afirmarem que tais partidos, agora, não fazem nada mais que resguardar o sistema. Além disso, em contraste com os Estados Unidos, onde quase todos os socialistas não têm outra escolha senão trabalhar dentro do Partido Democrata, na Europa os partidos clássicos permanecem fiéis, pelos menos em teoria, à ideia de uma sociedade melhor e transformada. Contudo, isso reflete mais a afortunada força de nossa tradição histórica do que a conexão necessária para unir os partidos com essa tradição já existente, a classe trabalhadora e o socialismo.

A consciência de classe — condição na qual nossos partidos originalmente se basearam — é que está enfrentando a crise mais séria. O problema não é tanto a objetiva desproletarização que vem sendo provocada pelo declínio do trabalhismo industrial no velho estilo, mas o declínio subjetivo da solidariedade de classe. Essa segmentação da classe trabalhadora recebeu bastante atenção em tempos recentes, mas quero mencionar apenas o caso do Partido Trabalhista Britânico, onde o tradicional voto proletário está caindo muito mais vertiginosamente do que o conjunto do proletariado. Em 1987, quase dois terços dos trabalhadores especializados, 60% dos membros dos sindicatos e mais da metade dos trabalhadores semiespecializados ou sem especialização votaram em outros partidos, e o Partido Trabalhista mostrou o apoio de pouco mais da metade dos desempregados. Do outro lado, quase 50% dos eleitores conservadores eram trabalhadores. Um deslocamento semelhante pode ser detectado no apoio ao PCF. Antes, contudo, os dois partidos podiam confiar cegamente na lealdade de classe de seu proletariado.

Não faz sentido simplesmente chorar essa consciência de classe perdida (embora, como antigo marxista, eu ainda chore), nem bater em retirada para as poucas reservas naturais que restam, onde o bom e antigo proletariado ainda pode ser reconhecido. A grande e heroica greve dos mineiros britânicos evocou um pouco de romantismo sincero, porém há uma diferença entre os 200 mil escavadores e um país de 55 milhões de pessoas. E mais: de qualquer maneira, metade dos escavadores desapareceu a partir de 1985. Quanto ao argumento da esquerda romântica, a greve provou que as suposições exatamente contrárias é que eram as verdadeiras: mesmo entre os mineiros, hoje, deve-se esperar uma não adesão em massa à greve. É um consolo, claro, saber que a consciência de classe também está se desmoronando nas outras classes. Em 1987, por exemplo, 40% das classes altas na Grã-Bretanha votaram contra Mrs Thatcher, e entre as classes com educação universitária esse número atingiu cerca de dois terços. Entretanto, a possibilidade de novas combinações políticas não compensa, pelo fato de os trabalhadores estarem se desagregando em grupos de interesses divergentes e contraditórios.

No entanto, ante tudo isso, permanece um fato: os partidos que emergiram historicamente como defensores e representantes dos trabalhadores e dos pobres não podem perder essa função, desde que tal defesa seja necessária. E essa é a questão, pois hoje não há mais qualquer "reconhecimento geral de princípios sociais" — pelo menos não na Grã-Bretanha.

Felizmente, também, nossos partidos não são *tão somente* partidos de trabalhadores e nunca foram; assim sendo, não perderam nem a capacidade de formar amplos partidos populares ou coalizões de classes e de grupos sociais, nem o potencial de se tornarem partidos dominantes de governo. Hoje, não é a consciência de classe que mantém nossos partidos unidos, mas a existência nacional desses partidos, que une grupos e classes, os quais, de outra maneira, provavelmente estariam dispersos.

E isso não é pouca coisa. Nosso movimento, o todo da democracia, está sob ameaça, uma vez mais. Fomos nos acostumando tanto à redemocratização — ou melhor, à liberalização — do sistema burguês desde 1945, e ao fato de que palavras como "fascismo" e "neofascismo" tenham sido completamente esvaziadas de seu conteúdo, que agora torna-se difícil lembrar que, em períodos de crise, o capitalismo poderia de novo valer-se da solução da política de direita. No meu país, a direita radical está no poder e, graças aos nossos erros, ganhou a oportunidade de eliminar o movimento trabalhista, o Partido Trabalhista e a esquerda inteira como um sério fator na política. Esse é o objetivo bem clamoroso do regime. Também poderia acontecer novamente em seu país. A única resistência que podemos contrapor a esse perigo é a coalizão de todos os democratas em torno daqueles partidos de massa da esquerda que ainda existem na Europa. Ainda bem que restou tudo isso do clássico movimento trabalhista.

Traduzido para o inglês por Hilary Pilkington (Material Word)

PARTE III

RECOMEÇANDO

13

PASSADO IMPERFEITO, TEMPO FUTURO

(1986)

Há três anos, nem valia a pena falar concretamente a respeito das perspectivas de outro governo trabalhista. Com todas as precauções, hoje elas podem ser visualizadas. Este artigo não vai discutir o programa trabalhista, e menos ainda os vários resultados eleitorais especulativos, mas vai tentar discutir o que podemos aprender, se é que podemos, das perspectivas de um novo governo trabalhista, a partir do registro histórico dos anteriores. Devo considerar sobretudo a política britânica, embora isto seja uma irrealidade, porque os constrangimentos internacionais, hoje, impõem os mais efetivos limites sobre o que os governos nacionais podem fazer. Isso porque (com raras exceções) não há nada de positivo a ser dito sobre a política exterior dos governos trabalhistas passados. Eles quase não tiveram (se é que tiveram) uma política exterior trabalhista ou socialista que se diferenciasse da liberal, conservadora ou de consenso da classe dominante. Esta é a primeira lição a se retirar do passado.

Foram cinco os períodos de governo trabalhista (1924, 1929-1931, 1945-1951, 1964-1970 e 1974-1979), além dos anos da coalizão durante a guerra (1940-1945). O que deixaram registrado?

O primeiro governo constitui uma administração minoritária, pois o Partido Trabalhista não era nem sequer o maior partido no Parlamento, recebendo um pouco mais de votos que os liberais, que disparavam logo atrás dos conservadores. De fato, o trabalhismo se encaixava entre os liberais e os conservadores inteligentes porque, como Neville Chamberlain observou, uma coalizão da classe dominante destinada a mantê-los afastados reforçaria o partido da classe trabalhadora para o futuro, mas se estivesse no poder "se enfraqueceria demais para causar muito dano, mas não tão fraco a ponto de ficar desacreditado".

Por certo o primeiro governo trabalhista não provocou muitos danos às classes dominantes britânicas, embora o serviço secreto, que, na época e mais tarde, só tinha o comunismo na cabeça, o encarasse como uma sinistra conspiração subversiva e fez o melhor que pôde para sabotá-lo, por exemplo, com a Carta de Zinoviev. Mas também ele não foi desacreditado. Depois de um governo trabalhista de curta duração, o voto trabalhista cresceu 25%. E o que fez esse governo em nove meses?

Não tentou, certamente, instalar o socialismo, não só porque não estivesse em posição de fazê-lo, mas também porque isso seria a última coisa que seu líder, Ramsay MacDonald, desejava. Ele queria que o trabalhismo fosse aceito como um conceito adequado de partido de governo para pessoas respeitáveis. Ou mesmo para as próprias pessoas trabalhistas, pois o partido levou muito tempo para vencer o sentimento de que era mais normal as classes favorecidas formarem um governo do que os representantes do trabalhismo. Até Harold Wilson mostrou-se irracionalmente satisfeito quando permaneceu como primeiro-ministro o tempo suficiente para afirmar — bem erroneamente — que o Trabalhista, então, era "o partido natural do governo".

No entanto, o primeiro governo trabalhista teve, de fato, algumas conquistas a seu crédito, além de reconhecer a existência legal da URSS. Embora fosse desapontador o apoio tanto dos moderados, quanto da esquerda, não teve um mau desempenho, pelos padrões de Wilson, na década de 1960, ou de Callaghan, da década de 1970. Melhorou a educação e os benefícios aos desempregados, e seu Housing Act, que subsidiava a construção de casas municipais para inquilinos, com aluguel controlado, constituiu um marco ponderável na história do Estado de bem-estar. Mais de meio milhão de casas foram construídas sob esse "Wheatley Act", batizado com o nome de homem de esquerda que o fez passar, como ministro da Saúde, antes de o governo nacional de 1933 abolir o subsídio. Até o governo cair, Wheatley não teve tempo para fazer passar um ato para controlar os abusos nos custos das construções, porém foi introduzido um programa de tentativas de obras públicas para reduzir o desemprego, que deixou atrás de si um projeto para estabelecer um sistema nacional de suprimento de energia elétrica, tocado, depois, pelos conservadores. De maneira geral, os resultados não foram ruins, só que se esperava que o trabalhismo fizesse uma revolução.

O segundo governo trabalhista de 1929-1931 foi aquele que os antigos legalistas do trabalhismo gostariam de esquecer. Por sorte foi possível, embora errôneo, jogar a culpa de seu fracasso nas costas de seu primeiro-ministro, Ramsay MacDonald, de seu secretário do Tesouro, Philip Snowden, e de J. H. Thomas, ex-sindicalista de tendência direitista, que se uniu aos conservadores e a alguns liberais para formar um "governo nacional", em 1931, quando o governo trabalhista caiu. O governo de 1929 não tinha uma maioria trabalhista, embora na época o Partido Trabalhista fosse o maior do Parlamento (mas apenas isso), com um número de votos pouca coisa menor do que o Conservador. Dependia do apoio do Partido Liberal. Porém, uma vez que os liberais tinham enfrentado as eleições com um programa social e econômico um pouco mais ambicioso do que o dos trabalhistas, esse apoio era quase uma desvantagem. O programa liberal antecipava em muito o tipo de keynesianismo que o trabalhismo mais tarde encamparia. Na verdade, J. M. Keynes era consultor econômico dos liberais.

O segundo governo trabalhista conseguiu algumas conquistas reformistas, mas mostrou duas grandes fraquezas. A primeira foi uma liderança que se deslocava rapidamente para a direita e que não estava certa se tinha a situação do partido sob um controle adequado. Por isso sobrecarregara o partido, em 1928, com um programa que se mostrou forte na retórica das aspirações socialistas (foi esboçado por R. H. Tawney), mas muito impreciso justamente nos pontos que um governo trabalhista se propunha a executar. E mais do que isso, ao contrário de 1924, a esquerda trabalhista estava sendo excluída do governo, de modo sistemático. A segunda fraqueza foi que essa administração descaracterizada viu-se enredada na depressão mundial de 1929-1933. Não tinha a menor ideia do que fazer a respeito, especialmente porque rejeitava qualquer política para lidar com o desemprego, fomentada dentro ou fora do partido, que conflitasse com a ortodoxia econômica implantada pelos assessores do Tesouro.

Não foi, de modo algum, o único governo no mundo a se encontrar andando a esmo sob as rajadas do colapso mundial, mas quase certamente (com os Estados Unidos do presidente Hoover, mas de uma maneira muito diferente) foi um governo cujas reações ao colapso mostraram-se lamentavelmente as mais inadequadas. De fato, a social-democracia escandinava inspirou-se de imediato no terrível exemplo do trabalhismo britânico para encontrar políticas antidepressão melhores.

O fracasso espetacular desse governo pode ser visto pela queda do voto trabalhista nas eleições gerais de 1931 — caiu cerca de 25% — e pela notável desintegração dentro do partido. MacDonald, Snowden e Thomas passaram-se para os conservadores. Sir Oswald Mosley, na época um sinistro com ideias radicais, liderou uma revolta apoiada por figuras de peso na esquerda, a exemplo de A. J. Cook e o jovem Aneurin Bevan, até ficar claro que ele foi levado na direção do fascismo através do assim chamado "Partido Novo", que fundou nessa ocasião. Aqueles pilares do fabianismo de direita, os Webb (Sydney fora ministro do governo), daí em diante desconsideraram o Partido Trabalhista e voltaram-se para a União Soviética. A organização socialista mais importante dentro do partido, a ILP, afastou-se e logo depois cometeu suicídio, desligando-se do trabalhismo.

Em 1931, a causa do trabalhismo encontrava-se numa confusão maior do que em qualquer outra época, exceto em 1981-1983. Infelizmente o fato de a Internacional Comunista estar passando, naquela época, por seu período mais sectário não resultou em nenhum benefício para qualquer setor da esquerda. De qualquer perspectiva que o enfoquemos, o segundo governo trabalhista foi um desastre.

Até agora, o terceiro governo trabalhista (1945-1951) foi o único que não desapontou de modo patente e, como resultado, adquire um halo mítico na retrospectiva. De acordo com K. O. Morgan, "a administração Attlee corre o grave perigo de fugir à realidade, entrando no meio mundo da lenda e da fantasia". Bastante verdadeiro, porém a lenda baseia-se em conquistas domésticas maciças, a despeito de registros muito mais negativos em termos internacionais.

Tem-se afirmado que essas conquistas representavam apenas o consenso centrista que se desenvolvera durante a guerra, o qual se estendia desde os conservadores moderados até os políticos trabalhistas de centro-esquerda, com dois liberais como seus ideólogos principais: Beveridge e Keynes. Isso é uma ilusão. Naturalmente, no geral, o governo Attlee executou aquilo que os comitês dos tempos da guerra haviam planejado; e pelo menos um dos maiores pilares da Grã-Bretanha pós-guerra, o Butler Education Act, de 1944, na verdade passou sob a coalizão de Churchill. Também é inegável que os governos conservadores, depois de 1951, aceitaram a maior parte do programa trabalhista até o governo Thatcher, que foi o primeiro a tentar desmantelar a Grã-Bretanha de Butler, Beveridge, Keynes e Attlee.

No entanto, isso não significa que a Grã-Bretanha seria a mesma se o trabalhismo não tivesse se inserido no poder em 1945. Uma coisa é computar, no meio da guerra, grandes planos para o futuro pós-guerra, especialmente quando se sabe que os cidadãos estão lutando por um futuro melhor. E outra coisa bem diferente, como provaram os anos após a Primeira Guerra Mundial, é executá-los quando a pressão acaba. Os governos conservadores do pós-guerra poderiam ter feito algo, mas é inconcebível que tenham se empenhado na tarefa de reformar o país com entusiasmo tão genuíno quanto o governo trabalhista o fez, com a esquerda e a direita por sua vez trabalhando juntas. Legitimamente, o trabalhismo pode reclamar os créditos, e levar a culpa, pelo período 1945-1951.

Suas verdadeiras conquistas são impressionantes em meros números. Incluem a estatização do Banco da Inglaterra, do carvão e da aviação civil (1946), da energia elétrica (1947), do gás, das estradas de ferro e alguns outros tipos de transporte (1948), do ferro e do aço (1949); a reconstrução completa do serviço social e do sistema de bem-estar (pensões, seguro nacional, assistência nacional, modificados em 1966 para benefício suplementar, e o National Health Service); grandes modificações no planejamento (novas cidades e um grande Town and Country Planning Act); a maior parte do moderno sistema de mecanismos de apelação (tribunais e afins); e muito mais. Em suma, no século XX, nenhum governo da Grã-Bretanha modificou tão notavelmente a estrutura das instituições sociais e econômicas britânicas quanto o governo trabalhista o fez de 1945 a 1950.

Sem dúvida a estatização era o centro desse programa, junto com o Estado de bem-estar. Mas aqui existia uma imprecisão crucial na política trabalhista. Todos no governo apoiavam o programa de estatização (com exceção do ferro e do aço), tanto no terreno da eficiência, quanto porque era necessário um controle público para integrá-los numa política econômica nacional, quanto porque a remoção dos patrões capitalistas transformaria as relações industriais (como todos pensavam), quanto como um símbolo da determinação do trabalhismo para acabar com a velha ordem, quanto por uma mistura de todos esses motivos e mais alguns outros. Porém, na realidade, pensava-se muito pouco sobre a maneira pela qual a estatização se encaixaria na estratégia econômica e social do trabalhismo, e praticamente não se pensava sobre como "a propriedade comum" deveria organizar-se.

A forma de estatização adotada, virtualmente sem discussões, foi a introduzida por Herbert Marrison para a London Transport, em 1933. Baseava-se mais ou menos nos modelos anteriores da BBC e do Central Electricity Board, ou seja, uma empresa pública autônoma que substituía um quadro de capitalistas privados irresponsáveis por um quadro igualmente autocrático de burocratas públicos, com os quais os sindicatos agora tinham que negociar. Infelizmente, a liderança sindical da época parecia, na verdade, preferir um sistema em que os trabalhadores não participassem do gerenciamento ou nele não tivessem responsabilidades.

Não se pressionava por nenhum tipo de controle dos trabalhadores — mesmo a esquerda mostrou pouco interesse nesse controle antes da década de 1960 — e, ao contrário da Alemanha ou da França, nem o governo, nem os sindicatos nem as empresas privadas revelavam qualquer interesse em associar formalmente os trabalhadores com o gerenciamento industrial. Naturalmente tais arranjos não se revelaram muito satisfatórios, mas, mesmo assim, é curioso que a estatização francesa, depois de 1945, sofresse influência das ideias britânicas a respeito do controle dos trabalhadores — G. D. H. Cole através do marxista austríaco Otto Bauer —, enquanto a estatização britânica, feita por um governo trabalhista, não sofresse. Também não havia nenhuma ideia real sobre outras formas de propriedade ou gerenciamento público ou cooperativo.

Quanto ao gerenciamento da economia, um fato extraordinário é o governo trabalhista não ter mostrado nenhum interesse em planejar a economia, ao contrário do governo francês, que naqueles mesmos anos desenvolveu sistematicamente instrumentos para planejar uma economia mista. O trabalhismo não parecia interessado em planejamento, e os mecanismos herdados da guerra para esse fim estavam destruídos. O governo não era nem mesmo particularmente keynesiano em seus primeiros anos. Mas, embora isso nos alerte para não enxergar muito socialismo ou mesmo competência econômica no governo de 1945, suas conquistas econômicas foram impressionantes. Em 1951, o trabalhismo deixou a economia britânica em boa forma; em grande parte porque, especialmente durante o chamado "período de austeridade", o governo colocou a recuperação nacional acima do consumo, e garantiu uma distribuição justa. Os ricos ainda estavam nervosos demais para ostentar suas riquezas. Nesse meio--tempo, os sistemas de bem-estar e de seguridade social instalados pelo trabalhismo tornaram-se os melhores e os mais humanos que existiam naqueles tempos. Dessa forma, o governo manteve a lealdade de seus eleitores, que advinham principalmente da classe trabalhadora. O apoio ao trabalhismo cresceu depois de 1945. Quando, por uma insignificância de votos, os conservadores o derrotaram em 1951, em virtude das excentricidades do sistema eleitoral britânico, o trabalhismo na verdade contou seu maior número de votos e sua maior participação: cerca de 14 milhões, representando 49% dos votos.

No entanto, nessa época, na verdade por algum tempo em 1947, o governo Attlee esteve completamente sem fôlego. Uma vez que tinha executado o programa que engendrara em 1945, ficara sem ideias. A grande crítica interna do governo Attlee é que lhe faltou alguma estratégia de longo prazo, fosse de transformação social, fosse de crescimento econômico. Por isso, mesmo para a esquerda trabalhista, os avanços transformaram-se numa questão de escrever uma lista de compras para outras estatizações, e desde que estava claro que a economia seria "mista" (parcialmente privada) no futuro previsível, o tamanho da lista tornou-se um símbolo dos propósitos socialistas mais do que parte de uma estratégia socialista. E como a direita argumentava que não eram mais necessárias muitas estatizações "para dar à comunidade o poder sobre os altos escalões de comando da economia" (a frase é de Gaitskell), a esquerda pediu mais algumas.

A verdade é que a direita realmente acreditava que o sistema de produção britânico agora estava funcionando muito bem, com um toque de orientação keynesiano, seja porque ela ainda via a Grã-Bretanha como uma das grandes e permanentes economias do mundo, que possivelmente não declinaria, seja porque imaginava que já se fizera o bastante para que se inserisse um sistema misto no caminho correto. Quase com certeza a esquerda também subestimou a crise de longo prazo do país. A vitória do trabalhismo constituiu o aspecto interno da resistência e da vitória contra o fascismo, no heroico período de guerra da Grã-Bretanha. Daria para imaginar que os melhores momentos do país nos deixassem potencialmente em pior situação do que os países arruinados que tínhamos combatido? Realmente foi o que aconteceu.

Não é preciso falar muito a respeito do desastroso registro internacional (com exceções, como a Índia) do período Attlee, que transformou a Grã-Bretanha num satélite norte-americano. Esse fracasso deveu-se em parte à mesma inabilidade de entender que a Grã-Bretanha não era mais uma grande potência do primeiro escalão; em parte à descoberta de que a fraqueza econômica — que se acreditava temporária — nos fez depender da boa vontade e da pressão norte-americanas (por exemplo, as reformas trabalhistas dependeram de um empréstimo norte-americano, em 1945); e em parte à ideologia anticomunista. É preciso que se diga que os feitos da esquerda trabalhista ao resistir a essas tendências, na medida em que elas foram conhecidas em tempo, se revelaram melhores do que seus fracos feitos nas questões econômicas. Contudo, uma vez mais, deve-se notar com tristeza a ausência de qualquer política exterior especificamente trabalhista.

O quarto período de governo trabalhista, 1964-1970, foi, a seu modo, tão desastroso quanto o segundo. O trabalhismo entrou nele sem um programa de perspectiva definida, e com apenas alguns *slogans* publicitários ("Vamos com o trabalhismo", em 1964, "Você *sabe* que o governo trabalhista funciona", em 1966) e um apelo para um toque de modernidade

238 | ESTRATÉGIAS PARA UMA ESQUERDA RACIONAL

tecnológica, a qual Harold Wilson, que dominava esse governo, copiou daquele famoso socialista, o presidente Kennedy, dos Estados Unidos: "Nós estamos redefinindo e estamos reafirmando nosso socialismo em termos de *revolução científica*", disse Wilson.

De fato, havia certa prudência por trás dessa retórica vazia. Em termos táticos, ao evitar compromissos políticos, tentava-se desviar das amargas hostilidades que tinham dividido a direita e a esquerda desde o final do governo Attlee. Infelizmente, isso significava que o governo não tinha nenhuma política específica sobre questões de interesse urgente para o povo britânico. Assim, ficou bem claro em meados da década de 1960 que o sistema de seguridade social, não mais tão importante pelos padrões mundiais, estava pronto para algumas modernizações e reformulações sistemáticas, mas não houve grandes reformas nessa área (embora, bem no final da década, Crossman tivesse brincado com planos para a reforma de pensões, que deram em nada). A coisa mais parecida com uma política coerente na era Wilson foi a liberalização sistemática, liderada por Roy Jenkins no Ministério do Interior, relativa a questões como homossexualidade, aborto e divórcio, que, embora fossem bem-vindas, não precisavam de um governo trabalhista e não eram um substituto palpável para uma política trabalhista nessa área ou numa área mais ampla.

Mas a retórica também implicava uma política. Supunha que o país estava no caminho correto, porém, nas palavras de Wilson, retrocedera-se em virtude de "práticas restritivas ou métodos ultrapassados em cada lado da indústria". Num certo sentido, esse reconhecimento de que alguma coisa estava muito errada com a economia britânica era um avanço em relação ao "revisionismo" da direita trabalhista, na década de 1950, que supunha que a produção não era mais problema, e que o socialismo, desse modo, não dizia respeito ao planejamento e ao controle social, mas à "igualdade". Em outro sentido, não representava uma melhoria. Pois Wilson falava como se a Grã-Bretanha pudesse ganhar a dianteira sem quaisquer grandes mudanças, desde que as restrições e os métodos ultrapassados fossem removidos por um grande e inspirado impulso.

Assim, o serviço civil seria abalado pela formação de novos ministérios, com o rebatismo e o desmembramento dos antigos, e por outros jogos burocráticos que têm sido retomados pelos thatcheristas. Deveria haver um grande impulso na tecnologia de bases científicas, para a qual foram mobilizados eminentes cientistas. O Concorde foi um dos resultados, mas o principal conteúdo da política industrial de Wilson foi um apoio entusiasmado à concentração capitalista, que avançava rapidamente naqueles anos, com as bênçãos do governo. Sob o comando de George Brown (de temperamento mercurial), também havia um "Plano Nacional" estabelecendo objetivos para a economia britânica, mas sem muito planejamento real. Comparado aos seis anos de Attlee, os seis anos de Wilson pareceram vazios e desorganizados, apesar de uma certa legislação útil.

Os governos gostam de desculpar seus fracassos declarando que foram "tirados do curso" por tempestades incontroláveis. Mas o governo Wilson não estava pilotando o curso. Passou a maior parte do tempo enfrentando sintomas da fraqueza e da vulnerabilidade da economia britânica, que, como de costume, foi grosseiramente subestimada. Pois o grande *boom* mundial, no qual a Grã-Bretanha participava modestamente, estava no auge, e o povo britânico realmente achava que "nunca tivera nada tão bom". No entanto, aos primeiros sinais do término da idade dourada global e da notável aceleração do declínio relativo da Grã-Bretanha, os wilsonianos talvez pudessem ser tomados por administradores reformistas moderados, nascidos de um casamento entre o capitalismo e o Estado de bem-estar. Isso era quase tudo que eles esperavam. Do jeito que aconteceu, eles tropeçaram internacionalmente e enfrentaram a contradição entre os custos do bem-estar e a força dos sindicatos, de um lado, e a lerdeza da economia, de outro.

Debatendo-se, o governo Wilson procurava desesperadamente impor controles legais sobre os sindicatos e as greves. Isso conduziu a um triplo engano. Primeiro, pressionados por uma política que os sindicalistas reconhecem como sendo do interesse dos trabalhadores, como em 1945-1951, a repressão aos sindicatos é possível, embora vá contra os instintos naturais de qualquer líder sindical, de direita ou de esquerda (Bevin não gostava disso). Em 1948, o TUC realmente votou por um congelamento permanente de salários para ajudar a "austeridade" de Stafford Cripps. No entanto, o governo Wilson não se parecia nem agia como um governo

240 | ESTRATÉGIAS PARA UMA ESQUERDA RACIONAL

da classe trabalhadora. Assemelhava-se a uma versão ligeiramente mais liberal e humanizada de um mero governo de consenso dos conservadores keynesianos, e (ao contrário de Cripps em 1948) nem mesmo tentava uma negociação para amenizar a repressão sindical em troca de algumas outras reformas para equilibrar a renda ou a riqueza. Na década de 1970, quando já era muito tarde, tal negociação realmente foi tentada no Contrato Social, sob o comando de Jack Jones, o líder dos trabalhadores em transportes. Segundo, a compulsão *legal* por certo dividia o partido e a esquerda. De fato, entre seus oponentes figuravam políticos que não tinham nada a ver com a esquerda (Callaghan, Crosland, Crossman, Marsh), mas que reconheceriam imediatamente uma missão suicida. Wilson foi derrotado porque não conseguiu perceber como eram as feições do movimento. Mas, em terceiro lugar, seu fracasso para impor repressões legais aos sindicatos, uma vez que as havia colocado em sua agenda, permitiu que o controle legal se tornasse inevitavelmente o *slogan* dos conservadores.

Acrescentem-se os feitos totalmente negativos desses anos em termos de política exterior e tem-se uma década de 1960 wilsoniana tão ruim, a seu modo, quanto o governo trabalhista de 1929-31; pior, de certa forma, pois Wilson conseguiu dividir profundamente o partido, mas sem sair dele. Depois de 1931, a cooperação de direita, centro e esquerda, que possibilitou o governo de 1945, foi tão árdua e complicada quanto sempre parece ter sido no Partido Trabalhista; mas tal cooperação se tornou no mínimo possível pelo fato de que todos concordariam em condenar os traidores que passavam para o outro lado.

Quanto menos se falar do quinto período de governo trabalhista, melhor (o segundo período de Wilson e Callaghan: 1974-1979). Com uma perda de 11% de seus votos ou quase 1,5 milhão de eleitores desde o auge de Wilson, os governos minoritários trabalhistas da década de 1970 estavam, de qualquer maneira, fracos demais para fazer grandes coisas. Sobreviviam pela gentil permissão dos liberais e de alguns outros, sem se preocupar com o futuro, cercados de problemas por todos os lados, com uma inabilidade crescente para controlar qualquer coisa, e, por fim, acabaram vencidos por uma onda de greves. A melhor coisa que se pode falar deles é que mantiveram a lealdade de 11,5 milhões de eleitores de base do trabalhismo, que continuaram apoiando seu partido com resolução, durante as quatro eleições daquela infeliz década. Depois de 1979, submeteu-se às maluquices da secessão e às provocações para perder, em quatro anos, mais 1 milhão de votos trabalhistas (ou 27% do eleitorado trabalhista remanescente).

O que se pode aprender desse registro nada inspirador? Primeiro, que os governos trabalhistas subestimaram com persistência a seriedade da crise da economia britânica e a realidade do declínio da Grã-Bretanha como potência internacional. É claro que na Grã-Bretanha a maioria das pessoas também fez a mesma coisa até a metade da década de 1970, mas isso não é desculpa. A situação ainda está assim? Se não está — e penso que não — há motivo para otimismo. Pois, se tanto o povo britânico quanto o Partido Trabalhista e o movimento trabalhista estão pelo menos convencidos de que nosso problema é o de um país derrotado e meio destruído pela guerra, então ambos podem se concentrar, sem ilusões insensatas, na tarefa de recuperação nacional, e encarar os sacrifícios vinculados a ela. E isso pode, uma vez mais, fornecer ao trabalhismo algo semelhante ao dinamismo e, apesar de tudo, à unidade temporária que ele teve em 1945; e ao restante do povo britânico a presteza em dar apoio, ou pelo menos tolerância, a um governo trabalhista.

Os anos Thatcher tornaram isso mais fácil em três aspectos. Primeiro, eles reduziram, de modo tão visível, boa parte da Grã-Bretanha ao equivalente a um tiro de fuzil, ficando muito mais fácil reconhecer as questões de vida ou morte que a Grã-Bretanha enfrenta. Afinal, como Tony Benn tem dito, Thatcher vem destruindo a indústria britânica muito mais do que Hitler o fez. Segundo, eles desacreditaram totalmente, na cabeça da maioria das pessoas, a ideologia privatizadora do "livre mercado" dos cruzados suburbanos, os quais disfarçaram o direito de os ricos ficarem mais ricos entre as ruínas como uma maneira de resolver os problemas do mundo e da Grã-Bretanha. Eles tiveram suas oportunidades e podemos ver o que aconteceu. Pode até ser que, em seu declínio, Thatcher perca seu controle sobre aquelas vantagens tradicionais do conservadorismo vetusto, a coroa e o império, a bandeira e os reflexos patrióticos. Terceiro, as derrotas e contramarchas do trabalhismo têm sido tão maciças e inegáveis (mesmo pelos muitos sectários, que antes estavam cegos) que provavelmente as condições para todas as partes do movimento trabalharem juntas sejam melhores do que em qualquer outra época, desde a década de 1930. E mais uma lição do passado nos diz que os governos trabalhistas divididos ou paralisados pelo medo de divisão não chegam a lugar nenhum.

Por outro lado, será mais difícil em dois aspectos. A distância — até a distância geográfica — entre setores do povo britânico que estão indo bem e aqueles que não estão cresceu tanto que os prósperos podem estar relutantes em realizar sua cota de sacrifícios necessários. Hoje, mais do que nunca, está faltando aquilo que deu tanto ímpeto ao trabalhismo em 1945: o desejo (não apenas entre trabalhadores e socialistas) de ter um tipo de sociedade novo e melhor, diferente dos remédios revulsivos que têm sido aplicados a uma velha sociedade. É preciso que também se diga com honestidade que (ainda) não há muita confiança no Partido Trabalhista, enquanto motor da recuperação e da salvação nacionais.

Contudo, a melhor e talvez única oportunidade do trabalhismo é convencer as pessoas de que a recuperação, a partir de uma enorme catástrofe nacional, será fundamentalmente a primeira tarefa com que teremos que nos defrontar. A economia continuará mista. É provável que sempre tenha acontecido assim, e nem mesmo a versão mais radical do programa de esquerda do Partido Trabalhista nunca disse nada diferente. Mas fica igualmente claro que, depois do thatcherismo, de novo deve haver uma substancial virada para o controle e o gerenciamento sociais na economia e nos assuntos sociais, não por ideologia, mas por motivos práticos. Da mesma forma é forçoso que fique claro para os trabalhadores, como esteve para a maioria deles em 1945, que uma economia em ruínas não pode ser vista como um interesse que se vai, do qual os sindicatos, indiferentes, podem reivindicar aumentos, mesmo que este ou aquele grupo consiga uma negociação favorável para si. Em suma, um sentido de crise genuíno e justificado consegue reconduzir os evangelistas ideológicos para as orlas da verdadeira política.

O futuro nos responderá se e como nós avançaremos na direção do socialismo e o que significa, de fato, uma Grã-Bretanha socialista (uma vez que mesmo entre os Estados socialistas atuais existem muitas variedades, nenhuma delas — talvez com exceção da Albânia — ainda comprometida com uma economia totalmente planejada, centralizada e tocada pelo Estado, sem elementos de mercado). Sem a reconstrução da Grã-Bretanha dificilmente conseguiremos confrontar tais respostas. Ainda assim, podemos e temos que conquistar muita coisa. O ano de 1945 não nos ofereceu uma Grã-Bretanha socialista, porém modificou a face da nação profundamente e para melhor, e isso foi uma conquista trabalhista. Poderemos nos orgulhar se o próximo movimento trabalhista conseguir, pelo menos, a metade.

Entretanto, 1945 sugere duas últimas lições. A primeira é que um governo trabalhista basicamente reformista não deveria perder tempo. Quase todo o programa de mudanças foi executado nos três primeiros anos do governo Attlee. As demoras multiplicam os obstáculos. Sem dúvida essa velocidade foi em virtude da substancial unidade entre a direita, o centro e a esquerda, mas também teria sido impossível sem um programa claro. E isso o trabalhismo tinha em 1945. Porém, não tinha nada parecido nas décadas de 1960 e 1970. O terrível exemplo da era Wilson mostra o que ocorre quando um governo trabalhista não tem nada em vista, a não ser voltar ao poder e administrar brigas internas.

A segunda lição é que se deve saber o que fazer. É enorme a tentação de evitar problemas — e publicidade negativa — falando o mínimo possível sobre os planos futuros e, dada a história interna do movimento desde 1979, pode-se compreender por quê. Mas alguém precisa mostrar o que um governo trabalhista faria. Se isso é feito por comitês ou consultores de ministros obscuros, alguém tem que juntar as peças. Depois, esses planos precisam ser identificados com o partido. Não, como um tipo de esquerda trabalhista pensa, para manter uma liderança trabalhista formada por potenciais traidores de promessas exortadas por ela em conferências, mas porque um governo trabalhista precisa ter ideia de para onde está indo, quais são seus principais problemas e como atacá-los. Isso acontece porque um governo trabalhista *nunca* deve estar inserido, como o de Wilson, no tipo de política em que "uma semana é muito tempo" e, portanto, não pode "tocar de ouvido" ou confiar em pesquisas de opinião. Esse tipo de planejamento precisa ser discutido e formulado. Não pode ser substituído por uma retórica — socialista, como em 1929, ou tecnológica, como em 1964 — feita para evitar problemas.

Será que, hoje, o trabalhismo está como no final de 1944 — muito antes que se imaginassem os resultados de uma eleição e vários meses antes que ela acontecesse —, quando a executiva nacional tinha "um programa político adequado [...] para incluir pleno emprego, habitação, seguridade social, um serviço de saúde nacional, educação, controle dos bancos, propriedade pública e paz mundial"? *Deveria* estar.

Essa é a última lição do passado, e novamente nos remete à era Wilson. Após um período em que o trabalhismo "perdeu o pé", não basta esperar que os conservadores fiquem se agredindo. Pode ser que se agridam. Em 1964 foi assim. E serviu para dar uma oportunidade ao trabalhismo. Oportunidade essa que os governos da década de 1960 jogaram fora.

14

VITÓRIA DENTRO DA DERROTA

(1987)

O tempo de eleições gerais está próximo, um tempo para as pessoas de esquerda enfrentarem a verdade a respeito dessas eleições, antes que sejam completamente envolvidas pela retórica eleitoral e pela álgebra das previsões. Três coisas têm se manifestado desde 1983, se não antes. Primeira, que a derrota do governo Thatcher constitui a tarefa essencial na política britânica e deveria ter prioridade absoluta sobre qualquer outro objetivo e programação política. Não é preciso discutir o assunto. A *Marxism Today* o fez durante anos, e seria melhor que as pessoas que não acreditam que esse governo assustador, de longe o mais perigoso e desastroso na história britânica do século XX, deva ser impedido de provocar mais danos irreversíveis à Grã-Bretanha parassem de ler aqui. Mas, antes de parar, elas deveriam se lembrar de que este é o único governo deste século que fez da destruição real do movimento trabalhista e do Partido Trabalhista seu objetivo declarado.

Segunda, está claro que o governo Thatcher foi eleito, já em 1983, como um governo *minoritário*, contra a vontade de 58% daqueles que votaram. No presente momento, a julgar pelas pesquisas de opinião, conta com cerca de dois terços do povo contra ele. Nunca houve uma onda thatcherista de opinião pública como a onda pró-Reagan nos Estados Unidos. A maioria do povo nunca comprou a linha de produtos Thatcher, apesar da embalagem e das promoções de venda. No papel, não há embasamento para uma vitória de Thatcher.

Terceira, sabemos que o governo Thatcher não se elegeria, a não ser como resultado de divisões entre a oposição, ou seja, entre o trabalhismo e a Aliança. E se Thatcher tiver alguma chance de ser reeleita, isto se deverá inteiramente à continuidade dessas divisões. Depois das eleições de 1983, escrevi em "As Perdas do Trabalhismo":

> [...] dada a divisão quase igual entre as duas parcelas do voto anti-conservador, os conservadores poderiam perder quase um quarto do seu total de votos e ainda assim ganhar as eleições. É vital que se tenham esses pontos em mente nos próximos cinco anos, porque as perspectivas de derrotar Thatcher prendem-se a isso, independentemente do que o movimento trabalhista fizer para se recuperar. Se, nas próximas eleições, o thatcherismo enfrentar, em qualquer lugar, dois ou mais candidatos competindo pelos votos uns dos outros, os conservadores podem ter esperanças de continuar no poder durante a década de 1990. Precisa-se encontrar algum modo de unir a maioria do povo britânico que se opõe ao thatcherismo.

Hoje isso é tão verdadeiro quanto na época. Só que em outubro de 1983 tínhamos quase quatro anos para tomar alguma providência e, hoje, temos apenas semanas ou, na melhor das hipóteses, meses.

Um quarto fato, infelizmente, agora também foi introduzido de maneira indiscutível. Será muito difícil o Partido Trabalhista ganhar a eleição sem ajuda e formar um governo sozinho, embora isso não signifique que o trabalhismo não possa emergir como o maior partido isolado ou fornecer um primeiro-ministro e seu gabinete. O trabalhismo se desvencilhou do desastre de 1983 com uma rapidez notável sob a nova liderança de Neil Kinnock. Mas desde então realmente nunca ultrapassou o nível dos quase 37% que havia recuperado depressa, e nunca pareceu, a sério, que conseguiria ultrapassar. Além disso, pelas pesquisas de opinião, em geral ficava um pouco atrás dos conservadores, e raras vezes lhes tomou a dianteira como se poderia esperar que fizesse um grande partido de oposição, que representa uma alternativa de governo. Não é o momento para tentar explicar os motivos do fracasso do trabalhismo em conseguir maior apoio desde 1983, tornando, assim, bem improvável o que deveria ter sido, de longe, a melhor solução: um governo trabalhista eleito por uma boa maioria dos votantes. Mas o ponto crucial é que ele fracassou e isso simplesmente serve para disfarçar o medo de predizer que, de alguma forma, no decorrer de algumas semanas de campanha eleitoral, as coisas vão se endireitar de um jeito ou de outro.

O melhor que o trabalhismo pode esperar com realismo do que, de qualquer jeito, se tornou um sistema tríplice de política britânica é que ele vai sair da eleição como o maior partido ou o maior partido não conservador no Parlamento. Esta não é uma esperança sem fundamento.

A emergência daquilo que é claramente uma divisão tripartite permanente na política britânica é o quinto fato que precisa determinar nossas escolhas políticas. Na verdade, não se trata de um sistema de três partidos, desde que o meio de campo tem apenas a unidade negativa dos que não querem pertencer à direita ou à esquerda. Por isso o apoio para a Aliança normalmente tem sido tão mais instável e frágil do que o apoio aos conservadores ou aos trabalhistas, fornecendo respostas desproporcionais a circunstanciais acontecimentos de curto prazo e exposições à mídia.

Mas isso não nos deve confundir. Qualquer que seja o futuro da Aliança, algum tipo de massa central, em termos de política, está aqui para ficar, mesmo porque *os dois* maiores partidos continuam de maneira patente seu processo de declínio a longo prazo. (A maior parte do que se diz sobre o declínio do trabalhismo serviu para desviar a atenção do fato de que, em 1983, o ano do triunfo eleitoral de Thatcher, o Partido Conservador mobilizou uma participação menor do eleitorado britânico do que em qualquer tempo desde 1923.) O voto da Aliança pode ou não crescer acima dos 30%, mas é quase certo que não vai cair abaixo dos 20% nesta eleição.

Há apenas uma conclusão lógica para aqueles que colocam a derrota de Thatcher em primeiro lugar. Trata-se, em cada distrito eleitoral, de votar no candidato que oferecer a melhor oportunidade de derrotar os conservadores, seja do Partido Trabalhista, seja da Aliança. Nenhum dos líderes dos partidos de oposição dirá para agirmos assim. De fato, todos falarão o contrário, seguindo a mitologia eleitoral e o folclore político que afirma que os políticos, como os pugilistas antes das grandes lutas, sob hipótese alguma podem admitir que não conseguiriam derrubar o adversário fora do ringue. Assim, David Steel, contra todas as probabilidades, espera que a Aliança remova a Escócia, e Neil Kinnock afasta qualquer cogitação de

VITÓRIA DENTRO DA DERROTA | 249

negociar com a Aliança, mesmo depois da eleição, por medo de desencorajar os eleitores do trabalhismo. Mas nenhum deles acredita no que está dizendo, e nós menos ainda.

Sabemos tão bem quanto Steel, Owen, Jenkins e Kinnock que se tivéssemos um sistema eleitoral em dois turnos, como o francês, o voto tático seria tão normal quanto respirar. Votaríamos no nosso partido no primeiro turno e, observando qual candidato estaria à frente — trabalhista ou da Aliança —, votaríamos nele no segundo turno a fim de derrotar os conservadores. Bem, temos que fazer o mesmo sem o sistema francês, e sem qualquer orientação de nossos partidos. Vamos ter que tomar a decisão sozinhos. Penso que há cidadãos suficientes para se valer da democracia com sensibilidade e, com isso, derrotar Thatcher.

Todas as discussões contra o voto tático admitem *ou* que uma vitória isolada do Partido Trabalhista (ou da Aliança) contra Thatcher é possível, *ou* que a derrota deste governo não constitui a prioridade política mais importante no momento. Naturalmente, a primeira hipótese é possível em teoria, mas não há sequer um *bookmaker* neste país que não acolha os apostadores que quiserem perder dinheiro apostando nela. Considerando a divisão do voto não conservador, as chances *devem* estar acumuladas em favor de Thatcher, ou, pelo menos, contra a vitória isolada de cada força oposicionista. A única esperança efetiva de derrotar o governo reside em algum tipo de unidade. Quem se opuser a isso na verdade não se importará que o governo seja ou não derrotado, ou simplesmente não estará usando a cabeça.

Isto se aplica até as raras discussões contra o voto tático que tenham algum mérito. Do lado trabalhista só há uma discussão, embora em geral não seja de conhecimento público. É que o voto tático, ao produzir um substancial terceiro partido no Parlamento, destruirá o sistema bipartidário e, com isso, a oportunidade de um futuro governo trabalhista isolado. Poderia colocar a esquerda (e o centro) permanentemente à mercê dos partidos centristas e de governos de coalizão.

Do lado da Aliança (ou melhor, do lado do Partido Social-Democrata, pois os liberais têm estado muito reticentes nessa questão), discute-se abertamente que uma vitória de Thatcher é um preço que vale a pena pagar por uma oportunidade de arruinar o Partido Trabalhista para sempre, a fim de voltar (depois de outros cinco anos de thatcherismo) como a maior, e talvez única, força oposicionista e alternativa de governo. (Esse, casualmente, também é o cenário de Thatcher para o futuro da política britânica.) Tais visões têm sido debatidas abertamente pelos utópicos do Partido Social-Democrata como Peter Jenkins e são muito discutidas nas (ou à volta das) relevantes mesas de bar. Como relata Peter Kellner: "Seu dilema estratégico é buscar uma participação no poder depois da próxima eleição ou uma destruição do Partido Trabalhista na eleição seguinte."[1] Se fizerem a segunda opção, então o voto tático contra os conservadores não terá atrativos, uma vez que poderá produzir um governo liderado pelo trabalhismo ou por uma coalizão.

Mas de fato, esquecendo-se a megalomania, a ambição pessoal ou as feridas supuradas das antigas rixas políticas, uma coalizão liderada pelo trabalhismo ou mesmo um governo trabalhista que dependa do apoio da Aliança são opções perfeitamente aceitáveis pela Aliança. Tais opções devem ser preferíveis à alternativa de um terceiro governo thatcherista, pois indiscutivelmente a Aliança é um fenômeno antithatcherista e, também, porque o Partido Conservador tem sido vilipendiado pelos *stormtroopers* autodidatas e suburbanos da direita, uma secessão do conservadorismo. O dr. Owen poderia preferir uma coalizão de centro-direita, embora mesmo ele não possa dizer em público que estaria preparado para se aliar com os partidários de Thatcher e de Tebbit, mas que o único alinhamento que está sendo seriamente considerado, no caso de nenhum partido isolado ganhar uma maioria absoluta no Parlamento, é um alinhamento de centro-esquerda.

As classes médias instruídas que formam o núcleo da Aliança repelem o thatcherismo e o que ele fez à Grã-Bretanha. Até as fileiras do Partido Social-Democrata, que é, como dizem as piadas, o Partido dos Professores e da Igreja da Inglaterra (quando em prece), não parecem inclinadas a acolher e a pagar o preço de outros cinco anos de thacherismo pela oportunidade de ter um David, em vez de um Neil, como primeiro-ministro em 1992 ou 1993. Certamente elas não são socialistas,

---

1 *The Independent*, 30/3/1987.

socialistas de esquerda isoladas. Entretanto, o voto unido para derrotar um candidato conservador ocorre com muito mais naturalidade à maioria dos eleitores da Aliança do que votar separadamente para permitir a vitória de um conservador.

Considerando-se tudo isso, o voto unido também serve à Aliança em termos táticos. Pela primeira vez, ofereceria ao centro um bloco substancial de mandatos parlamentares e, assim, quebraria a barreira que virtualmente privou um quarto do eleitorado de seus direitos civis. É bem provável que permitiria ao bloco centrista manter o equilíbrio entre os dois maiores partidos, o que lhe forneceria uma alavanca política desproporcional. E negociaria a reforma eleitoral a partir da força. Os estrategistas sensíveis da Aliança pagariam de bom grado o preço de escolher um governo moderado, liderado pelo trabalhismo. Não há dúvida de que eles preferiram um governo da Aliança, mas, apesar da retórica da campanha, isso não impede uma conjunção de milagres no momento.

Para o trabalhismo, essa não é uma perspectiva brilhante. De um jeito ou de outro significa abrir espaço para um partido intermediário permanente, e provavelmente uma perspectiva de longo prazo de políticas e governos tripartites pela coalizão, à maneira do que sucedeu na Alemanha Ocidental, na Áustria e na República da Irlanda por um longo período. Isso não destrói necessariamente a possibilidade de um governo de partido isolado no futuro (pensem na Áustria), mas sem dúvida fica mais difícil. E sob circunstâncias normais, daria ao centro uma boa dose de controle sobre aquilo que um governo liderado pelo trabalhismo poderia ou não fazer. Não resta dúvida de que isso seria um retrocesso para as esperanças do socialismo britânico. Ninguém vai abrir garrafas de champanhe para comemorar, embora tal situação pudesse levar a uma derrota do thatcherismo e, mais que provavelmente, a um governo encabeçado por Neil Kinnock.

E qual seria a alternativa? Um terceiro governo Thatcher. Nossa melhor esperança é a união do centro e da esquerda. Acabou o jogo dos "ses", a exemplo do "se o trabalhismo recuperasse o que perdeu desde 1979". Não recuperou e por certo não vai recuperar com as eleições. O mesmo se aplica ao "se a Aliança entrasse em colapso". Não entrou e por certo não vai entrar com as eleições. Nem os conservadores. De qualquer modo, o que mais se pode esperar, em sã consciência, senão um Partido Conservador que, pelas atuais pesquisas de opinião, terá a porcentagem de votos mais baixa desde 1945, com a eleição triunfal do trabalhismo? Hoje, existe apenas uma maneira de nos livrarmos de Thatcher, de conseguir um governo liderado pelo trabalhismo e de manter o caminho aberto para um verdadeiro renascimento do trabalhismo no futuro.

Na melhor das hipóteses, dará ao trabalhismo a oportunidade de uma meia-vitória ou de uma vitória manietada. Mas a perspectiva alternativa é muito mais sombria e menos aceitável. A derrota nas eleições significa não apenas mais cinco anos de thatcherismo, o qual portanto terá a oportunidade de fazer suas irreversíveis revoluções direitistas. Também colocará, como as previsões do Partido Social-Democrata deixou claro, o futuro do Partido Trabalhista em risco (para não falar na liderança de Neil Kinnock). Para quem apoia o trabalhismo, estão em jogo: o futuro do povo britânico e o futuro de seu partido.

Não há nenhuma necessidade, é claro, de escutar as predições apocalípticas a respeito do desaparecimento do trabalhismo por parte de gente que só quer desmoralizar os eleitores do trabalhismo e sensibilizar mais políticos trabalhistas para a divisão. No entanto, duas coisas são inegáveis. Primeira, que o corpo de apoio *incondicional* com o qual o partido pode contar hoje não é maior do que era em 1983, e pode, no momento, ter-se esfacelado mais ainda. Certamente não podemos contar com mais de um quarto do eleitorado, a não ser que haja um verdadeiro renascimento do trabalhismo. (O apoio que voltou ao trabalhismo depois que Neil Kinnock se tornou líder foi justamente um apoio *condicional* pronto a dar ao partido outra chance — mas também pronto a reconsiderar suas opções.) E segunda, uma derrota do trabalhismo quase certamente criará problemas no partido, talvez como um renovar de brigas internas em público e de guerras civis que constituem a maneira sabidamente mais segura de alienar seu apoio.

E é exatamente com isso que os oponentes do trabalhismo estão contando, em especial os conservadores de Mrs Thatcher: um partido desmoralizado pela terceira derrota sucessiva, um partido que se despedaça em público, um partido que não parece ter futuro.

VITÓRIA DENTRO DA DERROTA | 253

Existe apenas um caminho para dar mais uma oportunidade ao trabalhismo. Trata-se de assegurar a derrota do governo Thatcher. E existe apenas um caminho para derrotar o governo Thatcher: votar *no candidato que estiver mais bem colocado para afastar o candidato conservador.* Quem quer que diga outra coisa, por mais sincera que seja, estará traindo o povo britânico, se falar na democracia e no movimento trabalhista.

15

A EMANCIPAÇÃO DA HUMANIDADE

ERIC HOBSBAWM ENTREVISTADO
POR PETER GLOTZ

(1987)

PETER GLOTZ: Margaret Thatcher tornou-se o primeiro-ministro a ser eleito três vezes para o cargo, pela primeira vez neste século. O que isso significa para a Grã-Bretanha?

ERIC HOBSBAWM: Um terceiro mandato para o governo Thatcher significa exatamente o que Mrs Thatcher disse que seria seu programa, isto é, o solapamento sistemático das bases do Partido Trabalhista, enquanto um partido viável, e do movimento trabalhista capaz de uma ação efetiva. A vitória de Thatcher também significa um desmantelamento sistemático dos sistemas de bem-estar social e educacional. Isto, em si, encerra uma dupla ofensiva: primeira, contra as organizações e bases de apoio de esquerda e, segunda, contra a solidariedade dos trabalhadores e — como poderia colocar? — contra o sentido popular de responsabilidade social.

O ataque estará enfocado em primeira instância nos governos locais, onde a oposição ainda tem certa oportunidade de iniciativa independente. O verdadeiro paradoxo desse governo é que sua luta a favor do individualismo econômico e social, na prática, está sendo conduzida por meio de um poder de Estado centralizado, cada vez mais crescente. A oposição parlamentar estará impotente durante os próximos quatro a cinco anos.

P. G. Durante as últimas eleições você defendia o voto tático, ou seja, votar no Partido Trabalhista ou na Aliança, dependendo de qual fosse taticamente a escolha mais sensível. Por que tão poucos intelectuais adotaram essa recomendação?

E. H. Infelizmente, há uma explicação muito simples. Uma frente unida contra Mrs Thatcher só poderia ter sido organizada por meio dos partidos políticos, e os três partidos de oposição tinham rejeitado oficialmente tal política. Dentro desses partidos havia realmente muita gente a favor do voto tático, e em alguns distritos eleitorais, onde o voto de classe média de esquerda era forte, há evidências que sugerem que, num certo sentido, as pessoas utilizaram o voto tático. Apesar de tudo, isso não foi suficiente, e quem o defendia nunca acreditou que fosse suficiente. Agora talvez a lógica finalmente traga os partidos de volta a seu estado de consciência. Infelizmente, agora eles têm bastante tempo para refletir sobre suas fragorosas derrotas.

P. G. Estou interessado na posição da esquerda europeia, hoje e no futuro. Na *Marxism Today*, em 1982, você escreveu:

> Não basta deplorar o declínio do "movimento" dos grandes e velhos tempos, em qualquer tempo que os militantes os situem (Greve Geral, o período de Maurice Thorez, Togliatti ou Viena na década de 1920). A saudade não os trará de volta. Eles se foram para sempre. Precisamos construir sobre as fundações do passado; mas o prédio precisa ser novo. Essa situação é comum à esquerda da Europa inteira; e certamente à esquerda socialista.[1]

Ocorrem-me duas perguntas, aqui: em que tipo de saudade você estava pensando quando escreveu esse texto, e você acha que essa saudade ainda existe entre a esquerda europeia?

E. H. A saudade à qual me referia era a tradição de luta no velho movimento trabalhista. Não posso realmente dizer a que ponto ela existe em outros países, mas por certo existe aqui na Inglaterra, talvez mais do que em qualquer outro lugar porque nosso movimento trabalhista, de certa maneira, foi ex-

---

1 Eric Hobsbawm, "The State of the Left in Western Europe", *Marxism Today*, out. 1982.

cepcionalmente forte. De fato, a Grã-Bretanha foi o único grande país onde o proletariado formava a verdadeira maioria da população. O movimento britânico também possuía um tipo de solidariedade e de postura de luta que não apenas funcionava como um indicador para as gerações mais velhas, como também orientava sua vida inteira. Como você mesmo escreveu, existiam traços disso na grande greve dos mineiros de 1985, por exemplo. Tenho certeza de que essas tradições também existem em outros lugares — por exemplo, a tradição antifascista que é bem visível na Itália. Trata-se de um fator importante e positivo aquela resistência que possibilitou ao povo italiano, em especial a classe trabalhadora, libertar-se do peso da derrota ou da culpa herdada dos resquícios do período fascista. No entanto, como escrevi na época, isso não basta. É claro que relutamos em rejeitar nossas próprias tradições, mas temos que superar isso de algum jeito e em algum lugar.

P. G. E agora está degenerando em saudade?
E. H. Vai degenerar em saudade se as pessoas não refletirem sobre a situação real, e simplesmente continuarem tocando o antigo repertório. Isso pode dar certo nos teatros, mas não em política.

P. G. Vamos falar das razões para a crise da esquerda europeia. Talvez, antes de mais nada, uma palavra sobre as condições delineadas. A primeira pergunta que eu colocaria para você, enquanto marxista, é claro, diz respeito à "crise do capitalismo mundial" e suas consequências. A nação economicamente mais forte do Ocidente está agora com uma economia bastante abalada, principalmente com um déficit tremendo, o que resulta em altas taxas de juros que atraem capital do mundo todo. Isso significa que todos nós participamos do financiamento do déficit norte-americano. Também ainda temos uma verdadeira crise de débito, apesar dos progressos das instituições de gerenciamento da crise internacional (o FMI e o Banco Mundial). Não acredito que vá haver um grande colapso no mercado de capitais particulares ou emprestados, mas penso que os bancos comerciais bem-sucedidos vão tirar do mercado os de menor sucesso. Mesmo assim, a situação provavelmente parece ser bastante desoladora (pelo menos para os próximos quatro ou cinco anos do que imaginamos ser uma recessão secular). Pergunto a você, de uma maneira sumária e bem geral — hoje, quais seriam, em sua opinião, as repercussões da "crise do capitalismo mundial" para a esquerda europeia? Realmente, foram-se os tempos em que se poderia confiar na teoria da autocomiseração para oferecer uma esperança estratégica.

E. H. Sim. Veja, eu não penso que tenha alguma vez funcionado para a esquerda. Afinal, se alguma vez existiu uma crise econômica que ameaçasse o sistema, essa foi a crise da década de 1930.

P. G. Isso acabou em fascismo.

E. H. Acabou em fascismo. Antes, as pessoas de alguma forma esperavam que a crise levaria automaticamente a uma radicalização. Mas não levou, e de fato aconteceu quase o contrário. E acho, de certa forma, que se precisa voltar a Marx, aqui. Veja: Marx e Engels contavam com a primeira crise mundial — a de 1857-1858 — para criar uma radicalização e uma reviravolta ou uma meia-volta revolucionária, mas ela não veio. E acho que depois disso deveríamos ser muito cautelosos ao predizer que essas crises, mesmo as crises sérias, levam automaticamente ao desastre. No entanto, penso que, com muitas coisas, o sistema capitalista tem mais probabilidades de se romper nas extremidades do que no centro. Afinal, mesmo na década de 1970 aconteceram revoluções, por exemplo, as revoluções anticoloniais, a revolução portuguesa, o fim do fascismo na Espanha e na Grécia e, depois, naturalmente, as revoluções na Etiópia e no Irã, e assim por diante. Não se pode esperar que elas tragam uma mudança automática na esquerda, no sentido tradicional, mas também não se pode dizer que não há oportunidades de mudanças revolucionárias capazes de enfraquecer um pouco o capitalismo mundial. Mas, por outro lado, acredito que a esquerda na Europa de fato esteja mais fraca, nem tanto porque potencialmente tenha menos apoio (penso que seus distritos eleitorais não são muito menores do que eram antes), mas porque nas décadas de 1970 e 1980 não conseguiu desenvolver um programa ou um projeto para a crise. De alguma forma, a esquerda concedeu a iniciativa econômica para a direita neoliberal e neoconservadora e, em certa medida, teve que fazer isso porque seu próprio projeto de programa não se engrenava com a crise.

P. G. Utilizei o conceito de uma "sociedade de dois terços" (*Zweidrittel-gesellschaft*) para tentar descrever a situação. Minha teoria é que nossa sociedade está se desenvolvendo nesse sentido. Trata-se, basicamente, de uma versão moderna da teoria de "duas nações" de Disraeli. De maneira simples, o problema é que uma minoria da sociedade — os desempregados e suas famílias, aqueles que sobrevivem de pequenas pensões, mães solteiras obrigadas a viver da seguridade social, trabalhadores marginalizados que de novo perderam o emprego em qualquer época — é empurrada para o fundo da pilha, enquanto a maioria (inclusive muitos trabalhadores especializados) aguardam por posições seguras. O perigo é que esta parte da força de trabalho vá simplesmente "cooptar" ou será tragada por um estrato superior. De que modo a esquerda poderia evitar isso?

E. H. Sua concepção de uma "sociedade de dois terços" parece adequada. Por certo é verdadeiro que, mesmo na Grã-Bretanha, a qual talvez tenha sofrido relativamente mais que outros países, a maioria das pessoas, inclusive a maioria da classe trabalhadora, não está em pior situação do que estava antes; está melhor. A minoria pode estar mais ou menos negligenciada, só que a distribuição geográfica dos votos na Grã-Bretanha assegura mais ou menos ao Partido Trabalhista uma representação parlamentar desproporcional na Escócia, no norte da Inglaterra, e assim por diante. Mas isso não é a mesma coisa. Fica-se imaginando se restou bastante daquela antiga ética da solidariedade, aquela solidariedade que resultou no movimento trabalhista e o caracterizou desde então.

P. G. Por certo não é apenas ética. Também houve uma mudança parcial nas condições sociais concretas, pelo menos na Alemanha Ocidental. Considere a desintegração dos distritos da classe trabalhadora, a maneira como as pessoas se deslocaram para os subúrbios. Tudo isso, é claro, encorajou o esfacelamento do ambiente da classe trabalhadora, pelo menos na Alemanha Ocidental, onde apenas parcelas do Ruhrgebiet permanecem, em qualquer sentido, entretecidas com os distritos da classe trabalhadora.

E. H. Sim. Veja, eu penso que toda uma série de desenvolvimentos históricos contribuiu para a destruição da solidariedade da classe trabalhadora. Aquilo que você disse certamente vale para hoje. Entre 1880 e 1920, e talvez mesmo entre 1880 e a Grande Depressão, o contrário era verdadeiro. Primeiramente, a sociedade industrial baseava-se num constante influxo de gente trabalhadora. Essa gente entrava nas cidades e formava grandes exércitos de trabalhadores. Em segundo lugar, o desenvolvimento tecnológico daquela época baseava-se não apenas numa concentração de capital, mas numa concentração da produção. Emergiram fábricas imensas, nas quais milhares de trabalhadores reconheciam-se como companheiros de trabalho.

E em terceiro lugar, com exceção dos Estados Unidos, a era da sociedade de consumo ainda não tinha despontado e o conjunto da classe trabalhadora, inclusive os especializados e os que estavam em melhor situação, foi forçado a um tipo de existência permanente semelhante aos guetos. Por esse motivo, os trabalhadores compartilhavam de um estilo de vida comum que era fundamentalmente diferente do estilo da burguesia e da nova classe média, e também das classes rurais. Em meus cursos, você sabe, eu sempre pedia a tarefa de identificar o ponto no qual os trabalhadores começaram a usar boné, que se tornou o símbolo internacional do proletariado. As pessoas se reconheciam enquanto classe, mesmo se ficasse claro que um mecânico altamente especializado, digamos, fosse muito diferente de um trabalhador de estaleiro sem especialização. E eles eram pressionados a se agrupar. No momento, e especialmente nos anos seguintes à guerra, o oposto é que vale.

P. G. Realmente tivemos que melhorar o padrão de vida das pessoas. Essa foi a grande conquista do movimento trabalhista reformista; mas, ao fazer isso, o movimento perdeu suas próprias bases de apoio.

E. H. É possível. Não acho que o movimento trabalhista precise ter uma consciência muito ruim sobre o que aconteceu. A derrubada dos cortiços, por exemplo, também fez parte dos movimentos trabalhistas entre as guerras, e as pessoas eram reassentadas em novas áreas construídas sem, necessariamente, perder seu senso de solidariedade ou a consciência de classe. De fato estava formada a base de um novo proletariado. A Ford Motor Company fez uso desse reassentamento de londrinos pelo Conselho do Condado, e estabeleceu sua principal fábrica em Dagenham, transformando aquelas pessoas numa classe trabalhadora industrial. O que acontece hoje é que a classe trabalhadora está, por assim dizer, esfacelando-se, desintegrando-se — refiro-me ao fato de que as pessoas estejam migrando não apenas para novas áreas construídas, mas para novas áreas socialmente heterogêneas.

P. G. Os trabalhadores estão atingindo o mesmo nível dos trabalhadores de escritório mais categorizados e, como agora quase sempre têm o mesmo carro, algumas pessoas chegam a dizer que deveriam votar no mesmo partido.

E. H. Penso que toda uma série de outras coisas contribuiu, como por exemplo nossa sociedade orientada para o consumidor, a qual oferece às pessoas oportunidades quase iguais para o consumo e, por extensão, privatiza essa sociedade. O que tenho em mente é o fato de que simplesmente há mais coisas para gastar dinheiro (e hoje tem-se mais dinheiro para gastar) e que a vida coletiva tornou-se muito mais enfraquecida, seja dentro, seja fora da fábrica.

P. G. As classes "em si" sobreviveram, enquanto as classes "para si" desapareceram. Todas elas tomaram o elevador que estava subindo. Mas existem diferenças de classe ainda definitivamente bem claras; a real diferença entre as verdadeiras classes proprietárias e os trabalhadores não diminuiu. A consciência, contudo, foi sendo alterada de modo considerável por esse "efeito do elevador", que de repente permitiu que esse modelo de sociedade dos "dois terços" se desenvolvesse. Os trabalhadores especializados de setores-chave, onde os empregos são seguros — no caso da Alemanha Ocidental isso inclui as montadoras de automóveis, a construção de máquinas ou as indústrias químicas —, tornaram-se tão seguros psicologicamente que, para alguns deles, a ética da solidariedade, sobre a qual você estava falando antes, não é mais uma coisa que eles conheçam.

E. H. Bem, não sei como de fato pode-se interpretar isso. Não tenho nenhuma base sólida para comparar a década de 1930 e esta. O que se encontra de verdade na década de 1970 é igualmente verdadeiro hoje: se uma empresa inteira ou todo um ramo da indústria fechar, então a força de trabalho pode ser mobilizada. Contudo, se apenas um terço dos trabalhadores for demitido, será sacrificado.

P. G. E além disso, essa demissão não é encarada como tal, mas como um "deixem eles irem", feito de modo muito habilidoso. Os mais velhos são forçados a se aposentar antes da hora, por exemplo. É muito raro as pessoas serem mandadas embora de maneira abertamente brutal — pelo menos na Alemanha Ocidental.

E. H. No entanto, ao mesmo tempo que se diz que as classes ainda existem, não podemos esquecer que a classe trabalhadora, no sentido do antigo proletariado industrial, está em declínio em termos de números. Alguém diria que ela está sendo de alguma forma substituída por colarinhos-brancos. Mas ainda penso que existencialmente, por assim dizer, aqueles que trabalham em escritórios sentem-se diferentes daqueles que...

P. G. ... trabalham numa linha de produção.

E. H. Exato. Acho que mesmo Marx de certa forma subestimava a diferença entre trabalho manual e intelectual. Por certo ele a reconhecia, mas não considerou a fundo que a consciência de classe não se construía apenas em relação ao salário, mas também advinha diretamente da experiência das pessoas que trabalhavam com as mãos, daquelas que ficavam com as mãos sujas. Essa é a diferença essencial entre os trabalhadores de colarinho-azul e os de colarinho-branco. E penso que o proletariado e as indústrias que se baseiam no trabalho braçal ainda são um componente importante, mas enquanto classe esses trabalhadores representam agora uma proporção muito menor da população do que antes, e certamente menor do que tinha sido avaliado pelo movimento socialista. Acho que o problema principal para os que relutam em adaptar-se à nova situação, e preferem continuar a prantear a morte do antigo proletariado, é que a classe sobre a qual se construiu nosso movimento encolheu.

P. G. Deixe-me aferir e descrever alguns pontos, os quais sinto que nós, seja como movimento trabalhista, seja como partido político, ainda não captamos por completo. Penso que aquilo que estamos enfrentando é um desvio para o individualismo. Isso pode ser visto com maior clareza na Alemanha Ocidental do que na Grã-Bretanha, mas acho que se trata de um desenvolvimento comum a toda a Europa. As últimas três décadas assistiram a um considerável crescimento dos rendimentos, tanto quanto das oportunidades educacionais à disposição das classes mais baixas. Tem havido um movimento para a descentralização dos locais de trabalho e para uma maior flexibilidade dos horários de trabalho. Os indivíduos são destituídos de suas lealdades e rendimentos de classe pelos benefícios do Estado, mas se tornam dependentes de outras maneiras — dependentes do mercado de trabalho ou de sua existência como consumidor. Tenho a impressão de que, em relação a esse desvio para o individualismo, a reação da esquerda é tentar negar sua existência. O que você acha?

E. H. O que estão sendo negadas são as mudanças reais e profundas que ocorreram na estrutura econômica e social da sociedade moderna, quer isto assuma ou não a forma de um desvio para o individualismo. Essas mudanças têm sido particularmente profundas desde 1950, mais ou menos. Tome, por exemplo, o fato de que o desaparecimento do campesinato, enquanto classe, previsto por Marx e por outros há cem anos, finalmente agora torna-se uma realidade. Até a década de 1940, quando eu era estudante, a sobrevivência do campesinato ainda era utilizada como um argumento contra Marx...

P. G. Na Europa ocidental há mais gente desempregada do que trabalhando a terra.

E. H. Exato. E esse é um primeiro ponto. Um segundo ponto óbvio é que a própria classe trabalhadora mudou, na medida em que se desenvolveu uma nova tecnologia e as velhas indústrias entraram em decadência. Além disso, desde a década de 1970 tem havido uma mudança na divisão mundial da indústria, e o conjunto da história do século XIX e do início do século XX não pode mais funcionar do mesmo modo em seu país de origem. Isto não se aplica apenas às indústrias do carvão e do aço. Vocês se enganam ao dizer que os trabalhadores alemães sempre podem depender de gente que queira continuar comprando Volkswagen.

A EMANCIPAÇÃO DA HUMANIDADE | 263

P. G. Não para sempre, obviamente, mas eles esperam que nos próximos cinco anos...

E. H. É claro. Mas o fato é que está se tornando cada vez mais essencial que os países industriais avançados se liguem em outras formas de produção. E mais: existem as diferenças sociais e as transformações sociais. Uma vez mais, isso diz respeito ao incrível crescimento de uma sociedade voltada para o consumo, que antes parecia inconcebível fora dos Estados Unidos. Até depois da guerra, teria sido impossível imaginar que a maioria dos trabalhadores tivesse carro. Lembro-me muito bem de um camarada que fora receber instruções em Coventry, em 1941, durante a guerra, dizendo: "Imaginem, rapazes, que em Coventry os trabalhadores têm seus próprios carros!" Isso era quase um milagre. E estávamos apenas na década de 1940. Então, o que quero dizer é que os pobres de hoje vivem como os ricos de ontem. Isso possibilitou o desenvolvimento de uma cultura jovem, a partir da criação de uma base econômica para cada geração desenvolver sua cultura própria e diferente. Tal situação era praticamente inexistente antes da década de 1950, pois os adolescentes não tinham dinheiro algum. As transformações que aconteceram dentro da família e as mudanças nos relacionamentos entre os sexos e entre gerações diferentes foram apenas em parte integradas à política da esquerda. Isso explica a emergência de movimentos específicos que não foram iniciados pela esquerda e que estão só parcialmente ligados a ela — a exemplo dos Verdes.

P. G. Antes, usei o termo "individualização". Tenho a impressão de que você é meio cético em relação a esse termo. Mas sua descrição sobre o que está acontecendo às pessoas me faz pensar que realmente está acontecendo um processo de individualização, e que as pessoas estão mais "na sua". Por um lado, abrem-se mais opções para os indivíduos, mas, por outro, eles têm novas amarras; estão acorrentados de um jeito novo ao mercado de trabalho e à sua existência de consumidores. No entanto, quero voltar a esse conceito de individualização porque penso que a social-democracia, ou o Partido Trabalhista, precisa se adaptar melhor aos diferentes estilos de vida e aos diferentes níveis de rendimento do que se fez no passado. Minha teoria está correta? O que você acha?

E. H. Acho que seu diagnóstico provavelmente esteja correto; o movimento trabalhista precisa se adaptar melhor a uma nova individualização. Não é tão óbvio de que forma poderá fazer isso, de uma maneira teórica. Tenho a impressão de que há um grande perigo aqui. Vejo como o maior problema a maneira de reconciliar essa individualização com a tradição de solidariedade coletiva. Veja o caso da jornalista norte-americana Frances Fitzgerald, que publicou um estudo sobre os vários movimentos sociais novos, escolas novas e assim por diante, nos Estados Unidos. Ela descobriu que na verdade não se tratava de movimentos coletivos, mas de movimentos de pessoas que queriam, mais ou menos, compreender seus próprios egos por meio de um trabalho junto a esses grupos. O perigo é o fato de que tais pessoas não queiram trabalhar para outras, mas para si próprias, de que o paraíso seja concebido como um paraíso puramente individual.

P. G. Isso se refere apenas aos "movimentos" de protesto contra estradas que estão sendo construídas nas vizinhanças, ou estamos falando, por exemplo, de movimentos pela paz?
E. H. Penso que inclui também o movimento pela paz, mas também aqueles movimentos das listas de grupos extremistas de tendência direitista. De fato, nos Estados Unidos, onde esse processo de individualização...

P. G. ... é até mais forte...
E. H. ... foi mais além, mesmo aqueles que afirmam ser revolucionários sociais de alguma forma acreditam que aquilo que eles vão conseguir da revolução será de fato apenas algo de valor pessoal. Não consigo explicar com exatidão, mas existe uma espécie de fragilidade em certos movimentos de ultraesquerda, pois as pessoas mudam de um para outro e, depois, em um ou dois anos começam a procurar por algo novo, outra vez. A mim parece o sinal de uma fraqueza fundamental. Então, como nós dois estamos enfatizando de modo contínuo, o problema reside na maneira como isso pode se mesclar com "solidariedade" ou, para simplificar, com o trabalho para os outros.

P. G. De que modo convencer o economicamente forte a ajudar o economicamente fraco? De que modo conseguir que as pessoas coloquem seus próprios interesses em segundo plano? A motivação não pode mais advir basicamente de interesses materiais. Precisamos modificar a consciência das pessoas.

E. H. Hoje isso não pode ser reconstruído tomando-se por base os interesses materiais. Não penso que se conseguiria realmente.

P. G. Isso me parece uma evidência de que você não é um marxista bastante ortodoxo — mas acho que você está certo.

E. H. É claro que qualquer ideal sem uma base material está fora de questão. Mas o ser humano é uma entidade consciente e, por isso, tudo, até os interesses materiais, é expresso por meio da consciência humana, através de ideias. Não imagino que as pessoas possam ser analisadas de uma maneira puramente behaviorista, como se reagissem "automaticamente", dependendo, digamos, de os rendimentos reais subirem ou baixarem. As pessoas simplesmente não são assim, graças a Deus, embora haja uma tentativa de transformá-las nesse tipo de gente. Os materialistas deterministas de hoje trabalham em publicidade.

P. G. Os estilos de vida não variam mais apenas de acordo com os rendimentos. Pessoas com rendimentos bastante similares podem ter estilos de vida completamente diferentes. Por esse motivo, é necessária uma estratégia diferenciada, uma estratégia capaz de atingir pessoas de diferentes estilos de vida e, ao mesmo tempo, de conquistá-las para algum tipo de atividade política. Com frequência os partidos fracassam nesse sentido. Esses imensos cadinhos políticos estão descobrindo que seus poderes de integração estão se tornando cada vez mais fracos.

E. H. Perdão, mas discordo de você nessa questão. Você diz que se opõe à sentimentalização da tradição e ao olhar para o passado. Muito bem. Não obstante, penso que hoje uma das questões mais importantes é que as pessoas na Grã-Bretanha estão buscando uma certa segurança moral, e parte dessa segurança moral é a ideia de que o mundo não é simplesmente composto de indivíduos que se interessam apenas pelo "número um" e que estejam num eterno e mútuo digladiar. Acho que um dos problemas da esquerda é que ela parou de buscar os velhos e bons tempos, que de certa forma era a busca de uma sociedade boa, no melhor sentido. Por exemplo, um dos destaques mais ponderáveis do movimento comunista na Itália é que ele aprendeu como lidar com a transição do velho proletariado para uma nova sociedade. Uma das grandes vantagens do PCI é que todos os italianos o enxergam como o único partido correto e honrado.

P. G. Porque lutou contra o fascismo...

E. H. Em parte, mas em parte porque não se corrompeu. As pessoas comentam que ele foi o único partido que não se corrompeu e, nesse sentido, de certa forma compreendeu a necessidade de um apelo moral. Não se trata de um apelo puramente individual. Com poucas exceções, deixamos isso para os outros — deixamos o patriotismo para os outros.

P. G. ... o patriotismo social...

E. H. A esquerda teme que o patriotismo se exceda de alguma forma. Está com medo. Penso que precisa ser descoberta uma nova base para a solidariedade. No entanto, as antigas "bases" não deveriam ser esquecidas.

P. G. Isto é, não se deveria tentar negligenciar a história. Existe uma nova consciência de história — pelo menos da Alemanha Ocidental — até, parece, no movimento social-democrata que, quando esteve no poder na década de 1960, colocou sua história completamente de lado, pois queria acomodar a burguesia. Agora, outra vez, há uma nova atenção para a história. Mas deve-se tomar cuidado para que isso não degenere em saudade.

E. H. Uma consciência da história é útil. O passado guarda elementos que podem ser desenvolvidos no futuro.

P. G. Ainda estou tentando determinar onde a esquerda se enganou. Tenho a impressão de que as pessoas estão cada vez mais cientes de que nosso programa não pode representar seus interesses de maneira adequada, não consegue satisfazê-las. Gostaria de ilustrar isso com dois exemplos. Primeiro, os riscos que enfrentamos agora têm dimensões globais. Veja

Chernobyl, por exemplo. Isso não pode ser tratado em escala nacional. Segundo, falando de política econômica, é mera ilusão pensar que as clássicas políticas de pleno emprego keynesianas, as bases da política econômica socialista durante décadas, sejam capazes de combater o desemprego atual, em face das taxas de juros norte-americanas, do mercado do eurodólar e do que está acontecendo com o intercâmbio internacional de capitais. Existem tantas determinantes internacionais que a política nacional tornou-se ineficiente. De tudo isso, concluo que, se não chegarmos a uma europeização da política e continuarmos a alimentar a ilusão de que se consegue superar os problemas dentro do antigo Estado-Nação, a credibilidade se desvanecerá cada vez mais, pois as pessoas começarão a sentir que apenas falamos e não estamos adequadamente equipados para influenciar a política de modo palpável.

E. H. Concordo plenamente com você. Pessoalmente, não sou muito entusiasmado pela Europa, em si. Mas o que você diz é reforçado pelo fato de que, hoje, nenhum país, com exceção dos Estados Unidos, consegue definir sua política econômica com autonomia. Na verdade, nenhuma política nacional é possível para a maioria dos países europeus e, no fundo, para a maioria dos países do mundo. E, na ausência de qualquer política mundial, a única possibilidade é encontrar um acordo em nível supranacional. Dada a situação atual, isto precisaria acontecer num nível europeu. Uma moeda padronizada seria um passo útil. Por isso, em termos econômicos certamente é uma coisa necessária e útil, e em termos políticos também poderia facilitar um sentimento extremamente desejável de entendimento comparativo entre os vários movimentos nacionais da esquerda. Por outro lado, é claro, isso poderia fortalecer a direita europeia.

P. G. A esquerda britânica parece achar particularmente difícil seguir um rumo europeu. Isso se deve à tradição geral anticontinental na Grã-Bretanha ou existe alguma outra razão?

E. H. Penso que isso se deve à tradição histórica. Quero dizer que, historicamente, nossa grandeza dependia de nossa separação da Europa. Os laços europeus só se tornaram importantes para nós, em termos econômicos, por volta de meados do século XIX, quando exportávamos maquinário, tecnologia e outras coisas para a Europa continental no início de sua fase de industrialização, até que essa mesma região começou a competir conosco. A base da economia britânica concentrava-se no comércio internacional, permanecendo assim, e isso pesou bastante na tradição. Por outro lado, também é verdade que a CEE não se mostrou particularmente vantajosa para a Grã-Bretanha, numa primeira instância. Apenas se reconhecermos quão frágil estava a verdadeira situação econômica da Grã-Bretanha poderíamos compreender os argumentos reais para a integração do país na CEE. Até a década de 1960, talvez até a de 1970, era negada a fraqueza básica da economia britânica, ou, pelo menos, era subestimada de forma grosseira.

P. G. Mas ainda parece estranho que Edward Heath tivesse uma melhor compreensão desse problema do que o Partido Trabalhista, embora partilhassem da mesma tradição de uma mentalidade isolacionista, ilhada, com sua orientação voltada para a Commonwealth e com sua atitude negativa em relação à Europa continental.
E. H. Sim, pode-se até dizer que o Partido Trabalhista, com poucas exceções, sempre esteve entrincheirado numa atitude de subalternidade, e que sempre se viu como oposição.

P. G. Mesmo quando era governo?
E. H. Sim, mesmo quando esteve no poder. Este é um dos problemas do movimento trabalhista. As pessoas acham que os outros com certeza responsabilizam-se, que não é problema seu. É algo que se reivindica "daqueles que estão no governo".

P. G. Dos "patrões"...
E. H. Dos patrões, dos que dominam. E penso que isso seja um problema histórico partilhado por todos os movimentos trabalhistas. Significa que, dentro dos partidos social-democratas, é muito fácil as pessoas criticarem até suas próprias lideranças, se elas conseguem chegar ao poder. As pessoas simplesmente não pensam quais são as responsabilidades, quando se assume um governo ou a própria sociedade.

P. G. ... Mas, apesar de tudo, a vitória dos britânicos — e também do movimento trabalhista — sobre Hitler foi possível no final apenas porque eles não estavam voltados para a Europa continental.

E. H. Por certo eu não gostaria de subestimar a força dessa atitude limitada e com tapa-olhos do movimento trabalhista britânico. Eu me lembro dos meus tempos no Exército britânico, em 1940, quando eu, o intelectual, disse para os meus botões: "Parece que isso vai mal, filho." Não tenho certeza, mas acho que cada companhia tinha umas quatro metralhadoras. E, de alguma forma, supunha-se que defenderíamos o litoral da Grã-Bretanha. Eu disse: "Como poderemos continuar desse jeito?" No entanto, para os outros soldados não havia problemas. A atitude deles era "vamos simplesmente nos dar bem". A ideia de que tudo poderia terminar em derrota não ocorria a ninguém. Isso me causou uma tremenda impressão na época.

P. G. Eles nem podiam conceber, de maneira nenhuma, a ideia de que Hitler conseguiria atravessar o Canal.

E. H. Era perfeitamente óbvio que ele poderia atravessar, mas não ocorria a eles que o equilíbrio de poder na Europa fosse tal que uma vitória britânica, na prática, pareceria completamente fora de propósito.

P. G. Num estudo sobre a classe trabalhadora britânica, você escreveu que a experiência de vida direta dos trabalhadores, aqui na Grã-Bretanha, é mais local do que nacional. Isso me levou a um problema muito importante — pelo menos na Alemanha Ocidental — que foi o rápido declínio dos social-democratas em cidades grandes como Hamburgo, Frankfurt ou Munique, isto é, justamente nas cidades onde existe uma alta proporção da indústria de serviço e onde os antigos distritos da classe trabalhadora foram destruídos de forma extensiva. Por isso, pergunto a você, como historiador da formação das classes— pois existem diversas teorias para explicar tal fato —, as culpadas seriam as organizações regionais do partido? A mudança sociológica não desempenharia um papel importante? Trata-se de uma mistura de tudo isso? Pode-se discernir uma tendência geral? Que sentido isso faz para você, em face da experiência britânica?

E. H. Não acho que seja um desenvolvimento exclusivamente alemão, mas uma situação bem geral. As cidades estão sendo desindustrializadas e continua crescendo o número de empregos no terciário, muito bem remunerados, nas "sociedades dos dois terços" (*Zweidrittelgesellschaften*). Em Nova York e em Londres, mais do que em qualquer outro lugar. Você mesmo viu a City — ela está florescendo. Minha mulher é professora de uma escola primária de uma comunidade lúmpen. Essas duas classes opostas vivem a um quilômetro de distância, e uma não sabe quase nada da outra.

P. G. Agora vou pinçar uma ideia que encontrei em alguma coisa que você escreveu: o isolamento dos ativistas do Partido Trabalhista. Você sugere que uma minoria de funcionários e representantes em tempo integral ou voluntários estão se isolando e desligando-se da sociedade. Penso que uma das razões para o declínio dos social-democratas nas cidades é o fato de que a social-democracia está perdendo contato com o povo em geral. Os ativistas dizem que as regras corretas foram estabelecidas, e que apenas ainda não foram registradas, de forma que somente precisamos assinalá-las até que o povo finalmente perceba que essas são as regras corretas. Como isso acontece, e qual é a situação na Grã-Bretanha?

E. H. Penso que isso acontece porque o Partido Trabalhista já não está sendo um movimento, ou seja, não tem mais uma base de massa na vida cotidiana e, por isso, está se tornando uma organização na qual a iniciativa cabe aos funcionários do partido. O partido não é mais controlado pelas bases. Acho que isso é um fenômeno geral.

P. G. Essa situação está mais desenvolvida aqui do que em outros lugares?

E. H. Sim, aqui foi mais além porque a base de massa do partido simplesmente não existe mais, e inúmeros ativistas estão se tornando funcionários sem muita coisa em comum, em termos sociais, com a média das pessoas. Por exemplo, eles são mais jovens, quase sempre solteiros, em geral trabalham em equipamentos de bem-estar comunitário e quase nunca são intelectuais, mas também não trabalham em fábricas. Não existe nada para controlá-los, pois, como eu disse antes, não há mais nenhuma comunidade da classe trabalhadora.

A EMANCIPAÇÃO DA HUMANIDADE | 271

P. G. Na Alemanha recebe-se o apoio dos membros dos comitês de fábrica, que não se pode comparar diretamente com seus caixeiros de lojas. Eles têm um contato tão estreito com sua gente na fábrica, que se mantêm a par da realidade.

E. H. No movimento sindical, a coisa é bem diferente. Os funcionários dos sindicatos precisam manter um contato estreito porque, se tiverem que organizar uma greve, precisam dos trabalhadores com eles. De outra forma, não haveria greve.

P. G. Gostaria de pedir a você que olhasse para a realidade alemã, de fora, do ponto de vista britânico. Você morou em Berlim. De que modo você vê o desenvolvimento da esquerda alemã, como uma pessoa de fora? Estou lhe pedindo uma opinião externa sobre as perspectivas da Alemanha Ocidental.

E. H. O futuro parece mais promissor para a Alemanha Ocidental do que para a Grã-Bretanha, em primeiro lugar em virtude de estar em melhor situação e, em segundo lugar, porque apesar de tudo o SPD está numa posição mais forte do que o Partido Trabalhista. Isto aconteceu porque se adaptou há um bom tempo ao fato de que precisa trabalhar com a realidade e não "de maneira descompromissada". Precisou adaptar-se, por exemplo, à coalizão política, o que talvez tenha feito contra sua vontade, mas teve que fazer. Acho que a maior fraqueza do SPD é ter perdido uma boa parte de seu apoio ideológico, ou seja, daqueles que se deslocaram para movimentos independentes, como o dos Verdes.

P. G. Na Grã-Bretanha o Partido fendeu-se, pendendo para a direita.

E. H. Sim, para a direita mais que para a esquerda. Mas em ambos os movimentos o principal problema é como esse "racha" é "absorvido". Não se pode simplesmente ignorar essas pessoas quando se está trabalhando ou pensando. A terceira consideração é que, em minha opinião, para nós, como observadores de fora, talvez a coisa mais importante a respeito da Alemanha seja que ela age como um elo entre o leste e o oeste, e constitui o fator crucial na redução das tensões e na melhoria das relações entre os movimentos socialistas do leste e do oeste, em qualquer reconstrução de uma Europa unida. Em quarto lugar, todos nós não gostamos da era Kohl. Não posso prever o que o futuro vá trazer.

P. G. Vamos finalizar com uma observação pessoal. Você sempre atribuiu ao conceito de liberdade um importante papel no cenário socialista. Em 1956, quando as tropas soviéticas marcharam sobre a Hungria, você protestou bem alto. Suponhamos que hoje eu fosse à Grã-Bretanha e visse que você estava assumindo uma posição muito pragmática com sua atitude em relação ao voto tático. Juntando tudo isso com o fato de você permanecer um membro constante do Partido Comunista, leva a gente a cogitar — por que você ainda é um membro do partido?

E. H. Sua pergunta tem dois lados. Primeiro, por que eu defendi um deslocamento na direção da "Aliança"? A resposta é muito simples: vejo o governo Thatcher como extremamente perigoso. Atrás do governo turco, é o mais reacionário da Europa. Não quero empregar a palavra "fascismo" levianamente, mas sob o governo Thatcher realmente há perigo de um forte radicalismo direitista, capaz de enfraquecer o conjunto do movimento trabalhista e o conjunto do movimento progressista. Por isso, parecia (e ainda parece) que a tarefa política mais importante seria derrubar esse governo. Segundo, por que permaneci no Partido Comunista? Às vezes, também me pergunto. Depois de 1956, houve momentos em que certamente foi muito difícil. O partido britânico é pequeno. Não era tão dogmático quanto outros — do contrário teriam me expulsado. Mas enfraqueceu tanto que nem poderia nem desejaria sê-lo, de qualquer forma. Mas isso não é tão importante. A propósito, sua pergunta nos leva de volta à Alemanha. Meu despertar político aconteceu quando eu estava na escola secundária, em Berlim, de 1931 a 1933. A primeira organização à qual me filiei era um pequeno grupo que, na época, chamava-se *Sozialistischer Schülerbund* e que era uma ramificação do KPD. Foram os piores períodos do sectarismo. Mas quando se é envolvido com constância, com a idade de 15 anos, e se aprende na escola do antifascismo das décadas de 1930 e 1940, reluta-se em renunciar esse passado. E eu iria mais além. Não quis repudiar meus camaradas que desejavam devotar suas vidas a uma grande causa, mesmo quando eles agiram de maneira errônea.

A EMANCIPAÇÃO DA HUMANIDADE | 273

Muita gente que saiu de partidos comunistas, a exemplo da França, fez meia-volta e tornou-se anticomunista. Não quero estar em companhia de gente assim. Politicamente talvez não seja de especial importância, hoje, pertencer ao Partido Comunista Britânico, embora, enquanto partido, tenha contribuído muito para o movimento trabalhista da Grã-Bretanha. Talvez não seja importante de jeito nenhum. Atualmente, minhas atividades políticas, da maneira como estão, não dependem do fato de eu estar ou não no Partido Comunista. Contudo, não quero negar minha geração e a geração anterior à minha, em que pessoas devotaram a vida à emancipação da humanidade e com frequência foram mortas por isso, às vezes até por sua própria gente. Acho que é importante que se aceite que essa foi — que essa é — uma grande causa. Talvez não esteja consumada agora da maneira que pensávamos que poderia, quando ainda acreditávamos na revolução mundial. Mas não se deveria dizer que nós não acreditamos mais na emancipação da humanidade.

Traduzido para o inglês por Hilary Pilkington (Material Word)

16

O FIM DO DESVARIO

(1987)

Enquanto Mrs Thatcher inicia seu terceiro período de governo, a situação da esquerda britânica é particularmente problemática. A derrota de 1983 foi autoinfligida de modo pleno pelo Partido Trabalhista e tornou-se quase inevitável em virtude da cisão na oposição. Essa divisão naturalmente permaneceu como um obstáculo fatal e a hipótese de apoiar candidatos isolados contra os conservadores na eleição seguinte, contra a qual não havia argumentos racionais em 1987, até agora ficou sem comprovação. Da mesma forma que era possível dizer com certeza, em 1983, que uma oposição dividida manteria os conservadores no poder durante a década de 1990, também é certo que, na ausência de unidade nas próximas eleições, os conservadores permanecerão no poder até o final do século XX. Deverão existir tantos candidatos oposicionistas isolados quanto possível para se opor a cada conservador. E agora é o momento de começar a pensar sobre a maneira de garantir tal feito.

Entretanto, em 1987 o trabalhismo abandonou as loucuras suicidas de 1980-83 e a campanha, tecnicamente excelente, foi implantada sob liderança superior e unida. Tanto que assustou de verdade os conservadores e Mrs Thatcher. Por isso nossa derrota sugere que as razões para o fracasso do trabalhismo são mais profundas.

Os resultados das eleições não foram de todo negativos. Elas marcaram quatro pontos positivos. Primeiro, houve a derrota total dos conservadores em Gales e na Escócia. Segundo, para confirmar a insistência da esquerda (e não menos da *Marxism Today*) sobre a importância do movimento das mulheres, houve um substancial deslocamento de mulheres, que abandonaram os conservadores — em especial de mulheres jovens — e se voltaram para o trabalhismo, com uma oscilação de 11% (comparados aos 1,5% dos homens com idade de 20 a 24 anos). Ficou patente que ter a primeira mulher britânica como primeira-ministra não ajudou os conservadores.

Terceiro, e bem marcante, foi a dramática perda de votos dos conservadores entre as classes médias. Apenas pouco mais de um terço dos eleitores com educação universitária votou neles em 1987, comparado aos 44% de 1983; os restantes dividiram-se em 29% para o trabalhismo e 36% para a Aliança. Hoje a classe média não compõe um bloco político homogêneo. Encontra-se profundamente dividida *grosso modo* entre os mais e os menos instruídos, aqueles envolvidos com o lado público da sociedade e os que estão nas atividades privadas. E quarto, houve o ponderável fracasso da Aliança, que encerra a perspectiva do desaparecimento do Partido Social-Democrata, pelo menos enquanto fator sério na política.

Isto terá dois resultados bem-vindos. Eliminará as projeções fantasiosas de maiorias de um terceiro partido ou outros cenários políticos oníricos; estabelecerá o trabalhismo, uma vez mais, como a grande força de oposição e o partido que encabeçará qualquer governo pós-thatcherista. E o final do Partido Social-Democrata tornará mais fácil a tarefa indispensável de construir uma aliança anti-Thatcher, porque eliminará boa parte dos mútuos sentimentos desagradáveis e amargurados, mas compreensíveis, que ficaram pelo caminho da colaboração entre o trabalhismo e os dissidentes antitrabalhistas do partido. Construir as pontes ainda será difícil, mas os obstáculos serão menores.

No entanto, deveríamos resistir ao prazer natural que a maioria de nós sentiu com o desastre eleitoral dos social-democratas. Um quarto do eleitorado não apoia os conservadores nem os trabalhistas. Essas pessoas não estão se afastando, mas apenas uma fração delas se omitirá ou voltará para o trabalhismo rapidamente. Se o voto da Aliança foi mais forte em 1987, tal fato deveria ter auxiliado o *trabalhismo*, pois teria privado Thatcher daquela maioria de três dígitos que agora auxilia a anular todas as possíveis hesitações do governo.

Os resultados eleitorais foram tão ruins porque, com ou sem voto tático, a Aliança estava enfraquecida demais para ganhar qualquer uma das cadeiras para as quais suas chances eram objetivamente melhores do que as do Partido Trabalhista. Sem o voto tático, Shirley Williams não conseguiu tirar as vantagens dos conservadores em Cambridge. *Com o* voto tático, o trabalhismo venceu em Oxford East, mas (com o apoio tático equivalente por parte dos eleitores trabalhistas) o candidato da Aliança foi incapaz de vencer os conservadores em Oxford West. A derrota do Partido Social-Democrata foi grande, mas é provável que o lado negativo do fracasso da Aliança tenha mal dimensionado essa derrota.

A mesma coisa aconteceu ao lado positivo. Os quatro resultados negativos da eleição são muito mais sérios. Primeiro, e de longe o mais significativo, 1987 confirma a perda de um apoio majoritário ao trabalhismo entre a classe trabalhadora. Mas em relação ao deslocamento de mulheres para o trabalhismo isso seria até mais notável. Se os trabalhadores especializados realmente se *afastaram* ou não do trabalhismo em 1983-1987, como sugerem certos dados, permanece o fato de que pouco mais de um em cada três trabalhadores especializados votou no trabalhismo; de dez sindicalistas, seis se recusaram a apoiar o partido que os sindicatos fundaram; de cada cinco trabalhadores de colarinho-branco, quatro apoiaram outros partidos; e menos da metade dos semiespecializados ou sem especialização votou no partido da classe trabalhadora. (Do lado oposto, quase a metade do voto conservador veio de trabalhadores.) Apenas entre os desempregados o trabalhismo conseguiu apurar mais de 50%, mas foi só isso. Adicione-se a tal situação o fato de que, agora, dois terços dos eleitores são donos de casa própria e que 50% deles votaram no conservadorismo — menos de um terço dos que possuem casa própria apoiou o trabalhismo — e tem-se uma cena desoladora.

O segundo resultado negativo é que, apesar de todo o falatório sobre um rompimento profundo entre as duas Grã-Bretanhas, a posição do trabalhismo em suas próprias terras de origem está muito mais enfraquecida do que a posição dos conservadores nos terrenos deles. O parco desempenho conservador na Escócia esconde o fato de que os números alcançados pelo trabalhismo naquele país (42,2%) são os *mesmos* alcançados pelos conservadores nacionalmente em 1983 e 1987. Por motivos diferentes, nos dois países uma minoria de votos ficou com todos os lucros em termos de cadeiras. Os conservadores tiveram maiorias absolutas em três das onze regiões da Grã-Bretanha (omitindo-se Ulster como um caso especial), enquanto o trabalhismo não alcançou maioria absoluta em nenhuma. Em duas das cinco regiões onde o trabalhismo estava à frente, os conservadores ficavam logo atrás — cerca de 3%. Em nenhuma das seis regiões onde os conservadores estavam à frente, o trabalhismo ficou menos de 12% atrás. Não há meios de fazer com que tais números pareçam encorajadores.

Terceiro, houve um fraco desempenho dos trabalhistas em Londres, o que contrasta com seu sucesso espetacular em outras cidades grandes, de onde — exceto Birmingham — os conservadores foram virtualmente varridos. Se o trabalhismo não conseguir ganhar Londres de novo, não vencerá mais.

Quarto e último, existe o impressionante sucesso de Mrs Thatcher a reforçar a posição de seu próprio partido. Ela praticamente estancou a erosão do apoio que os dois grandes partidos foram sofrendo durante décadas — e que o trabalhismo ainda sente. E fez isso para compensar suas perdas para a oposição com avanços maciços em todas as partes, desde as Midlands até o sul. Isso significa que não mais podemos atribuir a vitória dela exclusivamente às divisões entre a oposição. Significa que se esgotaram as desculpas. Em 1983, a loucura da oposição pode ter desperdiçado as eleições mas, em 1987, Mrs Thatcher venceu quase apenas por seu próprio mérito.

Agora o regime Thatcher tem mais cinco anos para completar e tornar irreversível sua reformulação do país, e não há nada que possa impedi-lo na Grã-Bretanha. Por isso as perspectivas são mais perigosas do que nunca. O objetivo dos conservadores parece ser (e provavelmente é visto pela maioria deles, inclusive por Mrs Thatcher, como) a utopia do neoliberalismo econômico: todas as pessoas são empreendedoras, triunfo do mercado irrestrito e desmantelamento da interferência do Estado na economia e nos negócios privados dos cidadãos. Em suma, a anarquia das classes médias mais baixas. Mas esse objetivo só pode ser conquistado por meio de um crescimento enorme do poder centralizado do Estado, porque implica a destruição do sistema de instituições e políticas britânicas que foi construído durante os últimos 150 anos por governos conservadores, liberais e trabalhistas, com um modelo de sociedade capitalista muito diferente na cabeça.

Além disso, o apelo político de Mrs Thatcher é o oposto ao do político ocioso com o qual seu programa sonha. Como várias outras figuras políticas atuais — a exemplo de Craxi, na Itália, ou do coronel Oliver North, numa versão do Rambo de história em quadrinhos —, ela capitaliza em cima do desejo dos eleitores, perplexos e desorientados, de encontrarem líderes que tomem decisões e evitem conversa fiada e floreios legais. Trata-se de um estilo que faz correr um frio na espinha daqueles que têm bastante idade para se lembrar da última vez que os políticos traçaram sua sorte, explorando tais desejos, durante a última grande depressão mundial.

E mais: é bastante duvidoso que a utopia thatcherista de um livre mercado totalmente soberano seja conquistada por completo sob as condições de uma democracia burguesa (ou qualquer outra), mesmo que a constituição britânica ofereça muito mais poder aos governos do que outros sistemas parlamentares, em especial com a ajuda de juízes complacentes. Entretanto, a revolução direitista de Mrs Thatcher pode precisar de mais restrição aos tradicionais direitos e liberdades britânicos do que os juízes domados estariam preparados para conseguir.

Não acredito que a esquerda esteja totalmente consciente dos prováveis acontecimentos dos próximos cinco anos, e quão impotentes estaremos para impedi-los, enquanto os parlamentares oposicionistas (e dissidentes conservadores) marcam pontos, discutindo mecanicamente na Câmara dos Comuns, e os ativistas da esquerda linha-dura pedem por ação, com mais ineficiência do que antes de 1987, nas ruas e nos locais de trabalho. Após uma breve exposição ao mundo real das eleições, os políticos da oposição já estão de novo se recolhendo ao mundo privado das conferências, das redomas e da fantasia. Os trabalhos, como de costume, podem se restringir a esse mundo, pois os atores da peça (e mais um punhado de repórteres políticos) constituem sua própria audiência. É fácil perceber quanto são absurdas, e politicamente sem sentido, as brigas pós-eleitorais no Partido Social-Democrata, mas nós também nos arriscamos a um retorno a semelhantes ataques de autodestruição. Pois os discursos, as recomendações de apoio, os gestos e as posturas têm quatro anos de caminho aberto, antes de serem realmente testados outra vez. Nesse meio-tempo, tudo que podem custar é ar e papel.

Por isso, urge lembrar o verdadeiro jeito que a situação está. Se, hoje, Thatcher quiser tocar qualquer projeto, por mais impopular, sem esperança ou absurdo que seja, não há nada que a impeça a curto prazo. Isso vale tanto para a taxa única (*poll tax*) quanto para o Conselho da Grande Londres. Isso não é motivo para que não se combata o governo, e não exclui o sucesso ocasional na batalha de um Exército que, com o passar do tempo, vem travando uma luta de retaguarda. Porém, o objeto de tal luta, em termos realistas, não pode ser "parar Thatcher agora" (ou qualquer outra manchete do *Morning Star* ou do *Socialist Worker* que lhe seja oferecida). Deve ser a preparação de políticas, apoios e aliados para reverter a situação no futuro.

Além do mais, não há muito que possamos fazer a fim de impedir o thatcherismo de reforçar sua força política pela erosão das bases do trabalhismo. O thatcherismo vai fustigar mais concelhos de habitação e vender indústrias e propriedades públicas, não apenas para fazer um presente aos grandes investidores, mas para fazer com que os compradores-trabalhadores identifiquem-se com o capitalismo. (Não adianta nada ficar apenas mostrando que, na medida em que o *número* de acionistas multiplicou-se, a *porcentagem* de ações controladas por indivíduos na Grã-Bretanha de Thatcher caiu abruptamente, enquanto cresceu a porcentagem das controladas por investidores institucionais.) Continuará a transferir atividades econômicas para regiões e setores onde o trabalhismo encontra-se fraco ou pode ser enfraquecido. O thatcherismo não se importa com um Partido Trabalhista reduzido a representar e falar por uma minoria de áreas e interesses em declínio, em especial aquelas (como as minas de carvão e os concelhos de habitação) que o próprio governo pode desgastar ainda mais. Vai eliminar a autonomia dos governos locais. Não se importará com os brados de desafio de Brent, pois mesmo ali não se comprovou a existência de grandes campeões de votos. Nesse meio-tempo, terão sido mais reforçados os arranjos para amordaçar ou autoamordaçar a imprensa, dificultando a circulação em massa de quaisquer informações que possam ser vistas como críticas ao governo. Pois esse governo é suficientemente durão para não se querer em jornais como a *Marxism Today* ou o *Tribune*, mas no *Panorama* e no *Ten O'Clock News*. Talvez o primeiro sucesso na construção de uma frente unida contra o thatcherismo seja vencer numa luta conjunta contra o ataque que esse governo faz à liberdade de imprensa.

Assim, o que o trabalhismo pode e deve fazer? Temos uma tarefa dupla: repensar nossa política e repensar a questão das forças sociais que podem criar uma base viável para um governo progressista. Também de nada servem os brados de traição contra aqueles que insistem em enxergar o mundo do jeito que ele é. A propósito, essa tarefa dupla não é peculiar à Grã-Bretanha. A esquerda tem levado surras na maioria dos países europeus desenvolvidos. O problema específico da Grã-Bretanha é que somos, de maneira maior e mais dramática que em outros países desenvolvidos, uma economia em declínio e talvez um povo em desordem; e somos, talvez por esta razão, presa fácil de um bando particularmente perigoso de ideólogos direitistas, que por acaso passou a mão naquilo que é um sistema político de poder centralizado, teoricamente ilimitado, que não conta com nenhum controle ou contrapartida efetivos, tais como aqueles fornecidos em outros lugares pelas constituições escritas, pelas supremas cortes, vários tipos de federalismos e — em alguns países mais ricos — fontes alternativas que não estão sob o controle direto do poder central. Não se deveria esquecer que a Grã-Bretanha, em teoria, é um absolutismo para governos com maiorias inabaláveis. No passado, a garantia da liberdade britânica, inclusive as liberdades civis e pessoais e aquelas das comunidades e autoridades locais, repousava essencialmente nas autolimitações calculadas em termos políticos. Não mais temos um governo que aceite tais autolimitações.

Agora está claro que a maioria potencial para um futuro governo progressista repousará numa coalizão social. Todos os grandes estratos e classes hoje estão politicamente divididos, de forma que um simples apelo de classe não mobilizará mais do que uma parcela de qualquer um deles. Isso se aplica aos conservadores tanto quanto aos trabalhistas, pois mais de 40% do núcleo de classe *deles* — os estratos gerenciais e de profissionais liberais — recusaram-se a votar em Thatcher. No que diz respeito ao Partido Trabalhista, isso significa que, mesmo sendo um partido que procura reconquistar a classe trabalhadora, ou pelo menos o tanto que der para ser recuperado, o trabalhismo precisa se valer de uma variedade de interesses e atitudes, e pensar em termos bem semelhantes àqueles que desembocariam numa aliança ou numa coalizão. Em termos políticos, os trabalhadores das ruínas de Merseyside não atendem aos mesmos apelos que tocam fundo os trabalhadores de Harlow e Basildon (que hoje têm mais indústria que Sheffield). Na prática, a "política de classe" não pode mais ser confrontada com a "política do povo". De qualquer modo, um apelo que mobilize a minoria de uma classe, à custa do deslocamento da maioria para qualquer lugar, não pode realisticamente afirmar que é uma política de classe. Admitindo que nosso apelo seria para todos os "trabalhadores manuais ou cerebrais", não se infere que deva ser um apelo unilateral ou um apelo para a direita. Por certo os trabalhadores precisam ser reconquistados. Mas se for absurdo afirmar que eles estiveram perdidos ao derramarem o puro leite do socialismo, e que politicamente não tem sentido concentrarmo-nos no apoio de alguns grupos à custa de alienar outros grupos maiores, então também é engano supor que os problemas do trabalhismo podem ser resolvidos simplesmente deslocando-se o partido para a direita. Se o trabalhismo (ou, nesta questão, qualquer ampla aliança anti-Thatcher) quiser vencer algum dia, precisa manter o apoio da esquerda tanto quanto da direita. Perder Merseyside poderia ser tão fatal quanto foi perder Basildon.

Também é errôneo supor que o trabalhismo deve deslocar automaticamente seu apelo na direção da direita para vencer os crescentes estratos médios e de colarinho-branco, agora que os trabalhadores da indústria formam uma classe pequena demais para fornecer uma maioria, isoladamente. É óbvio que as classes médias de centro-esquerda e progressistas não vão formar fila para votar naquilo que consideram a linha de Tony Benn ou de Arthur Scargill, e menos ainda para votar no tipo de ativistas trabalhistas que podem ser rotulados de "esquerda lunática", mas, então, uma porção de trabalhadores também não votará. Por outro lado, simplesmente não é o caso de os leitores do *Guardian* ou do *Observer*, enquanto tipos sociais, serem dissuadidos de votar num Partido Trabalhista socialista, ou mesmo (como temiam alguns da esquerda) de os eleitores da Aliança ficarem mais relutantes em dar seu voto tático para os candidatos trabalhistas do que em não dar. A chave para ampliar o apelo trabalhista para além das classes trabalhadoras não está em impedir a transformação da sociedade, mas em dotar o movimento de mais credibilidade e atrativos.

No entanto, as alianças sociais precisam ser mais que cominações eleitoreiras, que tentam atrair eleitores com programas que são como colchas de retalhos feitas apenas para esse propósito, muito embora as eleições precisem mesmo ser vencidas. O thatcherismo venceu e manteve o poder oferecendo não benefícios imediatos, mas um rompimento com o passado, o fim de um longo período de declínio nacional e ação radical, que afirmavam assegurar uma Grã-Bretanha modernizada. Este continua sendo o principal apelo thatcherista, pois, em termos de interesses pessoais, são modestos os lucros materiais para a maioria daqueles que estão, ou se sentem, em melhor situação (com exceção dos realmente ricos) — provavelmente não fazem mais que dar continuidade à tendência dos últimos trinta anos. Por outro lado, os custos sociais do thatcherismo são sentidos como chocantes — essa foi a base do sucesso da campanha do trabalhismo — e os retrocessos no caminho de 1979 a 1987 foram severos e dramáticos.

A razão pela qual não fizemos progressos é que o thatcherismo ainda constitui o único programa que oferece como objetivo a mudança da economia britânica. Na ausência de outro partido com a visão de uma Grã-Bretanha renovada e com a determinação de chegar lá, até os absurdos do livre mercado parecem melhor que nada, e a ruína das indústrias, os milhões de desempregados, as fontes de riquezas para os ricos a expensas dos desamparados podem ser vendidos como os custos necessários, a curto prazo, para a transformação que acabará acontecendo. O trabalhismo se preocupa, mas — como mostraram as eleições — preocupar-se não parece ser o suficiente.

O que o trabalhismo, ou melhor, uma aliança de forças liderada pelo trabalhismo, precisa oferecer a partir da esquerda é o equivalente ao que Thatcher oferece a partir da direita — e, a propósito, apesar de todo o sensacionalismo, nem mesmo parece que Thatcher vá conseguir; pois

O FIM DO DESVARIO | 283

existe diferença entre uma próspera sociedade de consumo em partes da Inglaterra e a modernização da economia britânica. O trabalhismo só voltará ao poder quando for um partido que ofereça esse *New Deal:* modernização — e de maneira humanitária e responsável. Quaisquer que sejam as perspectivas de longo prazo para a Grã-Bretanha, o que o país necessita *agora* para qualquer tipo de futuro é essa transformação.

Existem três princípios condutores para uma tal política. O primeiro é o mais duro de aceitar: o reconhecimento de que a economia britânica da década de 1970, inclusive as partes mais queridas do movimento trabalhista, *precisa de um chute nos fundilhos.* Para tanto, devemos distinguir, dentre aqueles mudanças econômicas feitas a partir de 1979, quais teriam que ser revertidas, se possível, tais como a privatização do que, mesmo na economia de livre mercado, constitui um "monopólio natural", e quais não teriam. Será que a maioria de nós gostaria seriamente de voltar à situação que manteve a tecnologia moderna fora dos noticiários britânicos (e barrou o surgimento de novas), mesmo que rangêssemos os dentes ao pensar que isso fora destruído por gente como o xá, Murdoch e Thatcher? Acho que não.

Contudo, a questão aqui não é tanto saber se pode ou não haver uma reversão coletiva de tudo o que foi feito desde 1979, mas uma reversão mais profunda. Grandes mudanças na economia significam grandes mudanças. Com muita frequência, no movimento trabalhista, isso significava tudo ou nada, menos mudar os acordos existentes, em especial aqueles que nos beneficiavam. Se o trabalhismo quiser modernizar a Grã-Bretanha, terá que estar tão pronto a romper com velhos hábitos e práticas, quanto Gorbatchev o esteve em seu esforço de modernizar a economia soviética. E, a nosso próprio modo, tão implacável quanto Thatcher à maneira dela.

O segundo é que a *modernização pode ser socialmente responsável.* Há muitos exemplos de desenvolvimentos socialmente irresponsáveis, como no Brasil, onde o desenvolvimento produziu provavelmente o mais alto grau de desigualdade social e econômica do mundo. (Não incluo o thatcherismo, pois, embora seja pesadamente injusto e provoque desigualdade, *não* constitui uma receita efetiva para a modernização.) Existem inúmeros países europeus que provam ser possível um outro caminho, e que por isso a propaganda neoliberal preferiu esquecê-los. Há os países de tradição corporativa bem-sucedida, ou seja, as formas social-democrata e trabalhista: Suécia, Noruega, Dinamarca, Finlândia e Áustria. Tais países figuram entre os sucessos econômicos porque mantiveram o desemprego baixo — muito mais baixo do que em qualquer outra parte da Europa ocidental — e seus Estados de bem-estar em boa forma, enquanto navegavam em meio às tormentas dos anos de turbulências econômicas mundiais e se adaptavam às inevitáveis mudanças estruturais na indústria, na economia e na sociedade.

Eles não são necessariamente modelos para a Grã-Bretanha — mesmo porque têm populações muito menores —, mas podemos aprender duas coisas com esses países: que o thatcherismo não foi a única resposta para a década de 1970 e que o trabalhismo pode sê-lo — mas sob uma condição. São regimes com uma política salarial coordenada, em todos os sentidos, entre governos e sindicatos. Não há movimentos sindicais que, como na Grã-Bretanha, ainda rejeitam amplamente qualquer interferência no direito de os sindicatos individuais reivindicarem tanto quanto puderem conseguir, e não se preocupam com a economia como um todo. Essa política, uma forma efetiva de livre mercadismo, que produz desigualdades e impossibilita qualquer tipo de planejamento econômico nacional, socialista ou não, muitas vezes ainda está apoiada por uma esquerda que não pensa.

O terceiro princípio é que a modernização requer *uma combinação do controle e do planejamento públicos com os mercados*. Utilizar os mercados e a empresa privada não só será inevitável para qualquer governo pós--thatcherista, dada a economia privatizada na qual terá que iniciar suas operações, como também mostra a tendência de reforma no mundo socialista — o próprio planejamento socialista agora sente a necessidade de um elemento de mercado. Na verdade, a principal descoberta socialista da era pós-guerra foi justamente que o gerenciamento social da economia pode tomar outras formas que não o planejamento centralizado por completo, sob total propriedade pública. O problema socialista é encontrar a correta combinação, para conseguir um dinamismo econômico e técnico, ao mesmo tempo que se mantém a igualdade e a justiça social.

Não deveria mais ser necessário discutir essa questão. Por outro lado, o que precisa ser dito repetidamente é que reverter uma economia em declínio e obsoleta *não pode ser feito seguindo-se o livre mercado*, e por certo nem sob as condições britânicas. O thatcherismo falhou em estancar o declínio relativo da Grã-Bretanha, apesar do massacre desnecessário de boa parte da indústria britânica. A Grã-Bretanha não retomou a relativa competitividade — tal como era — que nossas indústrias tinham em 1978. Ainda estamos soçobrando. A Itália ultrapassou a Grã-Bretanha. E a razão é simples. Ganhar dinheiro constitui o objetivo da livre empresa, e num país em declínio existem maneiras obviamente melhores, e acima de tudo mais rápidas, de ganhar um bom dinheiro do que nos negócios caros e a longo prazo de restaurar a prosperidade da Grã-Bretanha.

É por isso que praticamente todos os grandes esforços para industrializar os países pobres e atrasados ou para transformar economias morosas e preguiçosas, no nosso século, foram motivados por ideologias não mercadológicas do socialismo ou do nacionalismo econômico, ou por uma combinação dos dois. A ganância não basta. Ao contrário dos neoliberais thatcheristas, até os sérios modernizadores não socialistas se recusam a seguir o livre mercado onde ele conflita com os interesses do país. Isso significa que eles procuraram transformar suas economias por meio de uma política de Estado, de um controle estatal e com um planejamento deliberado e consciente, com ou sem um setor público amplo.

Deixando de lado os regimes socialistas, inúmeros países se colocaram esse objetivo a partir da Segunda Guerra Mundial, e diversos obtiveram sucesso estrondoso. Nenhum deles foi thatcherista: o Japão, a França depois de 1945, a Finlândia, o Brasil e a Coreia do Sul, para mencionar alguns casos de impacto. Capitalistas? Sim. Mas é intrigante ver os economistas thatcheristas declararem como triunfos do "livre mercado", por exemplo, os "planos de cinco anos" da Coreia desde 1962, que conquistaram provavelmente a industrialização mais rápida da história, com seus controles rígidos de crédito e câmbio, seus "setores de desenvolvimento" voltados para objetivos precisos e suas metas de exportação, e com uma direção da economia ainda mais centralizada do que no Japão.

Não há razão alguma para acreditar que a reconstrução séria da economia britânica, e em especial de nossas indústrias, seja possível sem tal desenvolvimento de objetivos precisos por parte do governo, sem controle, planejamento, incentivos e penalidades. No entanto, existem três razões adicionais para que o livre mercado não funcione para a Grã-Bretanha.

Primeira, é preciso desfazer o dano dos direitistas luditas — a destruição do maquinário existente para gerenciar e regular a economia, inclusive o ajuste do próprio mercado. Os homens de negócios inteligentes admitem que são necessários mais ajustes (inclusive o controle dos monopólios irresponsáveis criados — como os marxistas poderiam ter contado a eles — por desajustes e pela privatização).

A segunda é a necessidade de reconstruir a infraestrutura do país, que não só deixaram que se esfacelasse, mas que também contém bastante investimento vitoriano — por exemplo, as construções públicas e privadas, ou os sistemas de esgoto e de suprimento de água, que agora estão atingindo o ponto máximo de sua vida útil. Nova York (nota: *não* o livre mercado) está gastando 15 bilhões de dólares na década de 1980 em seu sistema de transporte e estima-se que apenas para restaurar e reconstruir pontes dos Estados Unidos custaria 50 bilhões de dólares. Além de criar empregos, um programa sistemático desse tipo seria um investimento essencial para a futura economia do país.

A terceira, e de certa forma mais vital, é a necessidade de educação. Não conheço nenhum país pobre ou atrasado que alguma vez tenha se transformado profundamente em país avançado sem uma força de trabalho instruída em todos os níveis, e por certo isso é tão verdadeiro para a reviravolta de economia em declínio, na era *hi-tech* do final do século XX, quanto o foi para a Escandinávia. "Nenhum volume de produtividade", diz um banqueiro norte-americano, "sobreviverá à competição com o padrão de vida da Coreia, da Malásia e de Taiwan. Para criar empregos e negócios que adicionem altos valores à matéria-prima através da especialização e da tecnologia, precisamos de uma força de trabalho instruída. Não estamos criando uma."[1]

---

1 Felix Rohatyn, "On the Brink", *New York Review of Books*, 11/6/1987, pp. 3-4.

Se isso é verdadeiro nos Estados Unidos, que não restringem seus gastos com educação, é até mais verdadeiro na Grã-Bretanha, que fornece educação vocacional e técnica para apenas 6% de seus alunos do curso secundário (o percentual europeu médio está entre 25 e 30%); que, do grupo etário relativo, manda para a educação superior o percentual mais baixo que o de qualquer outro país da Europa ocidental, com exceção de Portugal e da Grécia; e que tem o registro quase sem paralelo de deixar que a parcela do PIB gasta com a educação caísse por volta de 20%, nos últimos dez anos.[2] A empresa privada nunca fez isso e não fará agora.

Aqui está a base para um programa que pode unir e aumentar a maioria não thatcherista dos povos britânicos, pois ele abre um caminho para a reconstrução necessária da Grã-Bretanha. Também é o caminho avançado para os socialistas, embora não garanta um futuro socialista. Pois nossa principal tarefa teórica é demonstrar às pessoas, que não enxergam motivos para acreditar nesse programa, o porquê de os benefícios públicos serem melhores que os lucros privados. Só não fará mais nada para emitir declarações para os que creem no "desenvolvimento de uma política econômica socialista, incluindo a extensão da propriedade comum aos setores financeiro e manufatureiro", pois os que não creem inevitavelmente vão perguntar: "O que há nessa política?" e "por que mais propriedade comum?".[3] É desnecessário conversar com os convertidos. Devemos nos importar com os outros 70%. Temos que mostrar a eles, *concretamente*, como e por que é melhor a ação pública, o planejamento e a política, inclusive a propriedade comum: não apenas para as vítimas da sociedade, mas para a Grã-Bretanha inteira; não apenas para repartir o bolo nacional com justiça, mas para fazer um bolo maior para distribuir; não apenas em abstrato, mas dentro do duro e competitivo sistema internacional existente. Esse é o caminho que podemos mostrar a eles. E alguém tem que lhes mostrar, pois, nas circunstâncias da Grã-Bretanha, o neoliberalismo (seja thatcherista, seja travestido de "economia social de mercado") não é um caminho para reverter o declínio secular de nosso país.

---

2 Como pode ser verificado em Unesco *Statistical Yearbook*, 1986, Tabelas 3.2, 3.7 e 4.1.
3 "Labour, the Liberals and the Unity of the Labour Left", *Tribune*, 21-28 ago.1987, p. 5. A citação é a *única* referência à economia nesse documento.

17

PROPOSTA PARA UMA SOCIEDADE BOA

(1987)

Existem duas razões pelas quais a esquerda deveria repensar o socialismo a sério. A primeira é que, em países como o nosso, a questão do socialismo parece menos indispensável do que costumava ser, mas acontece que é indispensável. O paradoxo da fome mundial, em meio a montanhas de manteiga e de excedentes de trigo, está mais dramático do que nunca, mas enquanto na década de 1930 ele sugeria automaticamente a necessidade do socialismo, hoje sugere à maioria das pessoas que elas deveriam pagar mais pela água oxigenada ou pelo curativo. Como se a fome não fosse mais um problema *nosso*.

A segunda é que a maior parte dos conceitos e da experiência a respeito da prática socialista está desatualizada. Em essência, as ideias socialistas elaboradas antes da Primeira Guerra Mundial (além dos diversos utópicos criadores de comunidades) constituíam críticas ao capitalismo mais que conceitos sobre socialismo.

Até que os bolcheviques estivessem no poder e os social-democratas formassem governos no final daquela guerra, inacreditavelmente havia pouca conceituação a respeito de como o socialismo deveria ou poderia trabalhar, em termos concretos. Para propósitos práticos, *todas* as ideias e realizações nesse campo foram produto da experiência e do experimento do período entreguerras, e carregam as marcas da época. Isto diz respeito tanto à "estatização" de Morrison, que se tornou um equipamento padrão no Partido Trabalhista, quanto ao planejamento do Estado centralizado para uma industrialização rápida de países atrasados, que foi desenvolvido na Rússia soviética e, subsequentemente, a exemplo do sistema político correspondente, se transferiu para outros regimes comunistas.

As conquistas cruciais do socialismo, nas versões comunista e não comunista, remontam ao período que vai desde 1917 até cerca de 1959, incluindo-se aqui a Grande Depressão, a Segunda Guerra Mundial e a reconstrução pós-guerra, época em que o trabalhismo britânico também imprimiu sua marca mais duradoura. Porém, a situação vem se transformando de maneira óbvia desde então. Exemplo disso é que desapareceu a crença do entreguerras de que um capitalismo mutilado pela crise seria inferior ao socialismo planejado, em termos econômicos. Produzir riqueza e uma multiplicidade de opções de compra não constitui o grande problema do capitalismo pós-década de 1930, que fez isso melhor que o socialismo. O que ele não conseguiu fazer foi distribuir tudo isso de modo igualitário.

Outro exemplo: as economias do tipo soviético não mais emergem de regiões medievais. Os modelos socialistas do início do período industrial, que tiveram seus méritos na época, mostraram defeitos graves sob as condições dos últimos trinta anos. Daí a reformulação maciça naqueles países, durante esses anos. Nenhum deles acredita mais numa economia totalmente comandada e planejada pelo Estado, com a qual os ideólogos (sejam de direita, sejam de esquerda) identificam o "socialismo". A preguiça de pensar da esquerda sectária marxista e da esquerda trabalhista contrasta bastante com a ousadia daqueles que realmente tocam as economias socialistas: Mikhail Gorbatchev, para citar apenas um.

Contudo, uma reformulação torna-se uma tarefa difícil, quase impossível, quando feita em público por uma figura política de destaque, que é constantemente obrigada a pensar sobre os que apunhalam seu próprio partido pelas costas, a imaginar quais trechos de seu texto serão distribuídos aos candidatos pelo Comitê Central do Partido Conservador, e se estes vão engabelar os eleitores em Stevenage.

Essas foram as dificuldades sob as quais Roy Hattersley escreveu *Choose Freedom*. Não é de admirar que suas partes mais fortes — e são muito boas — sejam os argumentos contra o neoliberalismo na direita e o sectarismo da extrema esquerda. Nem Trótski nem Friedrich Hayek arrebataram muita aprovação. Hattersley permite-se avaliar livremente e num estilo fino. Ele seria (ou deveria ser) utilizado de modo amplo na argumentação contra os conservadores.

Por outro lado, as imprecisas conjeturas thatcheristas a respeito de liberdade e de Estado ou de tirania burocrática estão sendo compartilhadas de maneira muito mais ampla. Ao ser extremamente mais defensivo contra a direita do que precisou ser contra a ultraesquerda, Hattersley deixou que seus argumentos se mostrassem tendenciosos. E isso o conduziu a uma descrição do socialismo que, embora verdadeira, é desenxabida:

> É o compromisso de organizar a sociedade de maneira a assegurar o maior teor de liberdade, a mais alta quantidade de opções reais e, como consequência, o máximo de felicidade humana. Trata-se de compreender que o poder coletivo deveria ser empregado para intensificar as liberdades individuais.[1]

Sem considerar os anarquistas de direita ou de esquerda, duvido que qualquer político experiente, de qualquer partido, se recusasse a aprovar tais sentimentos, inclusive aqueles do gabinete de Thatcher, pelo menos quando falam em público. Mesmo que acrescentássemos a frase de Anthony Crosland, que o socialismo "diz respeito à busca da igualdade e da proteção da liberdade — com o reconhecimento de que, a não ser que sejamos verdadeiramente iguais, não seremos verdadeiramente livres",[2] a descrição ainda seria aceitável para a esquerda não socialista do conservadorismo mais extremado. Em suma, se queremos diferenciar os elefantes das girafas, não basta explicar que os elefantes são mamíferos vegetarianos.

Tais definições não são apenas vagas demais; elas também desconsideram as questões básicas do real significado de "poder coletivo" e de como esse poder conquista a igualdade e a liberdade. Por tradição, para os socialistas significava "que a propriedade e o controle dos meios de produção deveriam ser mantidos pela comunidade como um todo e administrados no interesse de todos". É importante registrar a liberdade no roteiro socialista, pois a história revelou que o socialismo, da mesma forma que o capitalismo, pode existir sob notórias versões sem liberdade.

---

1 Roy Hattersley, *Choose Freedom*, Londres, 1987, p. 22.
2 Citado em *id., ibid.*, p. XIX.

Mas se copiarmos a propriedade comum dessas versões, de que serve dizer que somos socialistas?

E o que significa "propriedade e controle comum"? Aqui existem três pontos em questão. Quanto, o que e como uma coisa é pertencente ou controlada? Quais são os objetivos para os quais se mobiliza o controle? Como visualizamos a sociedade que os conquistou?

A maioria dos socialistas sem dúvida reformulou inúmeras convicções antigas a respeito de propriedade e de controle, desde a década de 1930, quando John Strachey foi treinado na supressão da produção de mercadorias e do dinheiro, e simplesmente confiava nas "decisões de algum grupo central que deliberaria quais mercadorias e quantas de cada uma deveriam ser produzidas".[3]

No entanto, não há nada de novo em pressupor que existem outras formas de propriedade comum além da propriedade do Estado, em suas diferentes formas, e que vários tipos de empresa coletiva coexistem entre si e com empresas não coletivas.

Sabe-se há muito tempo que as economias podem ser gerenciadas, controladas e, até certo ponto, planejadas por outros meios que não a estatização. Na prática, até os socialistas que desaprovavam as "economias mistas", que combinavam significativos setores públicos e privados, as aceitaram, pelo menos a partir da Nova Política Econômica, de Lênin, com as primeiras propostas dele para investidores estrangeiros. Para fins práticos, é inconcebível que tais "economias mistas" não subsistam nos atuais países não socialistas e possivelmente em alguns dos países socialistas. E, como lhes ensinou a experiência dos países socialistas "realmente existentes", um socialismo totalmente fora do mercado constitui uma fantasia, uma emergência ou um desastre. Nesse sentido, Hattersley tem razão em insistir que o socialismo não "envolve uma economia dirigida, governada por monopólios estatais através da alocação burocrática dos recursos".[4] Não se trata de uma novidade, mas não faz mal falar disso novamente.

---

3 J. Strachey, *The Theory and Practice of Socialism*, Londres, 1936, pp. 29 e 192.
4 Hattersley, p. 131.

Contudo, não será conveniente aos socialistas ficar muito na defensiva quanto ao papel do Estado e do setor público. Ao contrário dos thatcheristas, deveríamos declarar com firmeza que o interesse público está mais bem representado por grupos públicos de homens e mulheres que não trabalham pelo lucro, do que por pessoas ou entidades privadas que tentam ganhar dinheiro. Se o trabalhismo tivesse sempre tentado conciliar aquilo que Hattersley chama "a suspeita instintiva (na cabeça do público) de que o Estado precisa ser um instrumento de autoridade, mais do que de liberação", nunca teria chegado a lugar algum. Pois sempre existiu essa suspeita de autoridades que interferem. De qualquer modo, a maioria dos britânicos é perfeitamente capaz de reconhecer a ação pública ou de Estado que seja liberadora, tal como a instituição do National Health Service e da seguridade social — ambos condenados, na época, como caminhos para a escravidão. Essa maioria é capaz até de aceitar os sacrifícios impostos por uma autoridade, se eles forem totalmente justos e representarem o interesse de todos.

Além disso, o Estado não pode representar apenas o interesse público, embora hoje não esteja obviamente fazendo isso. Ele representa a única máquina inventada até agora para modificar a orientação de uma sociedade nacional, dentro de um período de tempo razoavelmente curto. Mrs Thatcher utilizou o Estado, e reforçou drasticamente os poderes dele, a fim de interferir em propósitos errôneos. O trabalhismo também precisa utilizá-lo, da maneira mais democrática possível e menos centralizada, em propósitos corretos.

Não deveríamos subestimar a estatização, os controles de Estado e o planejamento central, nem parecer que estamos nos concentrando na definição de áreas onde tal concentração não se mostre necessária. Isto é fazer concessões desnecessárias ao thatcherismo. Pois essas coisas não são propriedades exclusivas dos socialistas. Nenhuma grande guerra moderna foi deflagrada por nenhum país, deixando de lado os governos britânicos, sob os princípios econômicos de Thatcher ou de Reagan. Nem poderia ter sido.

Depois de 1945, a maioria dos grandes esforços de reconstrução pós-guerra estabeleceu objetivos e os planejou, mesmo quando o objeto do planejamento era restaurar uma economia de empreendimento privado. Os "planos nacionais de desenvolvimento" não são prerrogativas de países socialistas, como testemunham a França e o Brasil. E, como J. K. Galbraith nunca parou de repisar durante os últimos vinte anos, os grandes negócios nunca sonhariam em se fiar na alocação espontânea de recursos por parte do mercado. Eles planejam, e têm que planejar. (Até os grandes especuladores, como vemos agora, só apostam com cartas marcadas.) Parece meio absurdo que um autor seja mais apologético, acerca de planejamento, quando escreve para eleitores do que seria quando escreve exclusivamente para acionistas ou gerentes da Shell ou da British Telecom; ou que um democrata norte--americano seja considerado mais radical que um socialista britânico.

Tudo isso tem importância porque o socialismo cuida precisamente de tomar o tipo de decisão que não pode ser tomada se os recursos sociais estiverem alocados pelo mercado, ou seja, por um sistema cujo mecanismo básico é o reforço da desigualdade. Por isso, o planejamento e o controle público, quaisquer que sejam os nomes que recebam, constituem ferramentas indispensáveis.

O socialismo trata de estabelecer prioridades e de executar os grandes empreendimentos públicos. E a primeira dessas prioridades para um governo trabalhista será exatamente aquela que requer um maior esforço de planejamento: a reconstrução maciça de uma economia industrial que esteja em ruínas, a restauração de uma infraestrutura social drasticamente esfacelada e erodida, e a reversão do declínio da Grã-Bretanha ou, se preferirmos, a construção de um novo papel para a nação. Não tem sentido pensar que isso não requer pelo menos tanto esforço nacional e planejamento, liderado pelo Estado para a renovação, como o que a França e o Japão empreenderam depois de 1945 (e a Grã-Bretanha não). Circunstancialmente, não há motivo para imaginar que tal esforço *não* teria apoio político e público muito amplo.

As tarefas para reviver a Grã-Bretanha não exaurem a questão dos objetivos da "propriedade comum". Elas apenas dão início a tais objetivos. Além disso, não são meramente objetivos materiais e quantificáveis, mas morais e qualitativos. Pode-se colocar uma questão pragmática para eles. Argumenta-se que uma igualdade maior seja um bem para a economia, embora hoje aceite-se que nas sociedades verdadeiramente socialistas essa extrema igualdade pode (como Marx previu na sua "primeira fase de socialismo") desacelerar o crescimento econômico em função da diminuição dos incentivos econômicos. No entanto, nem se discute que o sistema social britânico, o qual, como diz Hattersley, "rejeitou de modo simultâneo a mobilidade e a igualdade" e fortificou um sistema de classe particularmente contraproducente, também funcionou como o pior freio no desempenho da economia da Grã-Bretanha. Mas essa não é a única razão pela qual os socialistas querem modificar a sociedade britânica.

É provável que o orgulho e a autoconfiança, coletivos ou individuais, sejam ativos econômicos para uma nação. (Não se deve confundi-los com insegurança excessivamente compensada por triunfos xenófobos — reais, mas irrelevantes, como as Falkland para a Grã-Bretanha, ou imaginários, como Granada para os Estados Unidos.) No entanto, existem outras razões, melhores, para deplorar a desilusão obstinada, o encolher de ombros, a desesperança privatizada e a descrença no futuro da Grã-Bretanha, que se alastraram pelo país a partir da década de 1970.

Este é o motivo decisivo para rejeitar a descrição que Hattersley faz da finalidade do socialismo. Pois "o máximo de felicidade humana", seja qual for sua definição, *não é* conquistado apenas com "o maior teor de liberdade" para os indivíduos e com "a mais alta quantidade de opções reais", por mais desejáveis que sejam. Tudo isso é conquistado por pessoas que vivem juntas, como membros de uma ordem social com um sentido de comunidade humana, em cooperação e com aquilo que os velhos socialistas britânicos costumavam chamar de "companheirismo"; por homens e mulheres que se respeitam e são respeitados, não importando quem sejam; que levam a vida que lhes faz sentido e oferecem esperança a seus filhos e às futuras gerações. A sociedade boa, pela qual os socialistas se empenham, por certo deveria conter "o maior teor de liberdade", "a mais alta quantidade de opções reais" e "o máximo de felicidade humana" passíveis de serem conquistados. Mas não pode ser *definida* pela soma das liberdades, opções e felicidades individuais.

E como seria uma sociedade boa? O socialismo é um instrumento, não um programa, e tudo que podemos dizer sobre a forma final que o socialismo teria no futuro é que, tal como Karl Marx, não sabemos. Qualquer tentativa de elaborar o mapa da utopia em meio às linhas daquilo que consideramos desejável, no momento, deve fracassar (exceto, talvez, para certos tipos de comunidades pequenas inteiramente autocontidas). Pode-se argumentar que certamente existem princípios fundamentais para qualquer sociedade boa; a justiça, a igualdade e a liberdade podem ser definidas como sendo tais fundamentos.

Contudo, não podemos refrear o futuro. O objetivo do socialismo é acabar com um sistema capitalista cujos resultados mostram-se profundamente inaceitáveis e que destroem os laços da sociedade humana e podem destruir o mundo. Esperamos instituir um sistema que, um dia, poderia fornecer aos nossos sucessores a oportunidade de contribuir para a sociedade com aquilo que podem e de tirar dela aquilo que necessitam e querem, sob instituições suficientemente flexíveis para permitir adaptações em épocas de mudanças. Acreditamos que isso requer "propriedade comum e controle", mas que, em si, são um meio e não um fim.

Por isso é inútil procurar uma época em que possamos declarar que o socialismo deve ser instituído, como os movimentos de liberação nacional podem declarar a instituição da independência. De qualquer modo, dadas as repressões nacionais e internacionais, políticas e econômicas, sob as quais qualquer país isolado opera, a questão é acadêmica. Isso não significa que os socialistas possam ou devam desistir do objetivo de uma reconstrução fundamental da sociedade, de uma ordem humana e moral. Ao contrário de Bernstein e de seus revisionistas, não acreditamos que "o movimento é tudo; o objetivo final, nada". O trabalhismo não é, e não pode ser, apenas um partido que ofereça aos eleitores um acordo melhor do que a competição o faz, digamos, com as pensões e o serviço de transporte. Ele oferece uma sociedade boa. E, hoje, o socialismo é a única força política na sociedade civilizada, absolutamente a única força política (excetuando-se aquelas que, como o fundamentalismo religioso, têm por objetivo um retorno à Idade Média), que reconhece a necessidade de uma sociedade na qual todos os homens e todas as mulheres possam viver como seres humanos, e que traduz mais do que a simples soma de seus membros individuais. O socialismo, mais uma vez, poderia reconhecer sua missão, que é oferecer essa esperança. Oferecer *qualquer* esperança coletiva. E, hoje, este país conta com um estoque desesperadamente baixo de esperança.

18

NENHUM SENTIDO DE MISSÃO

(1988)

Outro dia, ao ser entrevistada pela ITV, Mrs Thatcher permitiu-se um pequeno rasgo linguístico ao mesmo tempo que dava um grande passo político para a direita: falou, não de seu governo, mas de seu "regime". O termo não vai surpreender os leitores de *Marxism Today*, que, há apenas alguns meses, escreveu: "agora o regime Thatcher tem cinco anos para completar sua reformatação da Grã-Bretanha e torná-la irreversível." O que acontece é que, hoje, Mrs Thatcher sente-se bastante segura para, ela mesma, empregar essa linguagem.

Pois um "regime" não é mais apenas um governo. Sua linguagem não é mais a da política tradicional britânica, sem falar na democracia parlamentar. (Mrs Thatcher não faz segredo do fato de encarar a oposição como subversiva.) Trata-se da linguagem de uma "Nova Ordem" que está sendo introduzida por uma revolução da direita radical, conduzida por um pelotão de fundamentalistas que não se importam com o que se pensa de suas propostas, porque *sabem* que estão certos; e, além disso, quem votaria para derrubá-los? É a linguagem de um governo unipartidário e autoritário, que sistematicamente toma providências para criar condições a fim de permanecer como está.

Com o passar dos anos, fica cada vez mais claro que estávamos certos, desde o início, em ver o thatcherismo como algo bem diferente e incomensuravelmente mais perigoso do que apenas outro governo conservador. Trata-se de um modelo experimental para uma sociedade burguesa pós-democrática na década de 1980, assim como o fascismo (que foi uma espécie muito diferente de animal político) constituiu o modelo para os regimes burgueses na década de 1930, os quais sentiram que não mais podiam se permitir a democracia.

É provável que não seja um modelo facilmente exportável, mesmo porque, até agora, aos outros governos conservadores (a exemplo da Alemanha Ocidental) falta o compromisso ideológico lunático para abolir todas as atividades que não visam ao lucro privado, especialmente as do bem-estar público. Falta, ainda, a outros governos conservadores (o de Reagan, por exemplo) o incontrolável poder centralizado que torna o regime Thatcher tão perigoso. No entanto, o thatcherismo tem os dois e nós somos governados por ele. Em função disso, existe diante de nós apenas uma tarefa política absolutamente dominante, ou seja, livrarmo-nos do thatcherismo. Essa tarefa unirá, cada vez mais, o povo deste país, por meio de linhas de classe, gênero, idade, cor e partidos políticos, inclusive o Partido Conservador. Não há prioridade mais importante na vida política da Grã-Bretanha.

A primeira e, talvez, única pergunta a se fazer sobre o atual exercício de "reformular o Partido Trabalhista" é qual significado ele terá nessa tarefa. Esse exercício já produziu ensaios e panfletos de David Blunkett e Bernard Crick ("The Labour Party's Aims and Values: An Unofficial Statement"), de Tony Benn ("An Agenda for Labour" e "The Aims and Objectives of the Labour Party") e de Neil Kinnock e Roy Hattersley ("A Statement of Democratic Socialist Aims and Values").[1]

Nenhum deles teria sido escrito se não fossem os desastres que atingiram o Partido Trabalhista e o movimento trabalhista durante os últimos dez anos. Todos partem do princípio, mas nenhum diz, que um mero apelo para uma volta ao *status quo* pré-1979 não nos levará a lugar algum (além de ser impraticável), e que o problema básico refere-se a como o trabalhismo poderia recuperar os apoios perdidos, que ainda não mostram sinais de retorno, ou de que maneira poderia adquirir novos apoios. Nesse sentido, a reformulação, sem dúvida,

---

1 Esses documentos foram apresentados numa reunião conjunta do Comitê Central do Partido Trabalhista e do "gabinete de sombra", em 5 de fevereiro. Forneciam o contexto para uma revisão política mais detalhada.

reflete uma situação verdadeira. Quanto às generalidades sobre as políticas futuras do trabalhismo, não há muitos desacordos reais. Nem existiria espaço para desacordos, uma vez que está claro que um futuro governo trabalhista vai operar inapelavelmente com uma economia mista. Na verdade, não há diferenças significativas entre os artigos de Kinnock e Hattersley: "não estamos e nunca estivemos comprometidos com qualquer forma de propriedade pública, mas os objetivos que buscamos requerem, de modo claro, que um setor maior da economia seja socialmente partilhado"; de Benn: "precisamos rejeitar o velho padrão de corporações estatais e reformular nossa atitude em relação à propriedade comum"; e o comentário um pouco mais longo de Blunkett e Crick sobre a cláusula 4. E, claro, os três documentos insistem em dizer que o Partido Trabalhista é um partido socialista, embora, paradoxalmente, o termo seja menos usado no texto de Benn do que nos outros dois.

Tudo isso é bem-vindo na medida em que sugere existir uma base para o consenso dentro do Partido Trabalhista, ou pelo menos sugere que as pessoas procuram evitar o tipo de mutilação pública, que fica melhor em filmes de kung fu do que em partidos políticos. Mas é uma fraqueza da "operação reformulação" que boa parte dela, à primeira vista, seja endereçada a um público intrapartidário mais do que à maioria (inclusive à maioria da classe trabalhadora) que já não pertence ou que ainda não entrou no partido.

Dos três documentos, apenas o de Kinnock e Hattersley parece ter em vista os eleitores não trabalhistas da Grã-Bretanha thatcherista. É difícil determinar em quem Tony Benn estava pensando, além do tradicional apoio dele, pois seus textos são excepcionalmente inespecíficos (com exceção de alguns trechos curiosos, como "o sustentáculo e as sanções da legislação existente relacionados com o abuso de animais, e os esforços para assegurar a introdução de uma legislação adicional que torne ilegais todos os esportes de sangue"). Contudo, Benn tem o mérito de ser o único dos autores a tratar com seriedade dos negócios internacionais e da questão da guerra e da paz, e também reconhece o grande significado de temas levantados pelos "políticos verdes", embora apenas toque no assunto.

Entre estes documentos, o panfleto de Blunkett e Crick constitui a declaração melhor e mais convincente sobre os objetivos e os valores do Partido Trabalhista, em outras palavras, sobre "o socialismo democrático". Não deixa de cativar amigos para o trabalhismo, embora, infelizmente, pouca gente esteja preparada para ler um panfleto de vinte páginas. No entanto, o que não vai fazer, nem foi elaborado para tal, é convencer as pessoas a confiar o governo da Grã-Bretanha ao trabalhismo novamente, mesmo aquelas que concordam que o Partido Trabalhista é um partido bom e que se preocupa, cujo coração e cabeça estão no lugar correto. Trata-se de um texto admirável, mas poderia ter sido escrito em qualquer época, desde 1945.

Era de se esperar que o líder e o líder dos deputados do partido, ao trabalharem juntos, tivessem uma consciência mais aguçada das perspectivas políticas. Entretanto, seus depoimentos mostram a mesma fraqueza do livro anterior do próprio Roy Hattersley, *Choose Freedom*: com meras defensivas, entrega o jogo para o adversário. O depoimento deles começa com a proposição de que "o objetivo fundamental do governo" numa sociedade socialista "é a proteção e a extensão da liberdade individual", e termina com a proposição de que "o socialismo [...] está, acima de qualquer coisa, comprometido com a proteção e a extensão da liberdade individual".[2] Agora, quanto à liberdade: no sentido de escolha livre e de um mínimo de repressão externa, é, ou deveria ser, uma condição fundamental de qualquer sociedade defendida pelos socialistas, e simplesmente não é verdade que ela seja a essência do propósito socialista, ou que alguém acredite que seja, inclusive Kinnock e Hattersley, os quais, em grande parte do documento — por razões óbvias — explicam por que isso não significa que sejamos neoliberais quanto à economia.

Esta abordagem mostra quatro enganos muito sérios, além do fato de sua definição de socialismo ser meio desorientada. Em primeiro lugar, é muito improvável que consiga convencer. Competir com o thatcherismo numa corrida para provar quem é o melhor representante

---

2 *The Sunday Times*, 6/3/1988.

da liberdade individualista significa inscrever-se no torneio errado. É mais ou menos como transferir turistas das ilhas gregas para os Alpes, dizendo-lhes que nas montanhas também podem se bronzear e nadar. Claro que podem, mas esses não são os principais motivos pelos quais os que apreciam montanhas vão até lá, seja verão, seja inverno. É melhor vender seus próprios atrativos do que uma versão dos atrativos dos outros.

Segundo, tal abordagem sugere que o principal problema do trabalhismo seria a maneira de converter ou reconverter os thatcheristas. Mas a questão não é essa. Para cada eleitor que o trabalhismo perdeu para Thatcher — embora isso não signifique apenas eleitores entusiastas da "cultura empresarial" —, pelo menos outro eleitor foi perdido para o centro, por motivos bem diferentes. Terceiro, porque sugere que o líder e o líder dos deputados do Partido Trabalhista não têm muita confiança nas perspectivas do trabalhismo, o que é bastante assustador, pois se eles não têm, quem mais poderia ter? Como diz o ditado, aqui "se vende gato por lebre". E, finalmente, sem dúvida o documento de Kinnock e Hattersley arrasa alguns *velhos* conceitos do trabalhismo como de fato seria necessário, porém infelizmente não contém nem implica qualquer conceito *novo*.

O problema, aqui, não se reduz a uma defesa excessiva, embora isso seja bastante ruim. Trata-se de *falta de visão*: dos perigos da atual situação; da natureza da crise britânica que levou a essa situação não resolvida; das tarefas do futuro e do que os governos não thatcheristas ou pós-thatcheristas poderiam realmente fazer.

Nem neste, nem nos outros documentos, percebe-se qualquer tipo de sensação de que estejamos enfrentando um regime que se dispõe a demolir o que outros tipos de capitalismo ainda aceitam. Exemplo disso é a tendência de privatizar *algumas* áreas da economia que antes faziam parte do setor público, tendência essa encontrada no mundo inteiro, qualitativamente *diferente* da mistura thatcherista (curiosa, porém perigosa) de um stalinismo de direita (poder do Estado centralizado e incontrolável) com uma anarquia direitista criada por ideólogos que acreditam (para citar Charles Dickens em seu livro *Tempos difíceis*) que "o que não se conseguia exprimir em números e não se mostrava comprável no mercado mais barato e vendável no mais caro, não era, e nunca seria, um fim de mundo, Amém".

O argumento essencial dos thatcheristas é que os problemas da Grã-Bretanha prendem-se ao fato de que no passado ela nunca foi *realmente* uma sociedade capitalista, da maneira que nossos competidores mais bem-sucedidos foram e são. Citando o professor Norman Stone: "Trata-se da partida na direção daquela revolução burguesa que, na minha opinião, de fato nunca ocorreu neste país, e (se for assim) Margaret Thatcher figurará na história como o complemento natural de Oliver Cromwell."[3] O argumento não possui uma boa base histórica ou comparativa, embora, por motivos ideológicos bem diferentes, erros como esses foram muito cometidos por um setor da esquerda marxista. No entanto, aceitar a visão de que Thatcher não está fazendo mais do que qualquer outro governo preocupado com os negócios — a exemplo da Alemanha Ocidental ou do Japão — na verdade significa aceitar a análise thatcherista. É cair no engodo que fundamenta as relações públicas thatcheristas.

De novo, dado o solapamento sistemático das liberdades civis, dos governos locais autônomos, da liberdade de expressão e de imprensa, e da democracia em geral, é extraordinário que tais declarações de "socialismo democrático" dessem tão pouca atenção à democracia e aos atuais perigos que a ameaçam. De acordo com as circunstâncias, Kinnock e Hattersley empregam a frase "socialista democrático" no lugar de trabalhista e, a não ser que eu me engane, as palavras "democracia" ou "democrático" aparecem apenas duas vezes nas 15 páginas impressas de seu documento, ao contrário das palavras "liberdade" e "livre", que ocorrem 48 vezes. (Apenas para registro, palavras referentes a "igualdade" aparecem 19 vezes e "fraternidade" nenhuma vez.) Contudo, é preciso que se faça justiça, pois

---

3 Tony Benn ressalta a "solidariedade" que poderia significar a mesma coisa que "fraternidade", como assinalam Blunkett e Crick; mas parece claro que o que ele tinha em mente era algo muito mais limitado, ou seja, "uma responsabilidade moral de defender todos aqueles que são atacados por protegerem seus próprios direitos democraticamente conquistados", e, concretamente, a solidariedade sindical ("Aims and Objectives", pp. 3-4).

o documento observa de modo específico a ameaça aos nossos direitos civis e políticos, e sua erosão durante os anos Thatcher.

Tony Benn, claro, presta mais atenção à democracia, mas, com exceção de uma única frase de características vagas ("É essencial que nos devotemos a muito mais trabalho quanto à questão das liberdades civis que têm sido atacadas diretamente nos anos recentes"), suas observações não parecem ter qualquer relevância específica para a situação atual. A "democracia" é certamente o fio vermelho que corre pelo documento de Blunkett e Crick, e nesse sentido o panfleto deles fornece a melhor base para que uma campanha alinhe todos os defensores da democracia em torno do Partido Trabalhista. (Blunkett e Crick também fazem a única contribuição para o debate que dá alguma atenção à "fraternidade" ou à "comunidade", e que até menciona o famoso e antigo lema "liberdade, igualdade e fraternidade", lembrando que, mesmo sendo boa, a "liberdade" *por si* não é unicamente socialista.) Contudo, a partir do texto de Blunkett e Crick não se imagina que a democracia britânica esteja hoje sob qualquer pressão especial.[4]

Quanto à natureza da crise britânica que trouxe e manteve o thatcherismo no poder, nenhum dos documentos sequer a menciona. E isso significa não compreender a operação reformulação, que nem estaria acontecendo, não fosse essa crise, e que precisa endereçar-se a todas as pessoas que, por causa da crise, ficaram insatisfeitas com o Partido Trabalhista. Não há mal algum em oferecer ensinamentos de uma vida saudável para qualquer pessoa, em qualquer época, mas as pessoas não se satisfazem com eles quando estão basicamente preocupadas, por exemplo, com os riscos à saúde que emergem de um Chernobyl. Além disso, como será possível elaborar uma visão e um projeto políticos para o futuro pós-Thatcher se não estiverem baseados numa análise apropriada das condições da Grã-Bretanha e do mundo, desde o final do grande *boom* global do início da década de 1970?

Tudo isso reflete duas grandes fraquezas nos conceitos trabalhistas. A primeira é o provincianismo: nesses documentos, o mundo do além-

---

4 D. Marquand, *The Unprincipled Society*, Londres, 1988.

-mar é mais remoto e sem importância do que na vida real. No texto de Kinnock e Hattersley aparece apenas uma vez, quando se condena a divisão norte/sul e a ajuda ao mundo em desenvolvimento através do comércio, à medida que essa ajuda é solicitada. Não há mais nada. Blunkett e Crick estão particularmente preocupados com a maneira de "impedir as companhias internacionais de controlarem as economias nacionais e de imporem eleições de governos", e estão interessados na divisão norte/sul e no desarmamento nuclear, que "o trabalhismo acredita [...] ser uma questão de princípio, e na necessidade de colocar esse princípio em prática". Isso é excelente, mas dificilmente exaure os problemas de uma Grã-Bretanha trabalhista numa economia e num sistema de poder internacionais. O documento de Benn mostra o pensamento político mais cuidadoso sobre política internacional, embora a combinação de uma Grã-Bretanha não alinhada com uma retirada da Comunidade Europeia tenha seus problemas. Entretanto, como os outros, ele apresenta poucos sinais de ter avaliado a natureza e as recentes transformações da economia mundial.

Nenhum dos documentos cita a experiência de qualquer outro país, mesmo quando suas situações poderiam ser consideradas relevantes para a Grã-Bretanha. A Suécia, por exemplo, é justamente o tipo de país que se pode esperar que tenha inspirado os socialistas democráticos antithatcheristas. Ela representa tudo aquilo que os thatcheristas consideram como responsável pelo fracasso da Grã-Bretanha na negra era pré-Maggie: tem sido dirigida pelo trabalhismo, possui uma das taxas mais altas de gastos públicos para produtos domésticos duráveis, altos impostos, nenhuma inclinação para o livre mercado irrestrito e uma porção de mecanismos de controle. E, ainda, a Suécia, que deve ter um dos padrões de vida mais altos do mundo e um dos níveis de desemprego mais baixos, tem mostrado uma taxa de crescimento muito mais alta que a dos Estados Unidos, e permanece na fronteira avançada do progresso tecnológico. Por que o trabalhismo britânico não deveria aproveitar um pouco da experiência das conquistas que se poderiam extrair de seus adversários em qualquer lugar? E por que não aproveitam nenhuma de nossas declarações? Provavelmente porque nenhum dos autores pensou a respeito da Suécia.

A segunda fraqueza é intelectual. Pode ser ilustrada pela comparação da reformulação que até agora partiu do trabalhismo com uma peça recente de reformulação que, de todas as pessoas que existem, foi partir de um membro do Partido Social-Democrata (não partidário de Owen): a de David Marquand em *The Unprincipled Society*. A análise de Marquand, circunstancialmente, demonstra o considerável potencial para um consenso político, dentro de uma ampla coalizão anti-thatcherista.

Marquand começa com o colapso do consenso keynesiano social--democrata que, de fato, dominou a maioria dos países desenvolvidos por trinta anos, depois da Segunda Guerra Mundial. Esse consenso provou-se incapaz de competir com os problemas britânicos (e mundiais) na década de 1970, e as duas alternativas que emergiram desde então, na Grã-Bretanha, foram igualmente incapazes de competir com eles. Tais alternativas são a economia neoliberal thatcherista e "uma mistura incompleta de neomarxismo e de socialismo 'fundamentalista' das décadas de 1920 e 1930", que ganhou terreno entre o povão do trabalhismo.

Ao contrário dos líderes trabalhistas, Marquand não precisa provar a ninguém que não acredita no planejamento central para todos os fins ou convencer os ativistas de que os mercados não são pornográficos. Ele pode partir do princípio de que as economias mistas são normais. Por isso, ele também pode partir do princípio de que "o socialismo de Estado" é fraco — embora assinale que "não se encontrou melhor maneira de mobilizar a sociedade para a guerra ou para algum grande propósito coletivo"[5] — e pode se concentrar na fraqueza dos livres mercados thatcheristas. Para isso, afinal, é que estamos negociando na Grã-Bretanha. Daí por diante, paradoxalmente, a análise centrista de Marquand faz menos concessões aos profissionais de mercado do que, por exemplo, Hattersley.

Marquand argumenta que o livre mercado, por si, não pode resolver o problema específico da Grã-Bretanha, qual seja: de que maneira adaptar-se ao mundo moderno e recuperar seu impulso econômico. Pois o que faz um país pulsar, inclusive economicamente, não depende só da economia. Depende da história, da cultura, da política e de uma porção de outras

---

5 *Id., ibid.*, p. 6.

NENHUM SENTIDO DE MISSÃO | 305

coisas. Os economistas neoclássicos simplesmente explicam ou "tentam explicar de que modo os recursos são alocados com mais eficiência num dado nível de adaptabilidade",[6] mas não explicam o modo de tornar um país mais adaptável. "O liberalismo de mercado é uma doutrina para aqueles que já estão bem preparados para o mercado. Ele não favorece os que precisam se preparar."[7]

Convenhamos: por razões históricas, a Grã-Bretanha, que estava especificamente adaptada para se tornar a pioneira do capitalismo no século XIX, justamente por isso encontrou enormes dificuldades para adaptar-se a seu declínio econômico e político no século XX. As instituições e valores do país não lhe foram de nenhuma ajuda, embora estivessem bem adequados para assegurar uma estabilidade social e política. O thatcherismo estava bastante certo ao considerar que um rompimento radical seria necessário, mas seu diagnóstico, de acordo com Marquand, opunha-se, e opõe-se, à verdade. Pois o que estava em falta na Grã-Bretanha não eram valores individualistas, prontos para serem liberados pelo estímulo do lucro. Não havia mais nada além disso. A Grã-Bretanha, a pioneira original do industrialismo, não necessitava "desenvolver um Estado empresarial ou desenvolvimentista". As economias capitalistas posteriores necessitavam e desenvolveram, mas:

> o que há de especial na Grã-Bretanha [...] não é que ela tenha abandonado os ajustes de mercado. É que, depois de abandoná-los, ela não conseguiu se tornar um Estado desenvolvimentista, nos padrões de seus competidores mais bem-sucedidos na Europa continental e no Extremo Oriente.[8]

Porém, um Estado assim — um esforço nacional assim — não pode ser construído sem um certo sentido de *propósito público*, de bem público. Isto, mais uma vez, não se consegue pela simples soma de todos os propósitos

---

6 *Id., ibid.*, p. 4.
7 *Id., ibid.*, p. 5.
8 *Id., ibid.*, p. 113.

particulares que todos os indivíduos buscam. E é por isso que também não conseguirá nenhuma definição do objetivo da sociedade, puramente em termos de liberdade de escolha e de ação individuais, seja ela capitalista ou pense que seja socialista (como a de Kinnock e Hattersley). Nosso problema é recuperar o propósito público que está faltando ("um vácuo intelectual e moral no âmago da economia política").

Prolonguei um pouco esta análise não porque concorde com ela (o que faço apenas em parte) ou porque ela tenha algo concreto a propor para o futuro (o que não tem), mas porque, ao contrário da maioria das reformulações trabalhistas feitas até agora, se trata de uma análise essencialmente crítica ao thatcherismo e seu foco político está no futuro. Vamos imaginar um típico cidadão não trabalhista que não pertença ao núcleo ideológico (não muito grande) dos thatcheristas, e que, é claro, seja um homem ou uma mulher que tenha que ser reconquistado para o trabalhismo ou, de modo mais realista, ser conquistado para uma ampla coalizão antithatcherista, baseada no trabalhismo ou organizada em torno dele.

Ao ler as afirmações de Benn, que se voltam essencialmente para quem acredita, ele ou ela concluirá que não mudou quase nada no Partido Trabalhista, embora a honestidade levaria até os leitores mais céticos a reconhecerem o profundo interesse de Benn pela democracia e pelos *direitos* (ele é o único autor que emprega o termo com consistência), e a tomarem consciência de que tem sentido o que ele fala das relações leste-oeste.

Ao ler a contribuição de Kinnock e Hattersley, ele ou ela concluirá que um futuro governo trabalhista não vai renacionalizar tudo aquilo que foi privatizado, e que em geral vai reconhecer mais o papel do mercado e menos o do planejamento ("os socialistas democráticos acreditam na alocação de mercado [...] conduzida pela concordância de que o sistema competitivo deveria perseguir o objetivo de uma liberdade maior, de uma igualdade maior e de maiores opções"). Em outras palavras, que os socialistas acreditarão em algo não muito diferente das políticas de "mercado social" dos "liberais de mercado com corações moles", cujas contradições Marquand critica sem dó nem piedade.[9] E daí? Será que os leitores vão encarar isso como

---

9 *Id., ibid.,* pp. 224-6.

uma alternativa inspiradora ao regime Thatcher ou meramente como uma indicação de que os líderes trabalhistas não estarão amarrados às velhas ortodoxias de suas esquerdas? (Quando é que estiveram?)

Ao ler Blunkett e Crick, ele ou ela lembrará de novo como são *boas e* moralmente desejáveis as causas que o trabalhismo representa e sempre representou: imparcialidade e justiça, altruísmo e tolerância, hostilidade ao esnobismo de classe e, não menos, auto-organização e democracia. Como uma série de valores alternativos ao representado pelo mundo dos Tebbit e Parkinson, é bastante convincente, mas serve de guia para as tarefas da Grã-Bretanha e de seus governos, no final da década de 1980 e na de 1990? Não se tem muita certeza.

Precisamos de afirmações que se voltem não primariamente para o debate intrapartidário, mas que se voltem diretamente para todos aqueles interessados no futuro da Grã-Bretanha. Precisamos de afirmações que não estejam tentando apanhar alguns Jones do livre mercado, de forma que quase nos desculpemos por aquilo que acreditamos e consideramos essencial para o futuro da Grã-Bretanha, isto é, ações públicas e sociais, onde forem necessárias, através do Estado. É um absurdo que a crítica mais sincera e autoconfiante a respeito das pretensões thatcheristas e das ideologias de "mercado social" e que o apelo mais firme para um "Estado desenvolvimentista" viessem de Marquand, um ex-trabalhista e, agora, um ex-membro do Partido Social-Democrata, um partido de centro.

Precisamos não apenas de uma reafirmação de objetivos e valores eternos e gerais, mas uma avaliação de nossos objetivos e valores *agora*. Isso não significa que as declarações gerais obrigam-se a antecipar os de bates sobre programas concretos de um futuro governo anti-Thatcher e pós-Thatcher. No entanto, é bastante razoável oferecer, dentro das declarações de objetivos e valores, não apenas uma solicitação geral de "o mais amplo acesso à educação" para todos, mas um apelo para a transformação urgente de um povo notoriamente subinstruído em um povo instruído e para a reversão da presente contrarrevolução educacional dos que não querem igualdade.

Deveríamos oferecer mais do que generalidades sobre as "mudanças nas bases econômicas e industriais da sociedade" que trariam "benefícios ao alcance de qualquer um", como oferecem Kinnock e Hattersley, mas continuar a incluir uma consideração específica do que a moderna economia *microchip* significa para o trabalhismo, o lazer, a vida e a educação. (Nenhum dos textos menciona a atual revolução tecnocientífica mais do que citam o novo padrão internacional e transnacional da economia mundial, embora Blunkett e Crick tenham tocado no último assunto.)

Não deveríamos apenas fazer referências a "estimular o empreendimento e a inovação que criam a riqueza, da qual dependem as futuras gerações" (de novo Kinnock e Hattersley), mas continuar a colocar objetivos coletivos, a fim de reverter o declínio da economia britânica, e discutir de que modo construir o "Estado desenvolvimentista" necessário para tanto. E não apenas falar genericamente sobre a necessidade de proteção ambiental, ou mesmo falar que "só os governos têm competência e autoridade" para realizar essa proteção, mas declarar que a destruição ambiental talvez seja o perigo mais imediato para a raça humana do que a própria guerra nuclear, e que pode ser tratada *apenas* por governos que colocam o interesse público e comum antes do mercado e do lucro privado.

Em suma, o que falta a esses textos é urgência e sentido de missão nacional e social.

Mais uma vez, precisamos de declarações com sentido de história. Se a reformulação do trabalhismo não inclui (ou não toca em) um diagnóstico sobre o que deu errado com a Grã-Bretanha (e, portanto, o que é necessário para consertar), deixamos o campo aberto para diagnósticos que estão por trás e dão força ao projeto thatcherista de empurrar a Grã-Bretanha para uma total privatização, pelo total poder de Estado. Talvez alguns de nós sintam-se calmamente tentados a aceitar aquele diagnóstico de excesso de governo e de burocracia, trabalhadores super-remunerados, e coisa e tal. E o pior: ninguém vai acreditar num partido que apenas toca na questão sobre o que deu errado com a Grã-Bretanha, especialmente se tal partido envolveu-se nesse dar errado. Não vai conseguir que ninguém acredite, dizendo apenas que não somos mais assim.

Por fim, precisamos focalizar diretamente nosso público-alvo, o eleitor potencial para o trabalhismo, enquanto parte de uma ampla aliança anti--Thatcher, que no momento *não* vota no Partido Trabalhista. Não vamos converter os thatcheristas empedernidos, da classe média ou da classe trabalhadora, se eles forem liberais do tipo "Tudo bem, Zé" ou aqueles atraídos pelo chauvinismo e pelo racismo que envolve este regime. Contudo, a maioria das pesquisas de opinião mostra que essas pessoas constituem uma minoria que não está crescendo. Estamos interessados em homens e mulheres que prefeririam um governo não thatcherista, muitos dos quais estão cada vez mais preocupados com as tendências deste governo, e aquele número maior ainda de pessoas que ficariam muito preocupadas se parassem de desfrutar dos benefícios econômicos que, lhes dizem constantemente, são devidos à política econômica dos últimos oito anos.

Imagino que o que preocupa essas pessoas, sem considerar sua idade, gênero ou classe, é que elas não veem uma chance de conseguir o máximo, realmente, de uma maioria não thatcherista unida para derrotar este regime; não têm bastante confiança na liderança do Partido Trabalhista que será inevitavelmente o governo pós-thatcherista, ou o âmago de tal governo, e duvidam que um governo assim tenha qualquer perspectiva positiva, além da vantagem negativa de estancar o thatcherismo. Essas pessoas querem saber: *qual é o projeto trabalhista para o futuro?* Ele terá o futuro entranhado ou ainda está, como diz Marquand a respeito de muitos ativistas de esquerda, "mais ansioso para se abrigar das mudanças dos últimos quinze anos do que para se adaptar a elas"? Tais declarações vão satisfazer nossos eleitores potenciais?

Essas são as pessoas que decidirão se a operação reformulação do trabalhismo vai ou não funcionar. Até agora, os produtos dessa operação são pouco encorajadores. Mas ainda é cedo. Por isso é importante, e urgente, ajudar a reconduzir o debate para o caminho certo.

19

SINAIS DE RECUPERAÇÃO

(1988)

A primeira etapa da completa revisão política do Partido Trabalhista está agora suficientemente avançada para que se faça uma avaliação preliminar. Um grupo de peso de líderes do partido tem se envolvido nos grupos de revisão política, incluindo sindicalistas, mas que exclui — ao que se saiba — Kinnock e John Smith, de um lado, e Benn e os *Old Believers*, do outro. Desde abril, emergiram da Walworth Road sete documentos sobrepostos: "A Productive and Competitive Economy", "Democracy for the Individual and the Community", "Physical and Social Environment", "Britain in the World", "Consumers and the Community", "People at Work" e "Economic Equality". Eles podem ser suplementados pela série de discursos sobre política industrial e econômica que Bryan Gould reuniu sob o título não coletivo de "The Gould Plan". Como julgar essa obra?

A revisão política do partido enfrentou complicados problemas de substância e diplomacia, uma vez que teve de fazer, ao mesmo tempo, três coisas que são tão difíceis de combinar quanto seria escrever uma carta única para convencer um amante de devoção imorredoura, ao mesmo tempo que se assegura, a outro, que o afeto do escritor não se alterou, em essência. (Formar um comitê, para o qual os três partidos mandassem representantes para rascunhar tal carta, não transformaria sua composição em algo mais fácil.)

Primeiro, o partido teve que repensar o trabalhismo tradicional e as políticas socialistas à luz da década de 1980, em geral, e de quase dez anos de thatcherismo, em particular. Trata-se essencialmente de uma questão de pesquisa empírica e de análise racional.

Segundo, teve que delinear uma política elegível, isto é, que também levasse em conta as preferências dos eleitores sem considerar a racionalidade. Isto é basicamente uma questão de pesquisa de mercado. Quantas políticas que faziam todo sentido tiveram que ser sacrificadas (por exemplo, sobre desarmamento nuclear), pelo bem do término do regime Thatcher, é um tema para se discutir, o que nos leva à terceira tarefa da revisão.

Aqui ficou claro que se tinha de produzir rascunhos que pudessem passar pela Conferência do Partido Trabalhista, isto é, que fossem aceitáveis pelo menos por aquelas pessoas do partido que realmente não acham que seja fundamental fazer uma revisão política; e teriam preferido fazer um mínimo de concessões para um eleitorado ideologicamente fraco. Em suma, era preciso estabelecer que o trabalhismo realmente queria vencer, isolando aqueles que não acham que valha a pena qualquer governo alternativo que não conte com os Levellers ou os Diggers. Isso requer bastante inventividade política.

Considerando os problemas de se conseguir colocar tudo isso no mesmo documento, os grupos de revisão do partido saíram-se muito bem. O partido já não parece estar reagindo meramente às iniciativas de Thatcher, mas está desenvolvendo suas próprias ideias. A maioria dos relatórios mantém o objetivo principal, delineando perspectivas políticas para uma Grã-Bretanha pós-thatcherista, com pontos de vista firmes. A maioria parte de uma linha básica realista, considerando as mudanças na Grã-Bretanha desde 1979, sem esquecer da atitude do público. "Consumers and the Community" (onde David Blunkett e Jack Straw figuram entre os autores) merece um crédito especial pelo linguajar descomplicado.

As raras recaídas na vetusta retórica de plataforma sobressaem por serem pouco típicas ("apenas o Partido Trabalhista oferece uma perspectiva de prosperidade para todos, não só para uma minoria privilegiada"). A crítica do thatcherismo é efetiva *porque* os revisores aceitam que a renda real familiar cresceu em cerca de um quarto, enquanto as disparidades aumentaram, e o incremento "de escolhas e o acesso aos bens materiais" foram notáveis. O problema da esquerda nos países desenvolvidos é justamente o fato de que, nessas "sociedades dos dois terços", o último terço não pode vencer sozinho.

Novamente, a maioria dos relatórios parte do princípio de que sua maior tarefa é convencer os eleitores potenciais mais do que os delegados potenciais da conferência. Muitas dessas páginas são escritas com clareza — sempre um sinal do pensamento vivo — e parecem convincentes. Tais sinais de pensamento são particularmente óbvios em "Democracy for the Individual and the Community" (encabeçado por Hattersley e Jo Richardson), em "Economic Equality" (John Evans, Robin Cook, Rodney Bickerstaffe *et al.*), em "Consumers and the Community" e na parte sobre legislação sindical de "People at Work". E enquanto "A Productive and Competitive Economy" soa mais abafado do que deveria, a política que ele incorpora, como esclarece seu copresidente Bryan Gould, é clara e positiva.

Um dos relatórios políticos sem valor, o "Britain in the World Today", demonstra como as coisas poderiam ter ficado ruins. Sem dúvida quem o rascunhou deve ter alguma desculpa pelas evasivas. Não obstante, era de se esperar que houvesse alguma referência a problemas reais de política internacional, não apenas frases de mera generalidade ou uma menção dos termos "FMI", "palestinos", "guerra no Golfo", "Irlanda" ou, no que diz respeito ao assunto, "Estados Unidos" e "Japão". As referências à aids têm a mesma frequência das referências às armas nucleares (uma vez). A única parte desse documento vazio que aborda a realidade é a que trata da CEE.

Apesar da impressão geral positiva, existem três razões pelas quais esses relatórios não assumem — ou ainda não assumem — uma feição tão forte para o trabalhismo como poderiam.

A primeira diz respeito a uma falha no planejamento central. Rascunhados de forma independente por grupos de trabalho separados, com termos de referência amplos, mas imprecisos, os relatórios não conseguem fornecer *um mapa geral do terreno* no qual os governos pós-thatcheristas terão que conduzir suas batalhas. A exemplo da Alemanha em 1945, a Grã-Bretanha depois de Thatcher será um cenário de destruição. Aqueles que precisarão reconstruir o que tiver de ser feito — não necessariamente do mesmo jeito que antes — vão necessitar de uma pesquisa preliminar dos danos da bomba. Quais danos já foram ou têm possibilidade de ser causados à infraestrutura material e institucional do país — por exemplo, à educação, às estradas, ao problema habitacional, à ciência, ao transporte, aos museus, à saúde, ao rádio e à televisão, e às instituições de governos locais e à administração social, sem mencionar a democracia política, o Civil Service e as liberdades civis? Na maioria dos relatórios são fornecidas respostas a perguntas específicas, mas ninguém delineou o croqui de um quadro mais geral.

E ainda, a falta de um planejamento central significou que os relatórios deixaram lacunas óbvias. Apesar de estar mencionado em diversos textos, não há um tratamento específico para educação, saúde, habitação ou até para governos locais e descentralização, embora pareça existir um "texto de consulta" (não disponível) sobre a reforma de governos locais. Talvez os reformuladores sentissem que, sendo questões sem controvérsias dentro do partido, esses tópicos não precisavam de reformulação nem de uma apresentação especial para o mundo exterior. Se assim for, eles estão enganados.

Segunda, há uma tremenda *insularidade* nesses relatórios, isolados ou em combinação. Por que o trabalhismo se privaria de argumentos nesse sentido é difícil de entender. Por um lado, a promoção econômica triunfalista do governo repousa em boa parte na ignorância em relação ao restante do mundo. Depois de três vitórias eleitorais de Thatcher, os únicos países europeus com rendas *per capita* mais baixas são a Irlanda, Espanha, Portugal, Grécia e Turquia; em 1979, nós ainda estávamos à frente da Itália. Por outro lado, a esquerda poderia apontar vários exemplos de seu próprio tipo de prosperidade, dinamismo econômico e empreendimento, unidos a interesses por justiça social, pelo bem público e pela cultura.

Os exemplos comuns são a Escandinávia e a Áustria — a Suécia de fato é mencionada algumas vezes nesses relatórios —, mas também é verdadeiro que os exemplos europeus mais notáveis de transformação econômica, por meio de uma cultura de empreendimentos, são encontrados nas regiões "vermelhas" da Itália, onde os governos locais e os sindicatos (mais fortes que em qualquer outro lugar) cooperam para ver pequenas empresas competindo por produtos e por processos de inovação mais que pelo corte de salários e de preços. E quem não preferiria morar em Bolonha a morar em Basingstoke?

314 | ESTRATÉGIAS PARA UMA ESQUERDA RACIONAL

Além disso, a insularidade arrisca-se a mais do que simplesmente perder argumentos, pois os políticos reais de países estrangeiros não thatcheristas — ou seja, todos os países desenvolvidos — podem fornecer indicadores úteis para o pós-thatcherismo britânico.

Terceira, embora não se espere que os relatórios cheguem a detalhes políticos, que supostamente virão em etapas posteriores da revisão, alguns textos já têm claramente uma proposta política, enquanto outros ficam vagando pelos mares da generalidade e dos "princípios básicos". O "Democracy for the Individual and the Community", que já conta com um programa delineado para um Ministério do Interior pós-thatcherista, mostra o que pode ser feito mesmo agora.

Contudo, esses documentos sugerem que o Partido Trabalhista possui qualidades essenciais para uma crítica coerente do thatcherismo, e para uma estratégia pós-Thatcher coerente, que seria aceitável, em função de seu alcance, tanto para não socialistas, quanto para antithatcheristas socialistas. Claro, se o próximo governo for do Partido Trabalhista, não será por ser um partido socialista, mas porque o eleitorado (que rejeitou o partido de modo consistente em três eleições, para dar a Thatcher mais de 43% de seus votos) o considera um partido elegível, com um programa sensível, não existindo outras alternativas viáveis. Até agora, as chances de que isso aconteça são improváveis.

Entretanto, em face dos clamores apaixonados que chegam de Chesterfield, poderíamos dizer que a reformulação política, pelo menos como formulada no discurso de Gould sobre propriedade social, não é uma liquidação para vender o socialismo, mas uma questão concisa e bem argumentada a favor da superioridade da propriedade comum, assim como uma exploração do amplo leque de métodos disponíveis para o avanço de uma economia mista na direção desejada. Trata-se de um progresso considerável em relação à era de encantamento.

Até aqui, tudo bem. Os resultados atuais são desiguais, as falhas são substanciais, e alguns relatórios dão-se melhor na questão contra a Grã-Bretanha de Thatcher do que ao proporem alternativas. E, mesmo assim, o regime consegue escapar com muito mais — por exemplo, com a inconsistência entre sua utopia de livre mercado e seu jingoísmo, que faz tremular a *Union Jack*, ao mesmo tempo que a política efetiva extingue a economia britânica, enquanto entidade nacional, transformando-a numa base estrangeira para as operações de serviço da economia transnacional.

Mas esses documentos sugerem que já se foram os tempos de sobressaltos do trabalhismo, embora infelizmente ainda não tenham passado os tempos dos disparates da pré-Conferência. Pode acontecer de os exercícios constrangedores para restabelecer os "valores socialistas" sob a forma de valores do consumidor desaparecerem de vista. O Partido Trabalhista, de novo, está começando a parecer um partido com uma política potencial, em vez de uma profissão de fé.

Porém, restam duas grandes questões. Será que a revisão política sugere a *urgência* de unir todos os que não gostam e temem o regime dos ideólogos sabichões da direita radical, que está transformando a Grã-Bretanha de hoje — um perigo, claro e presente, que ameaça o tipo de país e de povo que a maioria de nós se orgulha de pertencer? Será que sugere que, além de salvar o que resta dos valores da moralidade, da sociedade e da civilidade, o Partido Trabalhista possui um projeto positivo para o futuro — uma missão para a nação, mesmo que seja no vago sentido com o qual a retórica de "modernidade" de Wilson ofereceu aquela mudança positiva na década de 1960?

As respostas não estão claras. Há uma sensação de urgência e de perigo real no relatório sobre a democracia, e há uma sensação, real, mas talvez não tão aguda, de política econômica como o projeto de reverter o relativo declínio da Grã-Bretanha, e a impossibilidade de realizar isso "na medida em que a política econômica é dominada por aqueles que mantêm os ativos, mais do que por aqueles que criam a riqueza". Mas esta sensação não é encontrada em qualquer lugar. Aos melhores não falta essa convicção, mas estes documentos não mostram a intensidade apaixonada que, sob o regime Thatcher, deu impulso aos piores. Contudo, encontramos algo que faltava há muito tempo no trabalhismo: um modesto grau de autoconfiança.

Talvez ainda não seja suficiente liderar milhões de eleitores de volta a Neil Kinnock. Mas pode ser que baste fazer com que o Partido Trabalhista

316 | ESTRATÉGIAS PARA UMA ESQUERDA RACIONAL

readquira credibilidade como potencial partido de governo, o que obviamente não foi feito em 1983 e 1987. De qualquer modo, as oposições raramente vencem: os governos é que perdem. A continuar a sensível reformulação política, um número de eleitores bem maior que antes pode estar preparado para levar em consideração a derrota do governo. Desde que, é claro, o trabalhismo supere seu antigo gostinho de cometer haraquiri em público.

Pós-Escrito

Uma vez que esta coleção de textos reeditados conclui, meio bruscamente, com uma avaliação provisória da, então incompleta, revisão política do Partido Trabalhista, que foi publicada em julho de 1988, sugeriram-me que essa peça deveria ser atualizada ou suplementada por um pós-escrito. Não gostaria de aceitar nenhuma dessas sugestões. Artigos podem ser atuais, mas livros, que são elaborados para ter uma vida útil de leitura mais longa do que um dia ou uma semana, não podem se manter atualizados por mais que um período muito breve. Nem devem tentar. Depois de um certo tempo são lidos (se forem) por razões diferentes das motivações do dia a dia.

Entretanto, é possível concluir este livro lembrando ao leitor aquilo que não se tornará obsoleto. Três coisas, nas quais insisti o tempo todo no decorrer do texto, não se modificarão entre a data de sua publicação e, no mínimo, o início da década de 1990. E essas coisas têm que determinar nossas ações políticas. São tão fundamentais que nem vou me desculpar por repeti-las. Nesse sentido (e apenas nesse sentido), sigo o exemplo de Catão, o velho, um político da Roma antiga que tinha tanta certeza da absoluta necessidade de Roma eliminar sua principal rival, a cidade de Cartago, que terminava todos os discursos no Senado, qualquer que fosse o assunto, com estas palavras: "E, além disso, meu voto é que Cartago precisa ser destruída." No final, os romanos a destruíram.

As minhas questões são as seguintes.

Primeira, a derrota e a destruição do thatcherismo constituem a tarefa básica e essencial da política britânica, não apenas para a esquerda britânica, mas para todas as pessoas que se importam com as tradições e as convenções de lei e de civilidade, de liberdade e de governo parlamentar, de responsabilidades e valores sociais, que agora estão sendo gradualmente estrangulados. Isolada em meio aos Estados europeus, nenhum dos quais, felizmente, parece tentado a seguir nosso exemplo até agora, a Grã-Bretanha da década de 1980 deixou-se cair nas mãos de um governo de direita radical. Nosso azar é triplo, pois não apenas somos governados por cruzados pela fé verdadeira (que se somam aos carreiristas associados), como estamos sob o peso de um sistema eleitoral que consegue transformar uma permanente minoria eleitoral numa permanente maioria parlamentar e, ao contrário da maioria dos países constitucionais, nos falta qualquer salvaguarda legal ou constitucional contra os excessos de Downing Street — exceto, ironicamente, quando um membro da Comunidade Econômica Europeia obriga o governo britânico a se submeter às cortes de justiça europeias, em alguns campos. Por isso a reversão curiosa de atitudes políticas em relação à CEE, que agora Mrs Thatcher não gosta. Mesmo isso, no entanto, não impede que um governo britânico perpetue de modo bastante legal o atual Parlamento pelo tempo que quiser, simplesmente fazendo passar um Ato pela Câmara dos Comuns.

Vivemos sob um regime ruim e perigoso que precisa ser derrotado. Hoje, a democracia está muito mais ameaçada, de maneira contundente, na Grã-Bretanha do que em qualquer outro país de democracia parlamentarista.

Segunda, o governo conservador representa uma *minoria* dos povos britânicos, e aqueles que creem de verdade no thatcherismo quase com certeza representam apenas uma proporção modesta do voto conservador. Dez anos de governos de Mrs Thatcher, que alteraram fundamentalmente o cenário político e institucional, e dez anos de intensivas autopromoções thatcheristas não conseguiram ganhar mais corações e mentes. Nunca houve uma maioria thatcherista, ou mesmo conservadora, no mesmo sentido em que houve uma maioria a favor do presidente Reagan, que podia confiar em algo por volta de 60% de todos os americanos brancos, exceto judeus, qualquer que fossem os cortes que os pesquisadores de opinião fizessem. Não existe um "consenso" thatcherista. Não há razão para supor que, sob circunstâncias previsíveis, os 60% dos eleitores britânicos que votaram contra os candidatos conservadores não estejam ainda lá em 1992. O número deles provavelmente cresceu.

Terceira, conclui-se que as vitórias eleitorais de Mrs Thatcher acontecem, e acontecerão, inteiramente em função da mistura de duas coisas: o sistema eleitoral vigente e a fragmentação da oposição. Nada poderá ser feito quanto ao sistema eleitoral sem um Ato do Parlamento para modificá-lo, ou seja, sem a decisão do governo de Thatcher cometer suicídio. E esta possibilidade pode ser excluída. A única outra possibilidade seria um acordo eleitoral entre os partidos de oposição, formal ou informal, oficial ou oficioso, com ou sem um nome. Realmente não há como evitar esta conclusão, a não ser que se admita algo como um colapso total, *tanto* do voto conservador, *quanto* do voto de centro nas próximas eleições gerais, para não falar nos votos dos nacionalistas escoceses e irlandeses. Quem apostaria nisso? Como revelou uma prévia eleitoral recente, é bem possível que os conservadores percam um terço de seu apoio (que cairia de 60 para 40%) e ainda assim vençam com uma maioria confortável, no caso de se enfrentarem com três candidatos rivais, sendo que os votos de dois deles poderiam derrotar os conservadores.

Os leitores deste livro sabem que levantei essa questão elementar em inúmeras ocasiões, durante os últimos cinco anos. Ela permanece sem resposta. Os cálculos baseados nas pesquisas de opinião em eleições, passadas e atuais, não dizem que uma negociação eleitoral não teria ganho em 1987 ou 1988. Esses argumentos não se voltam contra a unidade eleitoral, mas constituem meramente outras maneiras de dizer que algum comentarista acredita que Mrs Thatcher é imbatível nas circunstâncias atuais. Se este regime precisa ser derrotado (presumindo que ele nos permita votar livremente), tal derrota pode ser provocada, num futuro previsível, apenas se a oposição, ou uma parcela da oposição suficientemente estratégica, não estiver desunida. Mesmo em política partidária, não se pode manter a lógica ilhada para sempre.

Londres
Janeiro de 1989

ÍNDICE REMISSIVO

A

Abercrombie, Sir Patrick, 205
Adams, Jack, 55
Afeganistão, 134
Albânia, 153, 244
Alemanha, 25, 63, 67, 88, 145, 147,
    153, 168, 171, 181 n. 18, 182 n.
    19, 187, 189, 189 n. 24, 191, 192,
    199, 206, 222, 224, 236, 252, 259,
    261-263, 267, 270, 272, 273, 302,
    313; cidades da, 206; e naciona-
    lismo, 165, 172, 180, 187, 191; *Ver*
    também Alemanha Ocidental.
Alemanha Ocidental, 153, 189, 192,
    252, 259, 261-263, 267, 270, 272,
    298, 302
Aliança, social-democrata/liberal
    e coalizão antithatcheristas,
    76, 77, 117, 247-254, 255, 272; e
    consenso político, 64; desem-
    penho eleitoral da, 90, 276; e o
    trabalhismo, 106
Allende, Salvador, 159
Allgemeiner Deutscher Arbeiterverein,
    8
Amalgamated Carpenters and Joi-
    ners (ACJ), 205
Amalgamated Union of Enginee-
    ring Workers (AUEW), 19

Anderson, Perry, 165, 182
Argentina, 71, 73, 74, 76, 79, 82, 224
Aristocracia trabalhista, 20, 21, 27,
    31
Arnot, 125, 125 n. 3, 132 n. 9
Arsenal, 98, 204, 205
ASLEF, 54, 54 n.*
ASTMS, 54, 54 n.*
Attlee, Clement, 98, 112, 234, 235,
    237, 240, 244
Austrália, 171
Áustria, 144, 166, 171, 178 n. 14, 180,
    192, 206, 236, 252, 285, 314; e
    nacionalismo, 165, 171, 172, 191;
    Frente Popular na, 143, 144
Autodeterminação, direito à, 79,
    163, 174, 175, 177, 178 n. 14, 179,
    186, 194
Avanço do trabalhismo estancado?, O,
    15, 45, 110
Azerbaijão, 189

B

Baldwin, Stanley, 125
Bangladesh, 189
Baxter, Dudley, 16
Bélgica, 30, 144, 153
Benjamin, Walter, 184
Benn, Tony, 37, 52, 53, 58, 59, 91, 115,
    115 n. 12, 121, 139, 242, 282, 298,

299, 302 n. 3, 303, 304, 307, 311; e
esquerda trabalhista,37, 39, 40; e
Partido Trabalhista, 58, 59, 114,
115, 299; menções, 91, 282
Berlim, 199, 201, 202, 205, 206, 209,
272, 273
Berlinguer, Enrico, 158
Bernstein, Eduard, 133, 296
Bevan, Aneurin, 99, 234
Beveridge, W. H., 235
Bevin, Ernest, 112, 240
Biafra, 168 n.6, 189
Bickerstaffe, Rodney, 313
Blackburn, Robin, 8, 56
Blunkett, David, 298-300, 302-304,
308, 309, 312
Bolcheviques, e nacionalismo, 145,
178 n. 14, 289. *Ver também* Lênin.
Booth, Charles, 210
Brasil, 71, 189, 207, 224, 284, 286, 294
Brecht, Bertolt, 136, 136 n. 18
Browder, Earl, 132 n. 9
Brown, George,
Bulgária, 153, 166
Burke, Edmund, 66
Burns, John, 210
Butler, R. A., 235

C

Callaghan, James, 9, 57, 138, 232,
241
Câmara Alta, 127, 129, 135, 137
Caminho Britânico para o Socialismo,
105, 110, 139
Campbell, Bea, 101, 101 n. 2
Campesinato, 16, 132, 263

Canadá, 171
Capitais (cidades), 202, 203, 257
Capitalismo, crise do: e política do
Comintern, 148, 156; e movi-
mento trabalhista, 35, 46, 60, 61,
144, 145, 220, 221, 222; e política
trabalhista, 303, 304, 307; e o
problema socialista, 11
Capitalismo, estrutura do: mudan-
ças na, 16, 22, 263; e o Estado-
-Nação, 164, 167-170, 178, 179
Capitalismo monopolista, 23, 126,
151
Carron Company of Scotland, 70,
71
Carter, Pete, 40
Cartismo, 83
Casas de aluguel, 208, 209
Catanga, 168 n. 6, 189
Cavour, conde Camillo, 165
Chamberlain, Neville, 129, 231
Chile, 158-160
China, República Popular da, 135,
189 n. 24, 223
Chipre, 170
Churchill, Winston, 80, 85, 98, 129,
151, 235
Cidade, e o movimento trabalhista,
197-217, 271
Cidades, região central das, 210-212
"Cinturões vermelhos", urbanos,
199, 202, 205, 206, 216
Classe média, identificação com, 20;
apoio para o trabalhismo na, 59,
277, 278, 280
Classe trabalhadora irlandesa, 25,
53, 96, 176, 214

Classe trabalhadora, britânica: e a estratégia de ampla aliança, 131-135; mudanças na, 15, 16,31, 32, 114, 115, 117, 262, 263; divisões dentro da, 26, 27, 54, 258; e interesses minoritários, 214; e patriotismo, 80-86; apoio da, para o trabalhismo, 118, 119, 132, 276

Cole, G. D. H., 236

Colômbia, 171

Colonialismo, e a Frente Popular, 143-145. Ver também Descolonização; Neocolonialismo.

Comissão Franks, 74, 80

Comunidade Econômica Europeia (CEE), 46, 269, 313, 320

Comunidades, cidades do interior, 203-207

Conselho da Grande Londres, 123, 129, 207, 216, 280

Conselho do Condado de Londres, 211, 260

Connolly, James, 176

Consciência de classe: e mudanças na classe trabalhadora, 28, 29, 258-263; e o movimento trabalhista, 221, 222; e localidade, 24, 25; e militância, 39; e patriotismo, 85, 86; e estratificação, 20

Consciência socialista, 30

Construções públicas de casas, 208-210, 232

Contrato Social, 60, 241

Controle público e planejamento, 236, 285-289, 293, 294, 305, 307

Conurbações, crescimento das, 201, 213

Cook, A. J., 99, 234

Cook, Robin, 313

Coote, Anna, 115, 115 n. 13

Coreia do Sul, 221, 286

Craxi, Bettino, 103, 279

Crick, Bernard, 298-300, 302 n. 3, 303, 304, 308, 309

Cripps, Stafford, 240, 241

Crise de débitos, 257

Crosland, Anthony,241, 291

Crossman, Richard, 239, 241

Cultura jovem, 264

Curdistão, 189

D

Daily Express, 67

Daily Mail, 67

Daily Mirror, 84

Daily Telegraph, The, 67, 68

Declínio econômico. *Ver* Grã-Bretanha.

Democracia, 68, 70, 96, 125, 130, 131, 144, 150, 152, 157, 223, 227, 250, 254, 279, 297, 298, 302, 303, 307, 308, 314, 316, 320

Democracia liberal, 152

Democracias populares, 144, 150, 157

Descolonização, e o Estado-Nação, 167, 167 n. 5

Desemprego, 26, 46, 50, 70, 76, 87, 88, 92, 127, 232, 233, 268, 285, 304

Desenvolvimento tecnológico, e os sindicatos, 17-21, 26, 27

Desenvolvimento urbano, 212

Desindustrialização, 64, 65, 70, 76, 97, 221

Desligamentos, 121

Devlin, Bernadette, 41

Dickens, Charles, *Hard Times for These Times* (*Tempos Difíceis*), 301

Dimitrov, George,116, 116 n. 17, 117, 129 n. 7, 131, 149, 150, 156, 157

Dinamarca, 30, 144, 153, 189, 285; e a Frente Popular, 144, 153

Disraeli, Benjamin, 125, 259

Distúrbios, região central das cidades, 210, 212

Ditadura do proletariado, 143, 146, 150, 156

Divisão internacional do trabalho, 168

Duffy, Terry, 58

Dutt, Palme, 132, 137, 179 n. 17

Dzerzhinsky, Félix, 194

E

Economia de livre mercado, 70, 208, 242, 279, 283, 284, 286, 287, 304, 305, 308, 315

Economia internacional, e política nacional, 169-172, 267, 268, 303-305

Economicismo e militância, 32, 40

Educação, 22, 53, 99, 127, 131, 138, 226, 232, 245, 276, 287, 288, 308, 309, 314

Eleições (1979), (1987), 8, 35-44, 47, 48, 50, 51, 56, 57, 63, 73, 87, 90-

92, 97, 119, 126, 242, 244, 252 275-279, 283, 284, 298, 312. Ver também Partido Trabalhista.

Emprego no setor público, 26

Engels, Friedrich, 15, 21, 21 n. 1, 23, 31, 63, 173, 175, 258; sobre a classe trabalhadora britânica, 15; *Conditions of the Working Class*, 21

"Empobrecimento", 211, 212

Escócia: e revolução burguesa, 183; e marxismo, 172, 173, 176; e nacionalismo, 167, 168, 178, 187-191, 194

Eslovacos, 166

Eslovenos, 170 n. 8

Espanha, 72, 103, 143, 144, 153, 155, 167, 169, 191, 225, 258, 314; Frente Popular na, 143, 144, 153, 155; separatismo na, 167, 169, 191

Especialização, transferência de, no processo produtivo, 20

Esquerda fundamentalista, 10

Establishment político, sob Thatcher, 65-72, 127-128, 277-278

Estado de bem-estar, 95, 126, 127, 232, 236, 240

Estado-Nação: e capitalismo, 164, 165, 168, 268; história do, 163-172; e autodeterminação, 186

Estados Unidos, 63, 106, 132 n. 9, 171, 172, 181 n. 18, 185, 189, 192, 213, 214, 219, 222, 225, 234, 239, 247, 260, 264, 265, 268, 287, 288, 295, 304, 313 ; e partidos comunistas, 161; sociedade de consumo nos, 264; economia dos, 257, 268, 269; e nacionalismo, 180-183, 181n. 18, 185, 189; e neo-colonialismo, 171; e socialismo, 222, 225; e política urbana, 216

Estilo de vida: diferenciação do, 266; emergência de, na classe trabalhadora, 22, 260, 264

Estratégia de ampla aliança, 103-107, 111, 123-139, 151, 157-161. *Ver também* Frentes Populares.

Estudantes, radicalização dos, 32

Etiópia, 173, 258

ETU, 19

"Europa das Nações", 165

Europa oriental, e a Frente Popular, 153, 157

Europeização, 268

Evans, John, 313

F

Família, mudanças na, 264

Fascismo, política do Comintern sobre o, 130, 131, 148, 150, 151, 160; comparado com o thatcherismo, 126, 226, 273, 274; e crise econômica, 257

Federação dos Mineiros de Gales do Sul, 188

Federação social-democrata, 110

Feminismo, 115, 116

Fenianismo, 176

Field, Frank, 121

Financial Times, 80

Fine, Ben, 124 n. 1, 125, 125 n. 4, 128 n. 6, 134 n. 16

Finlândia, 154, 285, 286

Fisher, Alan, 58

Fitzgerald, Frances, 265

Foot, Michael, 53, 85, 99

França, 25, 103, 105, 134, 143, 144, 149, 150, 153, 155, 167, 181 n. 18, 182 n. 19, 189, 190, 199, 216, 236, 274, 286, 294 ; e capitalismo monopolista, 152; e nacionalismo, 167, 181 n.18, 182 n. 19, 189 n. 24, 190, 190 n. 25; Frente Popular na, 143-161; reconstrução no pós-guerra da, 286, 294

Franco, general Francisco, 143, 153, 155

Frente Nacional, 149, 187

Frentes Populares, 10, 116, 126, 133, 137, 139, 143-161. *Ver também* Estratégia de ampla aliança.

Freud, Sigmund, 63, 181

Friedman, Milton, 220

Futebol, 22, 76, 86, 198, 199, 204, 205, 215

G

Gaitskell, Hugh, 112, 138, 238

Galbraith, J. K., 294

Gallacher, Willie, 138

Gamble, Andrew, 95

Geografia da classe trabalhadora, 23, 27

Gill, Ken, 37, 58

Gladstone, W. E., 125

Glasgow, 208, 209, 215

Glotz, Peter, 8, 207-222

Golpes armados, 71

ÍNDICE REMISSIVO | 327

González, Felipe, 103
Gorbachev, Mikhail, 219, 284, 290
Gould, Bryan, 311, 313, 315
Governo Attlee (1945-51), 235, 237, 239, 244
Governo Callaghan (1976-79), 57, 232, 241
Governo de coalizão, 8, 85, 96, 117, 118, 120, 131, 143, 144, 157, 205, 215, 227, 231, 235, 250-252, 272, 282
Governo Heath (1970-74), 37
Governo local, 198
Governo nacional, 71, 126, 144, 232, 233
Governo Wilson (1964-70), 9, 32 57, 106, 112, 138, 232, 239, 240, 241, 244, 245, 316
Governos socialistas, 92
Grã-Bretanha: crise da, 182-191; declínio econômico da, 63, 64, 70, 76, 238, 242, 269, 280, 312; e Europa, 268-274; separatismo nacionalista na, 165, 194; em relação às Falkland, 73-88
Gramsci, Antonio, 155, 175
Grécia, 103, 153, 258, 288, 314
Greve dos mineiros (1984-85), 29, 124, 226, 257
Greve portuária (1889), 19
Greve, e setorialismo, 26, 27, 29, 40, 41, 49
Guardian, 80, 102 n. 3, 117 n. 18, 117 n. 20, 282
Guerra das Falkland, 8, 73-88
Gutman, Herbert, 199

H

Hallam, Roger, 133 n. 15, 135
Hardie, Keir, 99, 205
Harris, Laurence, 124 n. 1, 125, 125 n. 4, 128 n. 6, 134 n. 16
Harrison, Royden, 37, 40, 41, 113, 113 n. 8
Hattersley, Roy, 121, 290, 291, 291 n. 1, 292, 292 n. 4, 293, 295, 298, 299, 300-302, 304, 305, 307, 309, 313; Choose Freedom, 290, 291 n. 1, 300
Hayek, Friedrich, 220, 290
Healey, Denis, 59, 92, 121
Heath, Edward, 9, 37, 41, 91, 125, 129, 269
Heffer, Eric, 114, 114 n. 9, 115-117 n. 13, n. 15, n. 19
Hegemonia, luta pela, 85, 156, 206, 224. Ver também Estratégia de ampla aliança.
História, consciência da, 267
Hitler, Adolf, 70, 87, 88, 125, 129, 130, 137, 144, 148, 149, 151, 152, 153, 191, 194, 242, 270
Holanda, 154
Home, Sir Alec Douglas, 9
Horner, Arthur, 99

I

Ideologia, do thatcherismo, 127
Índia, 179, 238
Individualismo, 255, 263
Infraestrutura, reconstrução da, 287

Inglaterra: revolução burguesa na, 182; e nacionalismo, 187
Intelectuais, radicalização dos, 31, 53
Internacional Comunista, 10, 85, 130, 130 n. 8, 131, 134, 143, 144-147, 234
Internacional Socialista, 83
IRA (Exército Republicano Irlandês), 176, 176 NT
Irlanda, 25, 185, 224, 252, 313, 314; e nacionalismo, 164, 165, 175, 184, 192
Irlanda do Norte, 70, 169, 183
Islândia, 169, 189
Israel, 172, 173, 190, 219
Itália, 30, 66, 103-105, 120, 144, 148, 153, 158-161, 165, 165 n. 3, 166, 167 n. 5, 171, 182 n. 19, 189, 257, 267, 279, 286, 314; economia da, 286, 312, 313, 314; e nacionalismo, 166, 172; e a Frente Popular, 144, 155, 256
Iugoslávia, 135, 153, 171; e a Frente Popular, 144, 155, 256; e nacionalismo, 166, 172, 174

J

Jackson, Tom, 58
Japão, 168 n. 7, 169, 171, 286, 294, 302, 313
Jaruzelski, general, 134
Jefferys, Steve, 38, 47-49, 55
Jenkins, Peter, 251
Jenkins, Roy, 59, 239, 250
Jingoísmo, 76, 82, 84-86, 88, 316

Jones, Jack, 47, 49-51, 59, 60, 241
Joseph, Sir Keith, 38

K

Kellner, Peter, 251
Kennedy, John F., 239
Keynes, John Maynard, 95, 127, 233, 268, 305
Kinnock, Neil, 9 NE, 116 n. 16, 248-250, 252, 253, 298-302, 304, 307, 309, 311, 316; e revisão da política, 298-310, 298 n. 1, 311, 316
Kohl, Helmut, 273
Kraus, Karl, 181
Kun, Bela, 154, 155

L

Lassalle, Ferdinand, 219
Lawther, Will, 56
Le Cornu, Mike, 41
Le Monde, 70, 79
Lênin, V. I, 10, 82, 111, 112 n. 4, 120, 133, 138, 145, 148, 173, 174, 175-178, 178 n. 14, 181, 194, 195, 292; sobre alianças, 133, 138; *Esquerdismo, doença infantil do comunismo*, 111, 138; e nacionalismo, 173-178, 193-196; menções, 10, 148, 173, 181, 292
Líbano, 170
Liberdade e socialismo, 290, 295, 300, 307
Liberdades civis, 281, 302, 303, 314
Linha "classe contra classe", 130, 131
Livingstone, Ken, 101, 123, 137

ÍNDICE REMISSIVO | 329

Londres, 21 n. 1, 101, 123, 129, 197-208, 210, 211, 213, 215, 216, 271, 278, 280
Lozovsky, Aleksandr, 155
Lukács, Georg, 155
Luta industrial, 37, 42
Luxemburg, Rosa, 172, 173, 176, 178, 178 n. 14, 195

M

MacDonald, Ramsay, 232-234
Macmillan, Harold, 9, 125, 129
Manuilsky, Dimitri, 152
Marinha britânica, 83, 84
Marquand, David, 303 n. 4, 305-308, 305-307 n. 5-9, 310; *The Unprincipled Society*, 303 n. 4, 305
Marx, Karl, 7, 10, 12, 15-20, 21 n. 1, 23, 25, 31, 33, 35, 40, 45, 132, 133, 133 n. 12, 164, 165, 173-175, 178, 181, 184, 199, 210, 223, 258, 262, 263, 294, 295, 297 ; sobre a classe trabalhadora britânica, 15, 31; *Manifesto Comunista*, 164, 174; sobre as crises, 258; e nacionalismo, 175; e Frentes Populares, 133; menções, 10, 12, 20, 24, 33, 173, 181, 223, 263
Marxism Today, debates sobre o Partido Trabalhista no jornal, 7, 8, 43, 45, 89, 114 n. 9, 115 n. 13, 115 n. 14, 116, 121 n. 23, 123-126, 126 n. 5, 129, 132 n. 9, 133, 136, 139, 247, 256, 256 n. 1, 276, 281, 297
Marxismo e nacionalismo,172-199
Mayo, E., 124 n. 1, 125

Mazzini, Giuseppe, 165
McKenzie e Silver, 52
Meacher, Michael, 121, 121 n. 23
México, 189
Mídia de massa, 55, 84, 99, 135, 249
Miliband, Ralph, 109, 109 n. 1, 111, 113 n. 7, 118
Ministério da Defesa, 81
Ministério das Relações Exteriores (Foreign Office), 73
Minorias, e estratégia política, 52, 128
Mitterrand, François, 58, 103, 225
Modernização da economia, 283-288
Morning Star, 80, 125 n. 3, 133 n. 15, 135, 280
Morrison, Herbert, 289
Movimento de comerciários, 48
Movimento na Eritreia, 173
Movimento popular (pé de chinelo), 37, 47, 85
Movimento trabalhista, 7, 8, 15, 20, 25, 28, 29, 32, 33, 35, 36, 39-41, 45-47, 55, 58, 79, 82-84, 89, 94, 101, 114, 119, 122-124, 137-139, 150, 176, 185 n. 20, 219-227, 242, 244, 247, 254-256, 259, 262, 265, 269, 270, 273, 274, 284, 298; diversidade dentro do, 57-61; e individualismo, 263; tradição do, 256; e áreas urbanas, 197-217, 258
Movimentos dos inquilinos,208, 209
Movimentos nacionais de libertação, 175-178

Mulheres: e movimento socialista, 24, 115; padrões de votos das, 275

Murray, Roger, 40

Mussolini, Benito, 149

N

Nacionalidade, e a divisão da classe trabalhadora, 24, 25

Nacionalismo de Quebec, 172 n. 12

Nacionalismo, e a guerra das Falkland,73-75; e o marxismo, 172-196

Nacionalização, 99, 235, 236, 289, 292, 293. *Ver também* Privatização.

Nações Unidas, 77, 79, 164, 167-169

Nairn, Tom, 172-196, *The Break-up of Britain*, 163 n. 1

Nápoles, 104, 197, 216

National Union of Railwaymen (NUR), 54, 54 N.T.

Neocolonialismo,170, 177. *Ver também* Colonialismo.

Neossocialismo, 103. *Ver também* Partidos socialistas por países.

Newens, Stan, 38

Nicarágua, 171

North, coronel Oliver, 279

Noruega, 144, 154, 188, 189, 285; e a Frente Popular, 144, 153

Nott, John, 81

Nova York, cidade de, 199-201, 206, 208, 221, 271, 287

Novos movimentos sociais, 215

O

Objetivos públicos, e socialismo, 305

Observer, The, 80, 282

Occitanismo, 190 n. 25

Ordzhonikidze, Sergei, 194

"Os pobres", 29, 214-217

Owen, David, 95, 250, 251, 305

P

Padrão de vida, crescimento no pós--guerra do, 23, 260

Pagamento por tarefa, mudanças no, 27

País de Gales, e nacionalismo, 82, 82 n. N.T., 90, 99, 190, 184-191

Países socialistas, como modelos, 55, 135

Palestina, 172, 313

Palme, Olaf, 104

Panorama, 281

Paquistão, 189

Paris, 133, 160, 197, 199, 200, 202, 205, 206, 208, 212

Parnell, Charles Stewart, 191

Partido Comunista Alemão, 147, 148, 153, 273

Partido Comunista da Grã-Bretanha: atitude em relação à URSS, 134; e a estratégia de ampla aliança, 123, 138, 139, 150, 153; e a linha "classe contra classe", 146; e o Partido Trabalhista,109, 110, 115; membros do, 29, 38, 48, 273; e Escócia, 188

Partido Comunista Espanhol, 153

Partido Comunista Francês, 148, 154, 225, 226

Partido Comunista Italiano, 104, 105, 120, 154, 159, 160, 267; e a Frente Popular, 154, 159, 160

Partido Conservador, 36, 41, 77, 78, 80, 90, 95, 128, 249, 251, 253, 290, 298; e a guerra das Falkland, 74, 76, 79; perda de apoio do, 249, 251, 252

Partido Democrata (EUA), 214, 225

Partido Democrata Cristão Italiano, 104

Partido Liberal, 92, 94, 100, 215, 233; e a guerra das Falkland, 74; e o Partido Trabalhista, 231-234, 242; e votação tática, 250

Partido Nacionalista Escocês, 176, 185, 188, 191, 193

Partido Revolucionário dos Trabalhadores, 109

Partido Social Cristão (Áustria), 209

Partido Social Democrata (Grã-Bretanha), 66, 92, 124 n. 1, 137, 250, 251, 253, 276, 277, 279, 305, 308

Partido Social-Democrata Alemão, 8, 199, 206, 209, 222, 224, 272; e coalizões, 244; declínio do, 270, 271

Partido Social-Democrata Austríaco, 209, 285

Partido Social-Democrata Finlandês, 222, 285

Partido Social-Democrata Sueco, 120

Partido Socialista dos Trabalhadores, 109, 124

Partido Socialista Espanhol, 103, 225

Partido Socialista Francês, 58, 103, 225

Partido Socialista Italiano, 103

Partido Socialista Português, 103

Partido Socialista Polonês, 178 n. 14

Partido Socialista Sueco, 104

Partido Trabalhista Independente, 102, 110, 234

Partido Trabalhista Irlandês, 176

Partido Trabalhista, e desenvolvimento de políticas, 8, 284-288, 299-310, 311-317; e coalizões eleitorais, 247-256; e Europa, 269; e a guerra das Falkland, 74; crescimento da esquerda no, 51; política interna do, 7, 37, 119, 120, 242, 298; e liderança do movimento progressivo, 31, 71, 93-97, 107-115, 136, 137, 280-284, 310; nível de apoio eleitoral do, 30, 35-43, 47, 56-61, 89-108, 225, 232, 275-278; e nacionalismo, 184-188; natureza e extensão do apoio popular ao, 51-61, 95-107, 117-122, 265, 271, 296; e construção pública de casas, 209; registro do, no governo, 231-246; relações do, com sindicatos, 50; áreas urbanas, 198, 205-207

Partido Verde (Alemanha), 264, 272, 299

Partidos comunistas europeus: formação dos, 221-227; membros dos, 273; e a Frente Popular, 147, 149, 151-158; e governo dos EUA, 158-160. *Ver também* Partidos pelo nome dos países.

Partidos leninistas, 147

Partidos social-democratas, 130, 150, 222, 269. *Ver também* Partidos pelos nomes dos países.

Parvus, 221

Patriotismo, 69, 81-88, 164, 180, 267

Perón, Juan, 74, 78, 224

Plaid Cymru, 82, 176, 188, 191

Poder do Estado: e apoio político, 159; e interesse público, 293; e o thatcherismo, 68, 255, 278, 294

Poder militar, 77, 189

Política de classe, 128-133, 282

Política de frentes unidas, 147

Política econômica: e o Partido Trabalhista, 233-245, 267, 283-288, 290-296, 303-305; do governo Thatcher, 8, 163, 278

Política exterior, e o Partido Trabalhista, 237, 238, 241, 303, 304, 314

Política salarial, 285

Polônia, 71, 224

Portugal, 15, 159, 170, 189 n. 24, 314

Powell, Enoch, 41, 187

Primeira Guerra Mundial, efeitos políticos da, 84

Priscott, Dave, 126, 126 n. 5

Privatização, 284, 287, 309

Produção em massa, 21, 22

Profissionais liberais, e apoio ao trabalhismo, 19, 20, 24

Proletarização, 17, 225

Propriedade comum, definição de, 236, 288, 292, 294, 296, 299, 315

Prosperidade, efeitos políticos da, 64, 66, 67

R

Racismo, classe trabalhadora e, 25, 55, 84, 310

Radek, Karl, 146, 156

Radicalismo liberal, 52

Reagan, Ronald, 247, 293, 298, 320

Regularização da economia, 286

Renan, Ernest, 172

República Democrática Alemã, 135, 167 n. 5

Revolução burguesa, na Inglaterra, 182

Revolução iraniana, 224, 258

Revoluções: burguesas, 182; e a política do Comintern, 145-149; na década de 1970, 258

Reynold's News, 84

Richardson, Jo, 313

Rodinson, Maxime, 195

Romênia, 166

Rothstein, Andrew, 125, 125 n. 3, 132 n. 9

Rudé, George, 214

Rule Britannia, 69, 86

Rússia, 15, 156, 166, 178 n. 14, 289

S

Samuel, Raphael, 17

Saudade, 67, 116, 256, 257, 267

Scargill, Arthur, 58, 282

Segundo Ato de Reforma, 16

Separatismo, 71, 164, 165, 167, 171, 177, 179, 184-191, 193

Separatismo basco, 190, 190 n. 25, 191

Separatismo catalão, 190, 191

Setorialismo, na classe trabalhadora, 25-29, 40, 49

Shaw, G. B., *Pigmalião*, 204

Sindicalismo, 18-23, 27, 29, 30, 40, 41, 48, 51, 207; e economicismo, 32, 40; e a Frente Popular, 149, 150; e thatcherismo, 124, 125; e urbanização, 213; e governo Wilson, 240, 241; e estratificação da classe trabalhadora, 26, 27

Sindicalismo em manufaturas, e o movimento trabalhista, 18-23

Sindicalismo geral, 18

Sindicalismo nas indústrias, 18, 19

Sindicato de Viena, 145

Sinn Fein, 191

Sistema de seguridade social, 29, 239

Smith, Adam, 11

Smith, John, 311

Snowden, Philip, 233, 234

Soares, Mário, 103

Socialismo, 10, 11, 100, 184; e a estratégia de ampla aliança, 132-136; e o Partido Trabalhista, 52, 110, 119, 232; e partidos de massa, 222-225; e nacionalismo, 173, 174, 185-188; necessidade de repensar do, 289-296, 299

Socialist Worker, 114, 114 n. 10, 280

Sociedade de consumo, 55, 260, 284

"Sociedade de dois terços", 259, 261, 271, 312

Solidariedade de classe, 28, 29, 32, 39, 41, 98, 211, 226, 255, 259-261, 265, 267, 302 n. 3

Sombart, Werner, 222

Sozialistischer Schülerbund, 273

Stalin, Josef, 10, 131, 139, 147, 151, 194, 301

Steel, David, 249, 250

Stone, Norman, 302

Strachey, John, 292, 292 n. 3

Suburbanização, 210, 242

Subúrbios, absorção dos, 190, 201, 202, 206, 207, 211, 259

Suécia, 30, 154, 189, 206, 285, 304, 314

Suíça, 167, 171

Sun, The, 67, 79

T

Tawney, R. H., 41, 98, 233

Tchecos, e nacionalismo, 166

Tebbit, Norman, 92, 251, 308

Tendência Militante, 110, 139

Thatcher, Margaret: e o Partido Conservador, 251; política econômica de, 37, 242, 284-286; e a guerra das Falkland, 76-81, 85-88; estratégia política de, 68, 226, 255, 297; menções, 97, 121, 125, 126-128

Thatcherismo: força eleitoral do, 276-279; e o *establishment* polí-

334 | Estratégias para uma esquerda racional

tico, 66-72, 127, 279; natureza do, 9, 93, 109-130, 301; oposição ao, 92-96, 117, 137, 247-254, 272, 280, 310

Thomas, J. H., 233, 234

Thompson, Edward, 214

Timor, 170

Tirol, e nacionalismo, 191, 192

Togliatti, Palmiro, 149, 155, 256

Trabalhadores braçais, porcentagem de, na classe trabalhadora, 16-23

Trabalhadores de colarinho-branco, 30, 52, 53, 96, 97, 282; e apoio ao trabalhismo, como porcentagem da força de trabalho, 17, 20, 262; sindicalização dos, 20, 22, 31, 38

Trabalhismo, 15-33, 45-61, 89-122, 197-227

Trades Union Congress (TUC), 20, 37, 240

Tradição jacobina, 84

Tradição pacifista, 79, 82, 84, 99

Transição para o socialismo, e Frentes Populares, 150-158

Transport and General Workers Union (T & GWU), 20, 208

Transporte, como problema urbano, 207-210

Trótski, Leon, 157, 158, 290

Turquia, 46, 166, 224, 314

U

União Soviética, 55, 129, 130, 134, 234; atitude dos partidos comunistas em relação à, 132-136; e

a estratégia de Frente Popular, 132, 154

Unidade eleitoral, 9, 95, 321. *Ver também* Voto tático.

Unidade, como essência da Frente Popular, 149-151

Universidade de Oxford, 128

V

Viena, 145, 199, 202, 205, 206, 209, 210, 256

Vietnã, 175, 189 n.24, 223

Voto tático, 250, 251, 255, 256, 273, 277, 283

W

Wainwright, Hilary, 49, 50, 113 n. 6, 115 n. 13

Wallerstein, Immanuel, 165, 182

Webb, Sydney, 234

Weir, A., 124 n. 1, 125

West Ham, 205

Westergaard, John, 52, 113 n. 7, 114, 114 n. 11, 120, 120 n. 22

"Wheatley Act", 232

Williams, Raymond, 48, 118, 118 n. 21, 119, 120

Williams, Shirley, 277

Wilson, Elizabeth, 124 n. 1

Wilson, Harold, 9, 32, 57, 106, 112, 125, 138, 165, 232, 239-241, 244, 245, 316; menções, 106, 112, 232

Wright, Thomas, 83

Z

Zinoviev, Grigorii, 196, 232

Este livro foi composto na tipografia
Dante MT Std, em corpo 11/15 e
impresso em papel off-white no
Sistema Cameron da Divisão Gráfica da
Distribuidora Record.